111 GRÜNDE, CHINA ZU LIEBEN

Oliver Zwahlen

# 111 Gründe, China zu lieben

Eine Liebeserklärung an das schönste Land der Welt

SCHWARZKOPF & SCHWARZKOPF

# Inhalt

# Einleitung

### *1. Grund*

## *Weil man China trotzdem lieben kann*

111 Gründe, China zu lieben? Mein ehemaliger Arbeitskollege aus Peking schaut mich mit einer Mischung aus Ratlosigkeit und Belustigung an. »Ich würde einfach über das Essen schreiben«, sagt er nach einer Weile und streicht sich mit der Hand über die Glatze. »111 leckere Gerichte zu finden, das sollte kein Problem sein.«

Wir beide haben lange genug zusammengearbeitet, dass ich auf Anhieb verstehe, was er wirklich meint. Mit einer Liebeserklärung an China kann ich mich als Autor eigentlich nur in die Nesseln setzen: Schreibe ich zu gefällig, wird mir vorgeworfen, ungefiltert Propaganda zu übernehmen. Schaue ich hingegen zu genau auf die negativen Seiten, bringe ich meine chinesischen Freunde und Bekannten gegen mich auf – schlimmer noch: Die Botschaft könnte mir das nächste Mal das Visum verweigern. Belanglose Themen wie das Essen, da hat mein Kollege freilich recht, wären besser geeignet, um dieses Dilemma zu umgehen. Nur: So einen Text möchte ich nicht schreiben – und Sie vermutlich nicht lesen.

Um es vorwegzunehmen: Das politische China hat es mir alles andere als leicht gemacht, dieses Buch zu verfassen. In den anderthalb Jahren, die ich an dem Manuskript gearbeitet habe, kam ein Ereignis nach dem anderen, das mich am Projekt zweifeln ließ. Immer wieder hat mich Pekings Vorgehen schrecklich demotiviert, und mehrmals stand ich kurz davor, das ganze Unternehmen abzublasen.

So wurden, nur um ein paar Beispiele zu nennen, der westlichen Presse Beweise zugespielt, dass in der muslimisch geprägten Provinz Xinjiang mindestens eine Million Menschen in Umerziehungslagern interniert sind, wo ihnen ihre kulturelle Identität ausgetrieben werden soll. Prodemokratische Proteste in Hongkong wurden unterdrückt, vermutlich von der Regierung angeheuerte Mafiamitglieder verprügelten in der Metro sowohl Demonstranten wie auch Unbeteiligte, und die unter dem Motto »Ein Land, zwei Systeme« vertraglich garantierte Autonomie hat Peking mithilfe eines umstrittenen Sicherheitsgesetzes ausgehebelt. Bei einem Grenzstreit im Himalaja brachten chinesische Soldaten ihre indischen Gegner mit bloßen Händen um. Und wenn China sich zu Beginn der Corona-Pandemie stärker auf die Eindämmung des Virus als auf die Bekämpfung der Nachrichten über dasselbe konzentriert hätte, wäre der Welt womöglich viel Leid erspart geblieben.

Ein unkritisches Jubelbuch dürfen Sie auf den nächsten rund 240 Seiten nicht erwarten. Doch trotz all der berechtigten Kritik sollte man nicht die Augen davor verschließen, dass das Land auch jede Menge liebenswerte Seiten hat. China ist eines der ältesten Länder der Welt mit einer durchgehenden Geschichte von 5000 Jahren. Vieles, was unser modernes Leben prägt, ist in China erfunden worden, einschließlich Klopapier und Zahnbürste. Es gibt eine vielfältige Kunstszene, die die ganze Palette von herzerwärmenden bis verstörenden Werken hervorbringt. Bücher, Filme, Musik. Man findet wunderschöne Dörfer und einzigartige Landschaften. Es gibt nichts, was es nicht gibt. Bei mir waren es übrigens die offenen und gastfreundlichen Menschen, die dafür gesorgt haben, dass ich mich auf meiner ersten Reise vor 20 Jahren in das Land verliebt habe.

Der Untertitel dieses Buchs verspricht eine Liebeserklärung an das schönste Land der Welt. Und ja: China ist ein schönes Land, vielleicht sogar das schönste. Für mich persönlich ist China mit all seinen Ecken und Kanten aber in erster Linie das faszinierendste Land der Erde. Es ist eine Weltgegend, die man lieben kann, wenn man sich über die vielen Kleinigkeiten freut, die es verdienen, etwas genauer angesehen zu werden. Von diesen Dingen möchte ich Ihnen in den kommenden 110 Kapiteln erzählen. Ich möchte Ihnen ein China vorstellen, das sich zu lieben lohnt. Trotzdem.

*2. Grund*

## *Weil China einen Blick in die Zukunft erlaubt*

Das Stadtplanungsmuseum in der Nähe des Tiananmen-Platzes gehört für mich zu den interessantesten Sehenswürdigkeiten von Peking. Auf vier Etagen wird dem Besucher die Entwicklung der Stadt nähergebracht. Das Herzstück der Ausstellung ist ein rund 300 Quadratmeter großes 3D-Modell des Zentrums. Jedes Haus der Innenstadt und – wie immer wieder behauptet wird – auch jeder Baum wurde maßstabsgetreu nachgebaut und der Ausstellungsfläche zugefügt, was einen ungewohnten Blick aus der Vogelperspektive erlaubt.

Fast spannender ist jedoch ein deutlich kleineres Modell ein Stockwerk weiter oben. Anders als die Ausstellung in der Haupthalle bildet es nicht die Gegenwart nach, sondern zeigt, wie sich das zentrale Geschäftsviertel in den nächsten Jahren entwickeln soll, wo neue Wolkenkratzer geplant sind und welche waghalsigen Formen sie einst haben werden. Es lässt erkennen, wie sich Peking seine eigene Zukunft ausmalt.

Das Problem ist nur: Die rasante Entwicklung der Stadt hat die Ausstellung längst abgehängt. Bei meinem Besuch fielen mir gleich mehrere Ecken auf, die längst nicht mehr aussahen wie in der Nachbildung. Doch nicht nur der Istzustand im dritten Stock ist veraltet, sondern auch der Blick in die Zukunft kommt nicht nach. Konnte es beispielsweise vor Jahren nicht hoch genug hinausgehen, herrscht seit Mitte 2020 ein landesweites Bauverbot für superhohe Wolkenkratzer von mehr als 500 Meter, von denen der eine oder andere bereits ins Modell integriert war und nun eigentlich redimensioniert werden müsste.

Die einzige Konstante, so hört man es in China allenthalben, ist der stete Wandel. Das merkte ich selbst immer wieder. Der moderne Apartmentkomplex mit Metroanschluss, in dem ich zuletzt im 21. Stock wohnte, war zehn Jahre zuvor nichts weiter als ein einfacher Acker am Stadtrand, den Bauern bewirtschafteten. Auf meinen Reisen machte ich mich mehr als einmal in eine Stadt auf, weil sie in meinem Reiseführer wegen einer hübschen Altstadt lobend erwähnt worden war – nur um bei meiner Ankunft festzustellen, dass die Abrissbirnen längst ganze Arbeit geleistet hatten.

China modernisiert sich in einem unglaublichen Tempo und ist inzwischen daran, uns mit seinen »Zukunftstechnologien« in vielen Bereichen zu überholen und abzuhängen. China ist beispielsweise weltweit führend bei der Gesichtserkennung – und setzt die auch großflächig ein. Nicht immer dienen die neuen Technologien fragwürdigen Praktiken wie der Massenüberwachung. Kürzlich hat mir ein Bekannter stolz erzählt, dass er die Tür zu seiner Wohnung wie in einem Science-Fiction-Film mit einem Gesichtsscan öffnen kann. Die mühsame Suche nach dem Schlüssel – sie entfällt für immer.

In den Städten sind vollautomatische 24-Stunden-Supermärkte, die ohne Personal auskommen, keine Seltenheit mehr. Am Eingang scannt man einen QR-Code, über den man seine Identität bestätigt. Die Waren lassen sich an einem Kassenterminal registrieren, und die Bezahlung erfolgt natürlich mit dem Handy. Denn obwohl China vor vielen Jahrhunderten als erstes Land der Welt Papiergeld einführte, könnte es nun auch das erste sein, das ausschließlich digitale Währungen nutzt. Wer Fragen zu Produkten hat, kann sich über einen Videochat mit einem Kundenberater verbinden. Derweil verhindert ein ausgeklügeltes Kamerasystem Diebstähle. In anderen Supermärkten sind intelligente Einkaufswagen eingeführt worden, die dem Kunden autonom durch den Laden folgen. So fühlt sich Zukunft an.

Wer vor einigen Jahren einen Blick ins Morgen werfen wollte, musste sich in das Museum im Stadtzentrum begeben. Inzwischen ist jeder Trip nach China gleichzeitig auch eine Reise in die Zukunft. Hier können wir beobachten, wie moderne Technologien das Leben und die Alltagskultur verändern. Als demokratische westliche Zivilgesellschaft sollten wir uns dabei fragen, ob und wie wir diesem Beispiel folgen wollen. Auch darum soll es in diesem Buch gehen.

*3. Grund*

## *Weil »China« immer auch eine Erklärung braucht*

Fragen Sie eine beliebige Person, was China ist, dann erhalten Sie vermutlich eine klare und befriedigende Antwort. Stellen Sie die gleiche Frage jedoch mehreren Personen, werden Sie bald feststellen, dass Begriffe wie »China«, »Chinese« oder »chinesisch« in verschiedenen Kontexten stark abweichende Bedeutungen haben können. Diese Unklarheit rührt daher, dass wir auf Deutsch mit einem Wort eine ganze Palette von Dingen bezeichnen, die auf Chinesisch jeweils mit eigenen Begriffen bezeichnet werden.

Wenn wir von »China« reden, meinen wir in der Regel das Land, das in der Eigenbezeichnung *Zhongguo* heißt, Reich der Mitte. Also quasi das Staatsterritorium, über dessen Ausdehnung es durchaus unterschiedliche Auffassungen gibt: Beschränkt man es auf die Volksrepublik oder will man die Sonderverwaltungszonen Hongkong und Macao zu China zählen? Welche Position nimmt man in der Taiwan-Frage ein oder in den zahlreichen Grenzstreitigkeiten, die Peking mit seinen Nachbarn austrägt? Doch darum soll es hier nicht gehen.

Das andere China ist *Zhonghua*. Dieser Begriff bezeichnet nicht das staatliche Territorium, sondern die chinesische Kultursphäre, die oft auch die ethnischen Minderheiten einbezieht. Als ich vor Jahren das (leere) Grab von Dschingis Khan in der Inneren Mongolei besuchte, erklärte meine Begleitung, dass der Mongolenführer der größte chinesische Feldherr aller Zeiten gewesen sei. Mein Erstaunen quittierte sie damit, dass Mongolen eben *Zhonghua* seien. Wie so oft, ist auch dieser Begriff umstritten: In der Mongolei ist man verständlicherweise über die Vereinnahmung des Nationalhelden wenig begeistert. Auch ethnische Chinesen in Indonesien, Malaysia und Singapur wenden den Begriff teilweise nun ungern auf sich an.

Wenn wir den beiden vorgestellten Begriffen *Zhongguo* und *Zhonghua* jeweils das Zeichen *Ren* (Mensch) anhängen, dann bekommen wir die beiden gebräuchlichsten Bezeichnungen für Chinesen. *Zhongguoren* sind chinesische Staatsangehörige, *Huaren* sind Menschen aus der chinesischen Kultursphäre. So weit – so einfach.

Nun ist aber China, wie wir noch sehen werden, ein Vielvölkerstaat. Während bei den beiden zuvor genannten Begriffen Angehörige von ethnischen Minderheiten in der Regel explizit mitgemeint sind, ist mit *Hanren* oder *Hanzu* nur die Personengruppe gemeint, die man auch als »ethnische Chinesen« umschreibt. Also die Menschen, die mit chinesischen Schriftzeichen, den Hanzi, schreiben. Wer sich um sprachliche Schärfe bemüht, bezeichnet sie als Han oder Han-Chinesen.

Während einerseits nicht alle Bewohner Chinas Han sind, leben anderseits nicht alle ethnischen Chinesen innerhalb des chinesischen Staatsterritoriums. Viele haben ihre Heimat bereits im 19. Jahrhundert verlassen. Sie flüchteten vor Hunger, Krieg und Elend und verdingten sich im Ausland als billige Arbeitskräfte. An die dramatische Situation der Auswanderer jener Zeiten erinnert der auch bei uns gebräuchliche Begriff »Kuli«. Wörtlich lässt sich das mit »bittere Kraft« übersetzen, was die dramatische Lage der Auswanderer von damals bildlich umschreibt. Heute werden Auslandschinesen aber meist als Huaqiao bezeichnet. Es sei denn, sie kehren nach China zurück. Dann sind es Haigui. Alles gar nicht so kompliziert, oder?

Was ist nun mit unserem Wort für China? Forscher sind sich nicht einig, wie die Bezeichnung ihren Weg in die deutsche (und in die meisten anderen) Sprache fand. Die Mehrzahl der Wissenschaftler vermutet aber, dass der Name auf die Qin-Dynastie zurückzuführen ist, unter der China im Jahr 221 v. Chr. zum ersten Mal geeint war und in den folgenden Jahrhunderten über die Seidenstraße nach Europa gelangte.

Und worum geht es in diesem Buch? Nun, weil es ohnehin schwer genug ist, die Vielfalt Chinas zwischen diese Buchdeckel zu pressen, beschränke ich mich auf das Kerngebiet und schreibe ausschließlich über die Region, die normalerweise als Volksrepublik bezeichnet wird.

## Kapitel 1

# Geografisches

*4. Grund*

### *Weil China überraschend einheitlich ist*

China ist ein riesiges Gebilde. Rund 4.200 Kilometer beträgt die Ost-West-Ausdehnung, und zwischen dem nördlichsten und dem südlichsten Punkt liegt gar eine Distanz von über 4.500 Kilometern. Chinas Landmasse ist mit 9,5 Millionen Quadratkilometern rund doppelt so groß wie die Europäische Union und entspricht grob der Fläche des gesamten europäischen Kontinents. Wer, nur um ein beliebiges Beispiel zu wählen, mit dem Zug von Peking nach Kashgar fährt, einer Stadt an der antiken Seidenstraße, der ist fast 50 Stunden unterwegs. Selbst das Flugzeug benötigt für die 3500 Kilometer weite Strecke fünf Stunden – und das ist noch nicht einmal der längste mögliche Inlandsflug.

Bei dieser gewaltigen Ausdehnung sollte man eine ziemliche Vielfalt erwarten. Doch China zeigt sich auf den ersten Blick überraschend homogen. Ich erinnere mich, wie ich auf meiner ersten Reise einige der großen Städte abklapperte: Peking, Xian, Chengdu, Kunming. Ich saß stundenlang im Abteil meines Schlafwagens und sah die ewig gleichen Dörfer mit ihren Ziegelsteinhäuschen an mir vorbeiziehen. Wir ratterten über endlose Viadukte und durch Tunnel. Grüne Hügel, braune Hügel, abgetragene Hügel, immer wieder Berge. Größere Ebenen sind im Land selten.

Fuhr mein Zug schließlich in eine neue Stadt ein, konnte ich oft kaum meinen Augen trauen: Die Bahnhöfe sahen sich zum Verwechseln ähnlich. In den Läden gab es die gleichen Kekse und die gleichen drei Marken gesüßten Milchtees. Die Straßenschilder hatten ein nahezu identisches Design. In den Städten hatten viele Hochhäuser genau die gleichen rosa Fassaden mit grünen Spiegelgläsern. Wären die Bauten nicht so hoch und robust, hätte ich geglaubt, dass sie jemand während meiner Zugfahrt heimlich vom einen an den nächsten Ort versetzt hat. Noch etwas führte dazu, dass ich trotz endloser Stunden im Zug oder Bus häufig das Gefühl hatte, mich kaum fortbewegt zu haben: Die Menschen sprachen am Reiseziel zwar abweichende Dialekte, trotzdem war deutlich erkennbar, dass sie sich eine gemeinsame Sprache teilten.

Wieso ist das so? Gewiss hat das kommunistische Regime seit jeher einen starken Drang zur Zentralisierung und Vereinheitlichung an den Tag gelegt. Nirgendwo ist das so deutlich zu sehen wie in den älteren Wohngegenden: Die mit Ziegeln gemauerten Wohnblöcke sind im ganzen Land fast ausnahmslos sechsstöckig. Das hat seinen Grund in einer Regel, die vorschreibt, dass in Häusern mit mehr als sechs Etagen ein Fahrstuhl eingebaut werden muss und man sich die Kosten in der Regel sparen wollte.

Aber man darf auch nicht vergessen, dass China trotz einer Vielzahl von Grenzverschiebungen über die Jahrtausende früh ein einheitliches Land mit einem gemeinsamen Kulturverständnis wurde. Als sich der legendäre Qin Shihuangdi im Jahr 220 vor der Zeitenwende zum ersten Kaiser krönte, das Land einte und damit China überhaupt erst begründete, herrschte er bereits über ein Territorium, das in weiten Teilen der heutigen Ausdehnung entspricht.

*5. Grund*

## Weil China trotzdem ein Land der Extreme ist

China ist einheitlich, ja. Gleichzeitig ist es aber auch unglaublich vielseitig. China ist das einzige Land der Welt, in dem jede erdenkliche Klimazone vorkommt. Es gibt keine Landschaft, die Sie nicht finden würden: Die Steppen im Norden. Die Wüsten im Nordwesten. Das Hochgebirge im Südwesten. Tropische Strände im Süden. China ist eben auch ein Land der Extreme – und um diese Extreme soll es hier gehen.

Beginnen wir unseren kleinen Rundumschlag bei der Geografie. Genauer gesagt mit dem Mount Everest, den man in China meistens unter seinem lokalen Namen Qololangma kennt. Der Berg liegt zur Hälfte im chinesischen Tibet und zur Hälfte im Nachbarstaat Nepal und ist mit 8.848 Metern bekanntlich die höchste Erhebung der Welt. Wenn Sie nun rund 1.500 Kilometer nach Norden reisen, erreichen Sie irgendwann die Turpan-Senke, deren tiefster Punkt sich 156 Meter unter dem Meeresspiegel befindet. Das ist zwar nicht die weltweit tiefste Depression, sorgt aber dennoch dafür, dass sie China zum Land mit dem größten Höhenunterschied der Welt macht.

Bleiben wir gleich in der Turpan-Senke. Die bekannteste Sehenswürdigkeit hier sind die Flammenden Berge. Wenn am Abend die Luft flimmert und die untergehende Sonne die Kalksteinfelsen in rotes Licht taucht, sieht es tatsächlich aus, als hätte das Gebirge Feuer gefangen. Ein beliebter Fotostopp mit Blick auf die Berge befindet sich nicht ohne Grund vor einem überdimensionierten Thermometer: Nirgendwo wurden bisher höhere Bodentemperaturen gemessen als hier in der Kumtag-Wüste. Auf bis zu 82,3 Grad erhitzt sich der kahle, sandige Boden.

Am anderen Ende der Temperaturskala liegt Mohe, eine für chinesische Verhältnisse kleine Stadt kurz vor der Grenze zu Sibirien. Sie gehört zu den wenigen Ortschaften, die so weit im Norden liegen, dass sie sich für die Beobachtung von Nordlichtern eignen. Besonders viele Touristen zieht die Himmelserscheinung trotzdem nicht an. Tiefsttemperaturen von bis zu –52,3 Grad schrecken die meisten ab. Einen größeren Temperaturunterschied gibt es in keinem anderen Land.

Dass die meisten Großstädte ähnlich aussehen und sich auch viele Dörfer gleichen, haben wir bereits besprochen. Doch das Entwicklungsgefälle zwischen Stadt und Land ist gewaltig. Von den zehn urbanen Zentren mit den meisten Wolkenkratzern liegen fünf im Reich der Mitte. Tendenz steigend. Es wird so viel gebaut, dass in manchen Jahren die Hälfte aller Baukräne in China steht. Trotzdem dauert es bei einer Zugreise oft nur wenige Minuten, bis man die Glasfassaden der innerstädtischen Geschäftsviertel hinter sich gelassen hat und an einfachen Backsteinhäusern vorbeiflitzt. In den nordchinesischen Lössgebieten leben noch immer etwa 30 Millionen Menschen in Höhlen (siehe auch Grund 81) – wie seit Hunderten von Jahren. Ein stärkerer Unterschied in den Lebenswelten der Menschen lässt sich kaum vorstellen.

Das hat auch mit der finanziellen Situation der Einwohner zu tun. Der 2018 erschienene *Global Wealth Report* der Schweizer Großbank Credit Suisse weist aus, dass in China rund 3,4 Millionen Menschen mit einem Vermögen von mindestens einer Million Dollar leben. Nur in den USA gibt es mehr Wohlhabende. Noch, denn China holt in schnellen Schritten auf.

Gleichzeitig sieht man in den Städten Senioren, die sich mit dem Sammeln leerer Plastikflaschen über Wasser halten; Wanderarbeiter, die unter prekären Bedingungen U-Bahn-Schächte buddeln oder Glaspaläste für die Großunternehmen in die Höhe ziehen; Frauen, die in Montagehallen unsere Elektronikgeräte zusammensetzen und wöchentlich bis zu 80 Überstunden leisten, nur um einigermaßen über die Runden zu kommen.

Eine Untersuchung der Peking Universität zeigt, dass ein Prozent der chinesischen Bevölkerung rund ein Drittel des Reichtums des

Landes besitzt. Die Ungleichheit bei der Verteilung von Einkommen und Vermögen gemessen nach dem Gini-Koeffizient liegt bei 0,51. Fast nur in afrikanischen Staaten klafft die Schere zwischen Arm und Reich weiter auseinander.

*6. Grund*

## *Weil die Hälfte des Landes menschenleer ist*

Er schaute mich an, als hätte er in seiner Karriere als Taxifahrer nie eine bizarrere Anweisung gehört. Mein Arbeitskollege und ich waren an jenem Augustabend spät in Yinchuan gelandet, der Hauptstadt des Autonomen Gebiets Ningxia. Ausgerüstet mit Zelt und Schlafsack wollten wir in die Sandwüste wandern und dort von den haushohen Wanderdünen die anstehende Sonnenfinsternis beobachten. »Fahre auf dieser Straße immer Richtung Süden, bis der Zähler 200 Yuan anzeigt«, erklärten wir ihm. Wo immer das der Fall ist, wollten wir aussteigen. Die knapp 30 Euro sollten für die 80 Kilometer bis zum Beginn der Wüste reichen. Der Fahrer schüttelte ungläubig seinen geschorenen Kopf, zündete sich eine Zigarette an und trat aufs Gaspedal.

Mit 1,4 Milliarden Menschen ist China das Land mit den meisten Einwohnern. Aber die Bevölkerung ist ausgesprochen ungleich verteilt. An der Küste im Osten und entlang der wichtigen Ströme reiht sich eine Millionenstadt an die nächste. Selbst in Städten, von denen die meisten bei uns im Westen noch nie gehört haben, schießen die Wolkenkratzer in die Höhe. Das mag wie Selbstinszenierung oder Zurschaustellung der Modernisierung wirken. Tatsächlich ist die nutzbare Fläche aber vielerorts so klein, dass es für andere Bauformen schlicht zu wenig Platz gäbe. Ganz anders hingegen sieht es im Norden und im Westen des Landes aus. Die endlosen Steppen der Inneren Mongolei, die staubigen Wüsten von Xinjiang, Gansu und

Ningxia und die alpinen Lebensräume von Tibet und Qinghai: All diese Gebiete waren in ihrer Geschichte nie in der Lage, eine große Bevölkerung zu ernähren, und sind bis heute dünn besiedelt.

Obwohl die Regierung seit vielen Jahren versucht, Anreize für eine Umsiedlung in die Westprovinzen zu schaffen, hat sich an dieser Verteilung wenig verändert. Im Jahr 1935 zog der Humangeograf Hu Huanyong eine imaginäre Linie, die China in zwei ähnlich große Flächen unterteilte. Sie führte von Heihe in der nordostchinesischen Provinz Heilongjiang einmal quer durch das Land zur Stadt Tengchong in der Provinz Yunnan. Hu stellte fest, dass im flächenmäßig leicht größeren Teil (57 Prozent der Landmasse) gerade einmal vier Prozent der Bevölkerung lebten. Bei der letzten Volkszählung 2015 verdoppelte sich dieser Anteil zwar, doch noch immer sind die Gegenden westlich der Heihe-Tengchong-Linie weitgehend menschenleer.

Das merkten wir auch an jenem Abend, als uns der Fahrer irgendwo auf halbem Weg nach Zhongwei am Straßenrand absetzte. Wir schulterten unsere Rucksäcke, überquerten einen ausgetrockneten Bach und schlichen an einem einstöckigen Bauernhaus aus grauen Ziegelsteinen vorbei. Nach zehn Minuten spürten wir, wie der Boden unter unseren Füßen immer sandiger wurde und der Straßenlärm allmählich verstummte. Nach weiteren zehn Minuten bauten wir in einer Senke zwischen zwei Dünen das Zelt auf. Kaum zu glauben, dass es im bevölkerungsreichsten Land der Welt so wenig Aufwand braucht, um die absolute Wildnis zu finden.

*7. Grund*

## *Weil man die Große Mauer manchmal suchen muss*

Am nächsten Morgen ging es weiter Richtung Norden, in das Grenzgebiet zwischen Ningxia und der Inneren Mongolei. Hier zwischen den sanften Grashügeln lag unser Tagesziel: die frühere Nordgrenze des chinesischen Reichs. Markiert durch die Große Mauer, die gebaut worden war, um die chinesische Zivilisation vor den Angriffen der nomadischen Mongolen zu schützen.

Dank einer Karte mit ihrem ungefähren Verlauf glaubten wir, die Mauer leicht zu finden. Als unser Bus in einem nahe gelegenen Provinzkaff hielt, machten wir uns also gleich auf die Suche nach jemandem, der uns die letzten Kilometer fahren würde. Doch das war schwieriger als erwartet. Es folgte uns zwar rasch eine Traube Neugieriger, die lauthals über unser Anliegen beriet. Doch jeder, den wir nach der Großen Mauer fragten, schüttelte den Kopf. Keiner wusste, wo sich der Abschnitt befinden könnte. Ein Taxifahrer schlug nach einer Weile vor, uns ins rund 1000 Kilometer entfernte Peking zu chauffieren.

Man sagt, die Chinesische Mauer sei das einzige von Menschen errichtete Bauwerk, das man mit bloßem Auge vom Weltall aus sehen könne. Ich wusste zwar, dass das nicht stimmt – immerhin hatte der erste chinesische Raumfahrer, Yang Liwei, bei seinem Raumflug 2003 nach ihr Ausschau gehalten und sie nicht gefunden – aber ich ging davon aus, dass man sie wenigstens von der Straße aus erkennen würde.

Mit diesem Argument überzeugten wir schließlich den Fahrer, uns an den Ort zu bringen, der auf der Karte eingezeichnet war. Nach einigen Minuten in seinem roten VW Jetta tauchte ein lehmiger Haufen auf, der mich eher an Termitenbauten in Australien erinnerte als an einen Wehrturm. Und doch mussten wir hier richtig sein. Denn als wir zum Turm hochgeklettert waren, sahen wir in der Ferne alle

200 Meter einen weiteren »Termitenbau«, fein säuberlich verbunden über eine vielleicht 50 Zentimeter hohe Lehmmauer. Dass Archäologen die Mauerabschnitte, die ich bisher besucht hatte, stark restauriert hatten, war mir natürlich klar. Dennoch überraschte mich, wie wenig bei der wilden Mauer vom Urzustand übrig geblieben ist. So also sah die echte Chinesische Mauer aus!

Wobei der Begriff »Chinesische Mauer« etwas irreführend ist. Tatsächlich handelt es sich nicht um ein einzelnes Bauwerk, sondern eher um ein System von verschiedenen Verteidigungswällen, die teilweise parallel verlaufen, teilweise ganz unterbrochen wurden, wenn die natürliche Geografie genügend Schutz bot. Die ersten Befestigungen entstanden bereits im 7. Jahrhundert v. Chr. und bestanden aus festgeklopftem und mit Stroh und Reisig vermischtem Lehm. Die Mauer aus gebrannten Ziegelsteinen, die wir normalerweise auf Bildern sehen, stammt meistens aus der jüngsten Bauphase während der Ming-Dynastie ab 1493.

Auf Chinesisch heißt die Mauer *Wanli Changcheng*, wörtlich »Die zehntausend Li lange Mauer«. Das klingt nach viel, ist aber noch immer eine ziemliche Untertreibung. Li ist eine historische Maßeinheit, die ungefähr einem halben Kilometer entspricht. Nach neuesten Erhebungen erstreckt sich das Mauersystem aber über eine Distanz von nicht weniger als 21.196 Kilometern, wovon allerdings ein beträchtlicher Teil in einem ähnlich schlechten Zustand ist wie der Erdwall, neben dem wir gerade unser Zelt aufbauten.

Dass die Mauer heute überhaupt noch steht, ist nicht selbstverständlich. Als in den 20er-Jahren des vergangenen Jahrhunderts in China die ersten Autos aufkamen, erwogen chinesische Intellektuelle, die Große Mauer in eine Straße zu verwandeln. Die Vorteile lagen auf der Hand: Die Mauer folgte einer geraden Linie, die wichtige Regionen in Nordchina verband. Außerdem hätten die Steine der Mauer dafür gesorgt, dass der Bau vergleichsweise günstig hätte verwirklicht werden können. Am Ende wurde die Idee jedoch verworfen. Zum Glück.

8. *Grund*

## *Weil die Landesgrenze eine Sehenswürdigkeit ist*

Ich saß in Ürumqi, der Hauptstadt der Autonomen Region Xinjiang, in einem Reisebüro und brütete über einem Katalog, in dem Ausflüge in die teilweise schwer zu erreichenden Randgebiete der Provinz angepriesen wurden. Die Auswahl war vielfältig: Der Kanas-See mit seinem Monster war im Angebot (siehe Grund 84), ebenso die orientalische Altstadt von Kashgar mit einem Abstecher auf den Karakorum-Highway.

Eine viertägige Tour stach mir aber besonders ins Auge. Sie führte an den Yili-See und war bebildert mit hübschen sattgrünen Hügeln und einladenden Jurten, vor denen Angehörige der kasachischen Minderheit in ihrer traditionellen Kleidung standen. Auffallend war aber vor allem ein Programmpunkt: Besichtigung der Grenze.

»Was gibt es denn dort zu sehen?« Ich schaute Tracy Zhang, die Reisefachfrau, die mich den Katalog hat durchblättern lassen, verwirrt an. »Die Grenze zu Kasachstan natürlich«, erklärte sie nachsichtig, als hätte ich gerade die dümmste Frage gestellt, die sie sich vorstellen konnte. Weil ich wohl noch immer etwas ungläubig aus der Wäsche schaute, holte Tracy weiter aus: China sei so weitläufig und die Grenze liege dort ganz in der Nähe. »Viele unserer Kunden haben noch nie gesehen, wo unser Land aufhört. Das ist für sie etwas Besonderes.«

Und tatsächlich: Am dritten Tag brachte uns der Reisebus an einen Grenzübergang. Zuerst hielten wir auf einem Hügel, von wo aus wir in der Ferne in das Nachbarland hinabsehen konnten. Ein paar Minuten später ging es weiter zum eigentlichen Grenzübergang, den wir uns als Nächstes ansehen sollten.

Für mich kam jedoch ein unerwartetes Aus. Einige Hundert Meter vor dem Grenzgebäude stieg ein Uniformierter zu. Er wanderte durch den Mittelgang und schaute sich dabei jeden Passagier genau an. Als er mich entdeckte, machte er kehrt und begann mit dem Fahrer zu diskutieren. Das Resultat: Als einziger Ausländer in der Reisegruppe musste ich im nahe gelegenen Einkaufszentrum warten, während der Rest eine Führung durch die Grenzschutzanlage erhielt.

Und so wurde diese »Grenzerfahrung« für uns alle zu einem kleinen Highlight. Für mich, weil ich mir nie erträumt hätte, dass eine ganze Reisegruppe freiwillig einen Urlaubstag für eine Landesgrenze investiert, und für die Mitglieder unserer Reisegruppe, weil sie endlich sehen konnten, wo ihr Land aufhört. Meinem Sitznachbarn jedenfalls muss gefallen haben, was er sah. Denn als wir wieder im Bus saßen, verkündete er seinen Entschluss, das nächste Mal ins Ausland zu verreisen. Nicht nach Kasachstan, aber nach Thailand. Kasachstan kannte er ja schon.

*9. Grund*

## Weil ein Fluss über Frieren oder Schwitzen entscheidet

Beginnen wir mit einer gewagten Behauptung: Weder der Gelbe Fluss noch der Jangtse ist der wichtigste Strom Chinas, sondern der Huai-He. Falls Sie noch nie von diesem Gewässer gehört haben und es nun auf der Landkarte suchen wollen: Es entspringt dem Tongbai-Gebirge in der Provinz Henan und fließt etwa 1.100 Kilometer Richtung Osten, bevor es sich mit dem Jangtse vereint und sich ins Gelbe Meer ergießt. Bekannte Städte gibt es an seinem Lauf nicht.

Was macht den Fluss so bedeutend? Nun, er gilt als offizielle Grenze zwischen Nord- und Südchina. Und dieser Übergang ist mehr als bloß eine geografische Spielerei. Er löst in jedem Chinesen eine Reihe von klaren Vorstellungen aus. Hier ein paar Beispiele: Der Norden ist trocken und staubig, während es im Süden häufig regnet. Im Norden sind traditionellerweise Nudeln das wichtigste Nahrungsmittel, im Süden greifen die Menschen lieber zu Reis. Wer aus dem Norden stammt, ist in der Regel ein paar Zentimeter größer. Südchina gilt als wohlhabender und besser entwickelt – was übrigens damit zusammenhängt, dass die marktwirtschaftlichen Reformen zunächst im Süden eingeführt worden sind. In Nordchina sprechen die Menschen ein Chinesisch, das nahe der Standardsprache ist, im Süden dominieren Dialekte oder Minderheitensprachen.

Es gibt allerdings auch einen Unterschied, der Sie vermutlich überraschen wird. Wenn Sie vorhin den Fluss auf der Landkarte gesucht haben, erwarten Sie womöglich, dass die Menschen im Winter im Norden frieren, während es im Süden behaglich warm ist. Tatsächlich ist es aber genau umgekehrt: Geschlottert wird im vergleichsweise warmen Süden. Der Grund liegt bei ebendiesem Fluss. Lassen Sie mich das erklären.

Mitte der 1950er-Jahre sollte ein zentrales Heizsystem eingeführt werden, bei dem die Wärmeversorgung nicht mehr den einzelnen Haushalten überlassen war, sondern vom Staat geliefert wurde. Bei der Planung stellte sich allerdings schnell heraus, dass die verfügbare Energie nicht ausreichen würde, um ganz China zu beheizen. Also entschloss sich der damalige Premierminister Zhou Enlai, den Huai-He und das benachbarte Qingling-Gebirge als Heizgrenze zu definieren. Die Wahl dieser Linie fiel ihm leicht, da in der Nähe die »0-Grad-Grenze« verlief – also jene Linie, auf der im Januar eine Durchschnittstemperatur von null Grad herrscht.

Obwohl sich viele frierende Südchinesen seit Jahrzehnten eine Anpassung an die heutigen Komfortbedürfnisse wünschen, hat sich an den Heizregeln seit ihrer Einführung wenig geändert. Dazu gehören auch die zentral festgelegten Heizperioden: Unabhängig davon, ob es draußen frühlinghaft warm ist oder ein Schneesturm tobt, wird in den meisten Provinzen jeweils vom 15. November bis zum 15. März geheizt.

Ein weiterer Anachronismus ist, dass bis heute die wenigsten Radiatoren über Ventile und Thermostate verfügen. Die einzige Möglichkeit, die Raumtemperatur zu kontrollieren, ist, das Fenster weit aufzureißen. Das ist auch der Grund, wieso die Heizkosten nicht auf Basis der tatsächlich verbrauchen Energie, sondern nach der Wohnfläche abgerechnet werden. Dass ein solches System nicht gerade zu Sparsamkeit verleitet, versteht sich von selbst.

Geheizt wurde zunächst ausschließlich mit Kohle, deren beißender Geruch einem im winterlichen Nordchina noch heute hin und wieder in die Nase kriecht. Sobald im Winter die Heizungen angingen, färbte sich der Himmel grauer, und die Feinstaubwerte gingen an die Decke. Der Pekinger Ökonom Yuyu Che zeigte vor einigen Jahren im Wissenschaftsjournal *Proceedings* der US-amerikanischen National Academy of Sciences (PNAS) für die Zeit zwischen 1980 und 2000, dass die Menschen im Norden durchschnittlich 5,5 Jahre weniger lang leben als ihre Landsleute im Süden. Der Grund: die auf Kohle basierte Wärme. Inzwischen wurden die meisten Kohleheizungen durch schadstoffarme Systeme ersetzt.

*10. Grund*

## *Weil sich Sommer und Winter nirgendwo stärker unterscheiden als am Houhai-See*

Der Houhai-See gehört zu den schönsten Ecken Pekings. Er ist einer der fünf Seen am westlichen Rand der Verbotenen Stadt, die einst den Endpunkt des Kaiserkanals bildeten. Heute steht er allerdings nicht mehr für den Abschluss einer mehrwöchigen Reise über den vielleicht bedeutendsten Wasserkanal der Antike, sondern für gemütliche Abende nach einem anstrengenden Tag im Büro. Die Gegend rund um den Houhai-See ist nämlich eines der angesagtesten Ausgehviertel der Hauptstadt.

Woran das liegt? Vielleicht an den Livebands, die in den Lokalen chinesischen Weichspüler-Pop auftischen. Möglicherweise auch an den hübsch präsentierten Getränken und Speisen. Für mich war die

Gegend deswegen so attraktiv, weil sich die Kneipen in typischen alten Hutong-Häusern befinden. Und vor allem auch, weil viele dieser hübschen Häuser urige Dachterrassen haben, die einen malerischen Blick auf den See und die umliegende Altstadt freigeben. Ich habe so manche Erinnerung an die Stunden im Schatten der Bäume mit einem kühlen Drink in der Hand.

Ganz anders ist die Stimmung allerdings im Winter. Sobald der beißende Wind aus Sibirien den See in eine dicke Eisschicht verwandelt hat, werden am Ufer kleine Kassenhäuschen aufgebaut. Wer möchte, kann sich günstig Schlittschuhe mieten und seine Pirouetten auf dem zugefrorenen See drehen. Es sind aber auch andere Aktivitäten möglich: Vor ein paar Jahren mietete ich beispielsweise einen Schlitten, den man mit Skistöcken anstoßen musste. Das war genauso anstrengend und unpraktisch, wie es klingt – und vermutlich der Grund, wieso die Schlitten im folgenden Jahr durch Fahrräder mit Kufen ersetzt wurden. Allerdings überwog wohl auch bei dieser Anschaffung die Exotik des Gefährts den sportlichen Aspekt. Der jüngste Trend scheinen Autoscooter zu sein.

Schlittschuhlaufen ist auf dem winterlichen Houhai-See dennoch die Hauptaktivität geblieben. Nicht ohne Grund hat die Sportart eine lange Tradition. Das vergleichsweise günstige Vergnügen konnten sich schon viele leisten, als China noch arm war. So überrascht es auch nicht, dass es an einem sonnigen Wochenende ziemlich voll werden kann.

Besonders gefiel mir übrigens immer, dass man auf der Eisfläche eine breite Palette an unterschiedlichen Schlittschuhläufern findet: Manche stehen zitternd mit X-Beinen da und drohen jeden Augenblick hinzufallen, während andere schon fast olympiaträchtige Pirouetten drehen. Es hat schreiende Kinder, aber auch Pärchen, die Händchen haltend durch die Gegend gleiten. Es war diese Vielfalt, die mich ermutigt hatte, mich trotz mittelmäßiger Fähigkeiten aufs Eis zu wagen. Es war diese Vielfalt, die mich Houhai auch im Winter lieben lässt, obwohl ich sonst wenig für die kalte Jahreszeit übrig habe.

*11. Grund*

## *Weil chinesische Seefahrer (vielleicht) vor Kolumbus Amerika entdeckten*

Der Anblick muss atemberaubend gewesen sein, als Admiral Zheng He im Herbst 1405 mit seiner Schatzflotte Richtung Indien in See stach. 27.800 Mann Besatzung verteilten sich auf 62 Schiffe. Die größten Boote waren 120 Meter lang und hatten neun Masten. Zum Vergleich: Die »Santa Maria«, das Schiff des Christoph Kolumbus, kam 70 Jahre später gerade einmal auf 27 Meter. Mit ihren gewaltigen Segeln aus roter Seide wirkte die Flotte wie eine schwimmende Stadt. Was man an jenem Herbsttag sah, war der Auftakt zu einer Reihe von sieben großen Entdeckungsreisen. Nie zuvor und nie danach durchlebten die chinesische Hochseeschifffahrt und die geografische Forschung eine derartige Blütezeit.

Sie kam nicht ohne Grund. Der Landweg nach Westen, die Seidenstraße, war in den Jahren zuvor zunehmend unsicher geworden, sodass der damalige Kaiser Yongle seinen Vertrauten Zheng damit beauftragte, alternative Handelsrouten über das Meer zu schaffen. Zheng baute in wenigen Jahren eine beispiellose Flottenarmada auf. Die Schiffe waren riesig und wegen ihrer Schottenbauweise praktisch unsinkbar. Es gab Spezialschiffe, in denen Wasser, Pferde und Lebensmittel transportiert wurden, und angeblich wussten die damaligen Kapitäne bereits um die gesundheitlichen Gefahren einer Mangelernährung. Der im Westen gefürchtete Skorbut war in der chinesischen Flotte unter Kontrolle.

Damit stand der großen Expansion nichts mehr im Weg. Die Schatzflotte segelte nachweislich bis ins Rote Meer und an die Südspitze von Afrika. Möglicherweise gelang den Schiffen sogar die Überquerung des Atlantiks und damit die Entdeckung Amerikas vor Kolumbus. Dies ist zumindest die Theorie des ehemaligen britischen U-Boot-Kommandanten und Hobby-Historikers Gavin Menzies. In seinem Bestseller *1421, als China die Welt entdeckte* vertritt er die These, dass Zheng bei einer Weltumseglung seinen Fuß auf Amerika und Australien setzte.

Als Belege nennt Menzies zurückgelassene Dschunken in Mexiko, genetisches Erbgut in amerikanischen Hühnern und unerklärliche Inschriften auf Steinstelen. Menzies Theorien stoßen zwar bei den meisten Historikern auf Ablehnung und gelten im Wissenschaftsbereich als Fiktion. Trotzdem gibt es eine Reihe von Ungereimtheiten, auf die Menzies eine Antwort hat. Wieso befinden sich beispielsweise auf einer Landkarte des venezianischen Kartografen Zuane Pizzigano aus dem Jahr 1424 zwei geheimnisvolle Inseln westlich der Azoren? Ihre Lage und Form legen nahe, dass es sich um Guadeloupe und Puerto Rico handelt – beides Inseln, die im damaligen Europa noch unbekannt waren.

Eine weitere offene Frage betrifft die Weltumrundung von Fernando Magellan im Jahr 1520. Laut seinem mitreisenden Chronisten Antonio Pigafetta vertraute Magellan bei seiner Fahrt auf eine geheime Karte, die er zuvor in der königlichen Bibliothek in Lissabon entdeckt haben soll. Angeblich hat sie ihm den Weg gewiesen in die später nach dem Seefahrer benannte Magellanstraße, die – darin ist sich Menzies sicher – wegen der engen Einfahrt kaum zufällig entdeckt worden sein konnte. War da möglicherweise eine chinesische Seekarte im Spiel, die auf Admiral Zheng zurückging?

Das Rätsel wird vorläufig ungelöst bleiben. Dazu trugen auch die isolationistischen Kräfte bei, die nach dem Tod von Kaiser Yongle im Palast an die Macht kamen. Sie sorgten dafür, dass Zhengs Flotte zerstört, hochseetaugliche Dschunken verboten und die Aufzeichnungen über die großen Entdeckungsreisen teilweise vernichtet wurden. Chinas Aufstieg zur Marinemacht endete so schnell, wie sie rund 30 Jahre zuvor begonnen hatte.

*12. Grund*

## *Weil chinesische Landkarten eine Herausforderung sind*

Während der Zeit der großen Entdeckungsfahrten, über die wir im vorherigen Grund gesprochen haben, war die Kartografie nirgendwo so weit entwickelt wie im Reich der Mitte. Von diesem Vorsprung ist wenig übrig geblieben. Denn chinesische Landkarten sind falsch. Nicht nur gelegentlich, sondern immer und prinzipiell.

Damit wir uns nicht missverstehen: Ich spreche hier nicht von den kleinen Ungenauigkeiten, wie wir sie alle kennen, wenn uns die GPS-Navigation mal wieder in eine Einbahnstraße zu lotsen versucht. Und ich rede auch nicht über all jene territorialen Streitfragen, bei denen wir möglicherweise eine andere Position einnehmen als das offizielle China. Ja, das alles gibt es auch und führt ebenfalls zu Ungenauigkeiten. Aber hier geht es um eine systematische Verfälschung sämtlicher Karten.

Lassen Sie mich erklären: China stuft kartografische Details als militärische Geheimnisse ein. Diese Regel hat gleich mehrere Folgen. Zunächst einmal sorgt sie dafür, dass nur gerade ein Dutzend Firmen das Land überhaupt vermessen dürfen und dass diese zwingend einheimisch sein müssen. Aber die Gesetzgebung geht noch weiter und schreibt vor, dass Karten nur dann veröffentlicht werden dürfen, wenn Sie zuvor mit dem GCJ-02 Filter bearbeitet worden sind.

Der offizielle Name des Filters lautet »nichtlinearer Vertraulichkeitsalgorithmus für topografische Karten«, und er tut genau das, was sein Name verspricht. Er teilt die Karten in festgelegte Dreiecke auf und verschiebt darin die Koordinaten auf der Grundlage eines geheimen Algorithmus gegenüber ihrer echten Position um bis zu einem halben Kilometer. So wird Ihr Standpunkt zwar scheinbar korrekt auf der Karte angegeben, aber dies nur, weil die zugrunde liegenden Karten ebenfalls stark verzerrt sind.

Das Phänomen können Sie leicht mit Ihrem eigenen Handy nachvollziehen. Dafür müssen Sie lediglich den Kartendienst von Google oder Microsoft öffnen und zwischen der grafischen Straßenkarte und dem Satellitenbild hin- und herwechseln. Vermutlich werden Sie feststellen, dass sich das leckere Restaurant, in dem Sie sich auf Ihrer letzten Reise den Bauch vollgeschlagen haben, plötzlich irgendwo in der Mitte eines Flusses befindet oder dass der Eingang zu Ihrem Hotel mitten auf einer Autobahn liegt.

Das ist natürlich ziemlich unpraktisch. Damit dieser Fehler nicht weiter auffällt, verwenden chinesische Karten-Apps den gleichen Filter auch für die Satellitenbilder. Wenn in China also Straßenkarten und Satellitenbilder übereinstimmen, ist das nicht ein Zeichen dafür, dass der Anbieter besser wäre, sondern dass beide Kartenarten genau gleich falsch sind.

# Kapitel 2

# Sprachliches

*13. Grund*

## *Weil die Verständigung immer irgendwie klappt*

Als ich einmal einem befreundeten Paar vorschlug, mich in Peking zu besuchen, schauten die beiden bloß verstört aus dem Fenster unserer kleinen Video-Konferenz. »Was wäre, wenn wir uns verirren?«, fragte er nach einer Weile. »Wie, um Himmels willen, sollen wir uns denn dort verständigen?« Nun, es braucht keine hellseherischen Kräfte, um zu ahnen, dass sie es bis heute nie nach China geschafft haben. Die Ironie der Geschichte: Wenige Wochen später buchten sie ohne lange nachzudenken einen Flug nach Thailand. Ein Land, dessen Anteil an Fremdsprachekundigen in der Bevölkerung gemäß »English Proficiency«, einem jährlichen Bericht des weltweiten Sprachschulanbieters EF, noch deutlich geringer ist.

Die beiden sind kein Einzelfall. Selbst unter erfahrenen Weltreisenden hält sich das Gerücht, dass die Sprachhürde schier unüberwindbar und das Land deswegen kaum zu bereisen sei. Das ist natürlich Unsinn. Seit bald vier Jahrzehnten (genauer: seit 1983) gehört Englisch in den meisten Schulen der Volksrepublik zu den Pflichtfächern. Das heißt, wenn Sie jemandem unter 40 Jahren begegnen, ist die Wahrscheinlichkeit hoch, dass diese Person – lassen Sie uns das hier etwas vorsichtig formulieren – im Verlaufe der Schulzeit mit Fremdsprachen zumindest in Kontakt gekommen ist.

Die letzte groß angelegte Studie aus dem Jahr 2006 kam zu dem Schluss, dass etwa ein Drittel der Bevölkerung im Verlaufe des Lebens mindestens eine Fremdsprache gelernt hat. Mit überwältigender Mehrheit von über 90 Prozent ist das Englisch. Danach folgen Russisch und Japanisch. Tatsache ist aber natürlich auch, dass nicht jeder als Sprachgenie zur Welt kommt. Und wer über Jahrzehnte kaum Gelegenheiten hat, das Erlernte anzuwenden, wird irgendwann kein einziges Wort mehr herausbringen. Darin unterscheidet sich China nicht von uns.

Trotzdem verbessert sich die Lage von Jahr zu Jahr. Eltern schicken ihren Nachwuchs gerne ins Frühenglisch, damit die Kleinen später auch wirklich die besten Chancen auf dem kompetitiven Arbeitsmarkt haben. Die wachsende urbane Mittelschicht vernetzt sich zunehmend international und verspürt eine immer unbändigere Reiselust.

Dass Ferien hinter den Landesgrenzen ohne Fremdsprachen nicht einmal halb so gut funktionieren, hat sich inzwischen rumgesprochen. Für viele ist allein das Grund genug, sich in einer der zahlreichen Sprachschulen anzumelden.

Generell gilt: Junge sind sprachgewandter als Alte, Frauen besser als Männer. Das erklärt auch die befremdenden Begegnungen, die man in China bisweilen hat. Als ich einmal mit einer Reisegruppe in der Inneren Mongolei unterwegs war, sprach mich ein Fünfjähriger in nahezu makellosem Englisch an und übersetzte alle Fragen, die seine neugierigen Eltern hatten. Niemand im Bus konnte sich auch nur annähernd so gut verständigen.

Dass China-Reisende trotzdem immer wieder auf Sprachhürden stoßen, hat zwei Gründe. Erstens kommen Touristen besonders häufig mit tendenziell bildungsferneren Schichten in Kontakt wie etwa Taxifahrern oder Verkäufern. Zweitens ist die chinesische Tourismusindustrie auf Einheimische ausgerichtet. Tour-Anbieter und

Hotelmanager achten bei Einstellungsgesprächen selten darauf, dass das Personal auch Fremdsprachenkenntnisse mitbringt.

Obwohl in China die Sprachhürde größer ist als in klassischen Ferienregionen wie Spanien, Italien oder Frankreich, hat das Reich der Mitte gegenüber den genannten Reisezielen einen entscheidenden Vorteil: Als Besucher mit westlichen Gesichtszügen fallen Sie überall sofort auf. Wenn Sie an einer Kreuzung mit verwirrter Miene die Landkarte studieren, können Sie Gift drauf nehmen, dass sich in kürzester Zeit jemand zu Ihnen gesellt und alles versucht, um Ihnen den Weg zu weisen. Und falls Ihr neu gewonnener Freund kein Englisch spricht, wird er jemanden anrufen, der das kann. Schließlich sind Sie ein Gast. Verständigung klappt immer. Irgendwie.

*14. Grund*

## *Weil Chinesisch einfacher ist, als Sie vielleicht denken*

Wenn wir einen Sachverhalt für undurchdringlich halten, dann sagen wir: »Ich verstehe nur Chinesisch.« Dass wir Mandarin für ausgesprochen schwer halten, hat seinen Grund: Wir werden beim Lernen nicht nur mit unerklärlichen Zeichen konfrontiert, sondern auch mit einer Aussprache, die nichts gleicht, was wir kennen. Auf Chinesisch gibt es kein einziges deutsches Fremdwort, und die wenigen englischen unterscheiden sich so sehr von ihrem Ursprungswort, dass Sie sie auch dann kaum erkennen, wenn Sie wissen, was gemeint ist.

Ich erinnere mich noch genau, wie ich in der ersten Woche an meiner Sprachschule in Peking nichts anderes tat, als die Aussprache zu üben. Fünf Stunden pro Tag, fünf Tage lang mussten wir Silbe um Silbe nachsprechen. Anlaut, Auslaut, Tonhöhe. Erst wenn alles stimmte, bekamen wir die nächste Silbe vorgelegt. Fallstricke gab es mehr als genug. Zum Beispiel die unterschiedlichen Zischlaute, die in den Ohren eines durchschnittlichen Deutschsprachigen mehr oder weniger identisch klingen.

Dazu kam die Tonhöhe. Abhängig davon, ob ein Wort mit fallendem, steigendem, gleichbleibend hohem und zuerst fallendem und dann steigendem Ton ausgesprochen wird, kann es eine komplett andere Bedeutung annehmen. Das klassische Beispiel ist »ma«, das je nach Ton entweder Mutter, Hanf, Pferd oder Schimpfen bedeutet. Das klingt schwerer, als es ist, und tatsächlich braucht es eine Weile, bis man darauf zu achten beginnt. Aber Bedeutungsunterschiede aufgrund von Tonhöhen kennen wir auch im Deutschen. Falls Sie das nun nicht glauben, sprechen Sie einfach den Satz: »Das hast du gesagt« einmal laut mit steigender und einmal mit fallender Tonhöhe aus. Sehen Sie: Das erste Mal ist es eine Feststellung, das zweite Mal eine Frage.

Nein, Chinesisch ist nichts, was man im Vorbeigehen lernt. Es braucht Durchhaltevermögen. Bis man einfache Texte lesen kann, muss man etwa ein Jahr die Schulbank drücken. In anderen Sprachen gelingt dies deutlich schneller. Niederschwellig ist anders. Doch während das Erlernen der Schrift tatsächlich ein Lebenswerk ist (möglicherweise gibt es keinen einzigen Chinesen, der alle rund 80.000 bekannten Zeichen beherrscht), ist Reden vergleichsweise einfach.

»Im Chinesischen gibt es keine Grammatik«: So hatte unsere Lehrerin an der Sprachuni stets alle unangenehmen Fragen abgewimmelt. Das ist zwar nicht ganz korrekt. Aber tatsächlich fehlt fast alles von dem, was in anderen Sprachen Hautausschläge bereitet: Es gibt keine Fälle, Verben werden nicht konjugiert. Zeitformen werden ganz einfach gebildet, indem man ihnen Wörter wie »gestern« oder »morgen« voranstellt. In der Regel werden noch nicht einmal Singular und Plural unterschieden. Viele Vokabeln bestehen aus zerlegbaren Bestandteilen und lassen sich leicht einprägen: Tennis ist beispielsweise Netzball, der Computer ist das elektrische Gehirn, und der Montag ist Tag Eins. Es braucht eine Weile, um zu verstehen, dass alles einfacher ist als erwartet. Doch mit dieser Erkenntnis ist man einen entscheidenden Schritt vorangekommen.

*15. Grund*

## *Weil Sie nirgendwo sonst so viele Komplimente erhalten*

Eine der größten Gefahren in China ist, die Bescheidenheit zu verlieren. Das passiert schneller, als Sie ahnen. Egal, wie schlecht Sie mit den Stäbchen umgehen oder wie falsch Sie die Dankesfloskel *xie xie* aussprechen: Mit an Sicherheit grenzender Wahrscheinlichkeit wird Ihr Gegenüber Ihre Geschicklichkeit oder Ihre Sprachfertigkeit wohlwollend anerkennen. Das geht bisweilen so weit, dass Ihre Klugheit selbst dann noch gelobt wird, wenn Sie lediglich dumpfsinnige Gemeinplätze vortragen.

Natürlich hat das nichts damit zu tun, dass Chinesen besonders leicht zu beeindrucken oder gar generell dümmer wären als wir. Es hängt vielmehr mit der gesellschaftlichen Stellung des Kompliments zusammen. Während wir hinter überschwänglichem Lob schnell Speichelleckerei und Glattzüngigkeit vermuten, steckt hinter der Anerkennung des Gesprächspartners tatsächlich eine uralte Kulturtechnik, die bereits im Kindesalter eingeimpft wird.

»Durch Weichheit die Härte besiegen«, nennen es die Chinesen. Die Idee dahinter ist brillant einfach: Gerade bei Unbekannten weiß man nie genau, ob sie einem wohlgesinnt sind oder nicht. Daher ist es schlicht ein Gebot der Klugheit, Fremde mit ein paar freundlichen Worten milde zu stimmen. Dem anderen Gesicht zu geben ist aber auch deswegen so wichtig, weil es einen direkten Rückkopplungseffekt gibt: Wer andere ins Licht stellt, tritt selber aus dem Schatten, wer seinen Gegenüber das Gesicht verlieren lässt, verliert auch sein eigenes. Tun Sie es also wie die Chinesen und decken Sie Ihre Gesprächspartner hin und wieder mit einem ehrlich gemeinten Lob ein – übrigens auch zu Hause keine schlechte Idee.

Wenn Sie länger in China leben, werden Sie vermutlich feststellen, dass die verbalen Streicheleinheiten seltener werden, je enger sich Ihre Beziehungen zu den Mitmenschen gestalten. Eine Bekannte von mir spricht ihre Mutter an mit: »Alte Frau«. Die beliebtesten Kosenamen zwischen Paaren sind zwar nach wie vor *baobao* oder *baobei* (Baby), aber es ist auch vollkommen in Ordnung, sich gegenseitig *Xiao Zhu-zhu* (Schweinchen) oder *Xiao Bendan* (Dummköpfchen) zu nennen. Wenn also jemand keine Höflichkeitsfloskeln mehr nutzen muss, ist das quasi ein Kompliment.

Als ich vor Kurzem meine ehemaligen Arbeitskollegen in ihrem Büro besuchte, wurde ich mit der inhaltlich sicherlich nicht vollkommen verkehrten Bemerkung begrüßt: »Mensch, bist du in den Jahren aber fett geworden!« Selten habe ich mich so über eine Beleidigung gefreut.

### *16. Grund*

## *Weil Chinglish viel über die Mentalität verrät*

In einem Restaurant in der Nähe meines Büros gab es ein Gericht, das ich mir besonders gerne bestellte: »Chicken fuck vegetable«, hieß es in der Speisekarte. Anderswo kitzelte ein »exploding chicken« an meinem Abenteuergeist. Das Lokal hinter meiner Wohnung trug den Namen »fragrant communism«, und in einem kleinen Dorf in der abgelegenen Provinz Guiyang entdeckte ich einmal ein kleines Sanitärgeschäft, dessen Name im Aushang mit »Server not available« übersetzt worden war.

Obwohl die Regierung seit Jahren schlecht übersetzten Schildern und Namen den Garaus machen will – Originalton einer Kampagne zur Olympiade: »Schilder sollen nützlich sein und nicht zur Belustigung beitragen« –, ist die eigenwillige Kombination von fehlerhaften Wörterbüchern und chinesischer Grammatik nicht totzukriegen. Sie hat sogar einen eigenen Namen: Chinglish.

Was Touristen immer wieder zum Schmunzeln bringt, ist für viele gebildetere Chinesen ein Grund zum Fremdschämen. Zu Unrecht, findet jedoch der Heidelberger Sinologe Oliver Lutz Radtke, der zum Phänomen Chinglish forscht und bereits zwei Bildbände mit den witzigsten Sprachergüssen veröffentlicht hat.

»Chinglish erlaubt einen Einblick in das Geistesleben von Chinesen«, erklärte er mir einmal bei einem Kaffee. Denn Sprache und deren Fehlleistungen seien geprägt von der kulturellen Denkweise. Wenn an der Wand einer Toilette stehe: »This WC is free of washing. Please leave off after pissing or shitting«, dann sei dies in erster Linie ein Anzeichen für einen unverkrampfteren Umgang mit Fäkalien. Dass ein Brötchen mit Schokoladenfüllung ausgerechnet Bimbo heißt, also einen Namen trägt, der im US-amerikanischen Kontext stark mit der Versklavung von Afrikanern in Verbindung gebracht wird, weise hingegen auf eine geringe Sensibilität hinsichtlich Rassismus hin.

Chinglish zeige aber auch, dass China viel indirekter und freundlicher sein könne, als wir schlechthin annehmen. Zum Beispiel bei Verbotsschildern. Da heiße es nicht einfach »Betreten verboten« wie bei uns in Deutschland, sagt Radtke. Die Passanten würden eher gebeten, die Wiese nicht zu betreten, weil »die Gräser auch Schmerzen verspüren«.

Und gelegentlich kommt es vor, dass Chinglish sogar Eingang ins Standard-Englisch findet. Die Floskel »long time no see« beispielsweise soll ihren Ursprung in einer gleichlautenden Redewendung in Kantonesisch haben. Erst vor Kurzem wurde »Add oil« in das *Oxford English Dictionary* aufgenommen. Es ist eine direkte Übersetzung von *Jiayou*, mit dem auf Chinesisch Unterstützung ausgedrückt wird. Mit Chinas zunehmendem Einfluss dürfen wir uns noch auf die eine oder andere zusätzliche Chinglish-Floskel gefasst machen.

*17. Grund*

## Weil das Wörtchen »kuai« besondere Aufmerksamkeit verdient

Eine der ersten chinesischen Vokabeln, die ich – noch lange vor meiner Sprachschule – auf meinen Reisen gelernt habe, war das Wörtchen *kuai*. Immer wieder bin ich ihm begegnet, um nicht zu sagen: Es hat mich regelrecht verfolgt. In den unterschiedlichsten Situationen hörte ich es. Immer wieder. Und häufig nicht nur einmal, sondern gleich drei Mal hintereinander hastig ausgesprochen: *kuai, kuai, kuai*. Es war der Soundtrack, den meine ungeduldigen Mitmenschen bei der Bestellung im Restaurant lieferten. Es war der Klang, mit dem Kinder angetrieben wurden, die beim Schuhe anziehen rumtrödelten.

Übersetzt heißt *kuai* ganz einfach »schnell«, und genauso ist es auch gemeint. Aber *kuai* ist mehr als eine einfache Vokabel, die sich dem Sprachstudenten förmlich aufdrängt. *Kuai* ist fast schon ein Lebensgefühl. Dass *kuai* im chinesischen Sprachraum zu den 500 am häufigsten verwendeten Einzelzeichen gehört, ist deswegen wohl auch kaum ein Zufall. Alles muss schnell gehen, Warten ist verlorene Lebenszeit. Und so geht auch alles unglaublich schnell.

Als ich mir kürzlich bei meinem letzten Peking-Besuch ein neues Handy bestellte, klingelte der Bote bereits am nächsten Morgen mit dem Päckchen in der Hand. Keine zwölf Stunden brauchte die Lieferung. Mit einem Preisaufschlag wäre es sogar noch schneller gegangen – und das in einer Stadt, die derart von Stau geplagt ist, dass man häufig zu Fuß schneller ist. Wenn ich im Restaurant ein Gericht bestelle, steht es oft schon nach einer oder zwei Minuten auf dem Tisch. Chinesisches Essen darf man, zumindest was die Geschwindigkeit der Zubereitung angeht, zweifelsfrei als Fast Food bezeichnen. Und genauso schnell, wie es aufgetischt wird, ist ein geselliges Essen auch wieder vorbei: Sobald der letzte Teller abgeräumt ist, geht man nach Hause. Nur keine Zeit verlieren am leeren Tisch, nur keine Gemütlichkeit aufkommen lassen. *Kuai, kuai, kuai.*

Vermutlich ist diese Ungeduld in einem Land, das sich dermaßen rasant entwickelt, dass die Propagandaorgane eigens den Begriff »chinesische Geschwindigkeit« geschaffen haben, kein Zufall. Und dieses chinesische Tempo ist überall zu erfahren. Bis in ein paar Jahren soll eine neue Magnetschwebebahn Passagiere mit einer rekordverdächtigen Geschwindigkeit von 600 Stundenkilometern zwischen den Metropolen Peking und Shanghai transportieren. Die Reisedauer sinkt dann von den bereits jetzt unglaublichen fünf auf rund 3,5 Stunden. Auf der Liste der 500 schnellsten Supercomputer der Welt stehen über 200 chinesische. Das sind fast doppelt so viele wie die zweiplatzierten USA. Über das bahnbrechende 5G-Netzwerk können bereits jetzt ganze Filme innerhalb von wenigen Sekunden heruntergeladen werden. Wenn meine chinesischen Freunde durch Europa reisen, wollen sie in der knapp bemessenen Freizeit so viel sehen, wie sich gerade noch irgendwie ins Programm quetschen lässt. Dass ich unterwegs gerne eine Woche an einem Ort bleibe, um richtig anzukommen, stößt auf Unverständnis. Langweilen kann man sich zu Hause, heißt es dann. Reisen muss effizient sein. Und Effizienz ist eben *kuai.*

Die zweite Vokabel, die ich lernte, lautete übrigens auch *kuai*. Gleicher Ton, leicht andere Schreibweise. Mit ihr wird umgangssprachlich Geld gezählt. »Das kostet fünf Kuai«, heißt es unter Freunden. Vielleicht, so dachte ich mir damals, stimmt unser Sprichwort doch, und Zeit ist wirklich Geld.

*18. Grund*

## Weil Chinesen nicht Nein sagen können

Als ich frisch in China ankam, traf ich mich jeweils am Mittwochabend mit einer Studentin. Sie lernte an der Pekinger Filmakademie und wollte ihre Englischkenntnisse mithilfe von Konversationen mit einem Ausländer verbessern. Auch ich war froh, dass jemand meinem holprigen Chinesisch zuhörte, ohne gleich nach dem zweiten Satz ins Englische zu wechseln. Unser Sprachtandem funktionierte eigentlich ganz gut, bis sie eines Tages für ihre Abschlussarbeit einen westlichen Nebendarsteller suchte und mich bat, die kleine Rolle zu übernehmen. Dazu muss man wissen: Ich bin möglicherweise der schlechteste Schauspieler, den die Welt je gesehen hat. Solche Bedenken wischte meine Sprachpartnerin aber mit der Bemerkung weg, dass ein echter Regisseur aus jedem Menschen einen guten Darsteller machen könne. Ich ließ mich überreden und sagte nach einigem Zögern zu.

Wenige Tage später trafen wir uns am Set, wo wir einen Nachmittag lang drehten. Kurz bevor ich am Abend nach Hause ging, bat mich die werdende Regisseurin, kommende Woche etwas Zeit für die restlichen Szenen frei zu halten. Sobald sie das genaue Datum wisse, werde sie mich anrufen, versicherte sie mir. Doch der Anruf kam nie. Als ich ihr wenig später auf WeChat, dem chinesischen Pendant zu WhatsApp, eine Nachricht schickte, stellte ich fest, dass sie mich gelöscht und blockiert hatte. Mich aus dem Adressbuch zu entfernen und den Kontakt auch gleich noch zu sperren, das war ihr offenbar leichter gefallen, als meine schauspielerischen Leistungen zu kritisieren und mir ins Gesicht zu sagen, was ich schon vor meinem Filmflopp wusste: Als Schauspieler tauge ich nichts.

Diese Geschichte ist sicherlich das extremste Beispiel. In unterschiedlichen Varianten hat sie sich aber immer wieder abgespielt. Den meisten Chinesen liegt viel daran, während eines Gesprächs keine unangenehmen Spannungen aufkommen zu lassen, umso mehr, wenn ausländische Gäste beteiligt sind. Peinliche Momente und Konflikte sind um jeden Preis zu vermeiden – auch dann, wenn dies wie im Fall meiner Sprachpartnerin nur mit einer kaum nachvollziehbaren Notbremse möglich ist.

Von diesem Zwang zur Harmonie berichten auch viele europäische Unternehmer, wenn sie erfreut aus Verhandlungen herausgingen, nur um später festzustellen, dass die lokalen Partner eine Zusage nach der anderen wieder rückgängig machen. Einen klar formulierten Wunsch genauso klar auszuschlagen, das scheint vielen ein größeres Übel als eine vage Zusage zu sein, auch wenn von Beginn an klar ist, dass man sie nie wird einhalten können – manchmal noch nicht einmal einhalten möchte.

Das Problem ist freilich leichter erklärt als gelöst. Denn der Umfang dieses Harmoniebedürfnisses unterscheidet sich nach Art der Beziehung. Manchmal kann man ein Wort für bare Münze nehmen, und bisweilen läuft eine Aussage dem, was tatsächlich ausgedrückt werden soll, diametral entgegen. Dennoch scheint es eine feste Regel zu sein, dass ein »Nein« hinter Floskeln versteckt wird. »Ja, das verstehe ich« und »Ja, ich werde das versuchen« kann faktisch genauso eine Ablehnung sein wie »Das muss ich noch mit meinem Vorgesetzten abklären«. Die feinen Unterschiede erkennt nur, wer statt des genauen Wortlauts die gesamte Kommunikationssituation berücksichtigt. Wie klingt der Tonfall, wie sieht die Körpersprache aus? Übe ich auf meinen Gesprächspartner Druck aus und dränge ihn womöglich zu etwas, was er oder sie vielleicht gar nicht möchte?

Interessant ist, dass dieses Unbehagen gegenüber der Konfrontation offenbar kulturell so tief verankert ist, dass es seinen Weg in die elementarste Grammatik gefunden hat: Ein Wort für »Nein« gibt es im Chinesischen nämlich nicht. Eine geschlossene Entscheidungsfrage wird nicht wie in den meisten anderen Sprachen mit einem feststehenden Begriff für die Affirmation oder Negation beantwortet, sondern indem das Verb wiederholt oder negiert wird. Klingt das zu theoretisch? Dann hier ein wörtlich übersetztes Beispiel:

A: »Haben Sie den Kuchen gesehen oder nicht gesehen, den ich gebacken habe?«

B: »Nicht gesehen.«

A: »Möchten Sie ein Stück versuchen oder nicht versuchen?«

B: »Versuchen.«

*19. Grund*

## *Weil ein Zeichen gleichzeitig für Zerstörung als auch für Hoffnung steht*

Als ich in Peking meine erste Wohnung suchte, fand ich per Zufall ein echtes Schnäppchen. Dass ich für die frisch renovierte Altbauwohnung trotz prominenter Lage am Rande des Geschäftsviertels kaum etwas zahlte, kam nicht von ungefähr. Der Grund war ungefähr 1,2 Meter groß und mit roter Farbe auf die Backsteinfassade gesprüht: *Chai* – das chinesische Zeichen für Abriss. Als ich einzog, konnte mir niemand sagen, wie lange es dauern würde, bis mich die Bautrupps verjagen. Aber eins war klar: Lange würde ich nicht bleiben können. Kein Wunder, dass sich außer mir niemand für die Wohnung interessierte.

Das Zeichen *Chai* verfolgte mich in den folgenden Jahren regelrecht. Ich sah es nicht nur täglich auf der Fassade meiner Wohnung. Es fraß sich auch durch die Hutong-Viertel, wo das alte Peking noch lebte, in das ich mich auf meiner ersten Chinareise verliebt hatte. Ganze Straßenzüge mussten Einkaufszentren, Luxus-Apartments und Geschäftshäusern weichen. Nicht ganz ohne Ironie war, dass auch echte alte Gebäude abgerissen wurden, um Platz für eine neue Altstadt zu schaffen. Für historische Stadtteile, die es so womöglich nie gegeben hat.

*Chai* war wie eine Walze, der ich dabei zusehen konnte, wie sie durchs Land zog. Zunächst verschwand die alte Bausubstanz in den wichtigen Metropolen. Dann folgten die kleineren Städte, und schließlich zog sie in die Dörfer, die für den Tourismus fit gemacht wurden. Mittlerweile trifft man das Zeichen in Peking und Shanghai kaum noch an.

Ich hatte einen Arbeitskollegen, der jedes Mal ein Wortspiel machte, wenn er das Zeichen sah. »Ich lebe in Chai-nar«, sagte er dann. Der Satz klang einerseits wie die englische Aussprache von China, bedeutete sinngemäß aber auch: »Wo wird etwas abgerissen?« Es dauerte eine Weile, bis mir klar wurde, dass sein Witz keine Kritik an der Vernichtung von Geschichte war, sondern dass er vielmehr die Verbesserung der Lebensbedingungen lobte. Das Zeichen bedeutete für ihn Hoffnung und Erneuerung. Und tatsächlich: Das Leben in den Hutongs war rückständig. Im Winter mussten die Bewohner alle paar Stunden aufstehen, um im Kohleofen Briketts nachzulegen. Toiletten gab es in den Wohnungen selten. Wer seine Notdurft erledigen musste, tat dies in den öffentlichen WCs auf der Straße. Wer es sich leisten konnte, zog in eine andere, moderne Gegend. Auch ich hatte mir bei der Wohnungssuche Angebote in den Hutongs angesehen und mich entschieden, dass ich nicht so leben will.

Die meisten Chinesen sind stolz auf ihre Geschichte. Gleichzeitig scheinen bei der Stadtentwicklung die wenigsten Wert auf Authentizität zu legen. Diese Diskrepanz hat mich immer verwirrt, bis ich in einem Buch des amerikanischen Reiseschriftstellers Peter Hessler eine einleuchtende Erklärung fand: Die Gebäude bestanden traditionell aus vergänglichen Materialien wie Holz und Lehmziegeln, deren Erhaltung eine ständige Erneuerung voraussetzt. Geschichte oder zumindest Architekturgeschichte, folgerte Hessler daraus, sei nicht statisch wie bei uns, sondern durchlaufe vielmehr einen ständigen Prozess der Erneuerung. Ähnlich wie das bei einem lebendigen Organismus der Fall ist. Und so ist es auch nicht erstaunlich, dass

*Chai* bei Menschen wie meinem früheren Arbeitskollegen sowohl für Zerstörung steht als auch für den Aufbau und die Gestaltung einer besseren Zukunft.

*20. Grund*

## *Weil sich eine halbe Milliarde Menschen 20 Familiennamen teilen*

Wenn wir über unsere Mitmenschen sprechen, dann benutzen wir in der Regel Namen. Sie helfen klar zu machen, wen genau wir meinen. Nicht selten reicht schon der Familienname aus. Bei Goethe, Beethoven oder auch bei Merkel ist auf Anhieb klar, von wem die Rede ist.

In China ist das ein bisschen anders. Wenn Sie Mühe haben, sich chinesische Namen zu merken, und heimlich den Verdacht hegen, dass alle ihre Bekannten gleich heißen, nun ja, dann liegt das möglicherweise nicht an Ihnen und an Ihrem ungeübten Ohr, sondern schlicht und ergreifend daran, dass Sie mit ihrem Gefühl recht haben und tatsächlich alle gleich heißen. Lassen Sie mich das mit ein paar Zahlen erläutern.

Bei der jüngsten Erhebung des Statistischen Amts aus dem Jahr 2018 ergab sich, dass landesweit insgesamt 6.150 Familiennamen verwendet werden. Stellt man diese Zahl den rund 1,3 Milliarden Einwohnern gegenüber, ist sie überraschend niedrig. Aber es kommt noch dicker. Bei dieser Zahl sind nämlich auch die Familiennamen der Minderheiten eingerechnet, die teilweise vollkommen andere Namensstrukturen haben.

Fast 85 Prozent der Gesamtbevölkerung tragen traditionelle Familiennamen aus dem *Baijiaxing*, heißt es in der Erhebung weiter. Das *Baijiaxing*, also das Buch der 100 Familiennamen, ist ein klassischer chinesischer Text aus der frühen Song-Dynastie (960 bis 1279 n. Chr.), der alle im alten China gebräuchlichen chinesischen

Nachnamen aufführt. Ursprünglich erhielt das Buch gerade einmal 411 Einträge, später wurde es auf 504 Namen erweitert.

Doch es kommt noch einmal viel dicker. Selbst unter den Lao Baixing, den alten hundert Namen, ist die Verteilung sehr ungleich. Etwa ein Viertel aller Chinesen heißen entweder Wang, Li, Zhang oder Liu. Weitere Top Ten-Kandidaten sind Chen, Yang, Huang, Zhao, Zhou und Wu. Jeder dieser Namen wird von 10 bis 100 Millionen Menschen getragen. Rund die Hälfte der Bevölkerung teilt sich die 20 am häufigsten vorkommenden Namen.

Das Ganze ist übrigens nicht ohne Ironie. Das chinesische Wort für Name lautet nämlich *mingzi* 名字. Wenn wir das etwas genauer anschauen, sehen wir, dass sich das erste Schriftzeichen aus den beiden Elementen *xi* 夕 (Abenddämmerung) und *kou* 口 (Mund oder Sprechen) zusammensetzt. In seiner ursprünglichen Bedeutung ist ein Name also so etwas wie ein Erkennungszeichen, mit dem man jemanden auch dann noch identifizieren kann, wenn sich in der Abenddämmerung das Gesicht nicht mehr erkennen lässt. Dass es bei der Entstehung des Wortes weniger Menschen gab als heute, brauche ich wohl nicht eigens zu erwähnen.

### *21. Grund*

## *Weil es hingegen bei den Vornamen keine Grenzen gibt*

Was wir im vorherigen Kapitel zu den chinesischen Nachnamen besprochen haben, trifft allerdings nicht auf die Rufnamen zu. Im Gegenteil: Bei den Vornamen ist die Freiheit schier grenzenlos. Da es keine ausdrücklichen Vornamen gibt, kann theoretisch jedes Zeichen aus dem allgemeinen Wortschatz als Vorname dienen. Oft suchen sich die Eltern einen Namen aus, der ihre Wünsche für das Kind ausdrückt. Eine Bekannte von mir trägt den Vornamen Meng

(Sturm), weil die Eltern ihr Durchsetzungsvermögen mit auf den Weg geben wollten. Kleine Bemerkung am Rand: Es hat funktioniert!

Die Vornamen widerspiegeln aber auch den Zeitgeist. Begegnet man unter den Senioren immer mal wieder Menschen, die im Hinblick auf den Sieg über die Kuomintang und die Ausrufung der Volksrepublik »Befreiung« heißen, gibt es in der Generation der 50-Jährigen auch »Verehre Mao« oder »Liebe das Vaterland«. In den Jahren der Kulturrevolution kamen viele »Revolution« oder »rot« zur Welt. Während früher materialistische Namen wie etwa »Reichtum« verpönt waren, erfreuen sie sich heute wieder einer größeren Beliebtheit.

Seit der Jahrtausendwende gibt es außerdem den Trend, seine Kinder nach möglichst seltenen Zeichen zu benennen. International bekannt wurde ein Fall, in dem ein Vater vergeblich versuchte, sein Kind bei den Behörden als »@« zu registrieren. Was als Ausdruck von Individualität und Kreativität gedacht war, stellt die Kinder aber auch immer wieder vor Probleme. Nicht alle chinesischen Zeichen sind tatsächlich in jedem digitalen Zeichensatz vorhanden. Gerade Computer von Fluggesellschaften oder Banken sind mit außergewöhnlichen Namen schnell überfordert.

Um derartige Probleme zu vermeiden, bieten im ganzen Land Tausende von Namensfindern ihre Dienstleistung an. Sie helfen, den Nachwuchs mit einem Namen ins Leben zu schicken, der allen Standards chinesischer Gelehrsamkeit und Astrologie gerecht wird. Sie versuchen eine Balance zu finden zwischen allzu gewöhnlichen Namen (in ganz China soll es beispielsweise über 300.000 Menschen mit dem Namen »Zhang Wei« geben) und solchen, die ihnen später Schwierigkeiten bereiten.

Während chinesische Namen mit größter Sorgfalt ausgesucht werden, geht es bei der Wahl der englischen Namen nachlässiger zu. So wie Chinesen von Ausländern erwarten, dass sie sich in China einen chinesischen Namen zulegen (das zeigt sich beispielsweise daran, dass selbst auf dem Formular für die Beantragung eines Touristenvisums in einem Feld nach dem chinesischen Namen gefragt wird), so geben sich auch die meisten Chinesen einen englischen Namen.

Es muss Sie nicht wundern, wenn sich zum Beispiel Ihr Reiseführer trotz unverkennbar asiatischer Gesichtszüge als Herbert zu erkennen gibt. Mein ehemaliger Chef beim chinesischen Verlag, in dem ich als Lektor arbeitete, nannte sich Manfred. Bis zuletzt hatte ich Mühe, den jungen schmächtigen Mann mit dem Namen in Verbindung zu bringen.

Anders als der offizielle Vorname, den die Eltern wählen, geben sich die meisten Chinesen ihren englischen Namen entweder selber, oder sie lassen ihren Fremdsprachenlehrer etwas aussuchen. In beiden Fällen zeigt sich aber oft, dass der Namensgeber mit der westlichen Kultur nicht allzu gut vertraut ist. Teilweise wird der tatsächliche Name einfach wörtlich ins Englische übersetzt, was seltsam anmutende Vornamen wie Red oder Summer zur Folge hat.

Manchmal nennt man sich aber auch nach einer Person oder einer Figur, die man mag. Einmal traf ich eine junge Studentin, die sich als Oliver vorstellte und sich dann lustig darüber machte, dass ich einen Mädchenname trage. Als ich widersprach, brachte sie mir beim nächsten Treffen ein abgetragenes T-Shirt mit dem Antlitz von Popeyes Freundin mit. Darunter stand in großen roten Buchstaben: Oliver. Beweis erbracht!

Gelegentlich sind die Namen aber auch einfach nur bizarr. Ein Bekannter, der in Nordchina Englisch unterrichtete, hatte in seiner Klasse einen Jungen namens Lazy. Nomen est Omen, sagt der Lateiner, und in diesem Fall stimmte das tatsächlich. Sein bester Schüler war Lazy nämlich nicht.

22. *Grund*

## *Weil Aberglaube Stockwerke versetzen kann*

Die zweite Wohnung, die ich mir in Peking gemietet habe, befand sich ziemlich weit oben in einem modernen Hochhaus mit einer gewaltigen Glasfassade. An einem klaren Tag konnte ich vom Fenster meines Wohnzimmers über die ganze Stadt hinwegsehen und die Umrisse der Westberge erkennen, die das ferne Ende der Metropole markieren.

Um in mein kleines Reich zu gelangen, musste ich im Fahrstuhl auf die »33« drücken. Ob ich aber tatsächlich im 33. Stockwerk wohnte, ließ sich an dieser Zahl nicht ohne Weiteres erkennen. Der Grund liegt in der chinesischen Zahlensymbolik. Diese besagt, dass die »4« Unglück bringt. Wieso das so ist? »Vier« wird fast gleich ausgesprochen wie das Wort für Sterben.

Und das ist für die abergläubischen Chinesen ein Problem. Wohnungen, die im vierten Stock liegen oder irgendwo sonst eine Vier haben, verkaufen sich deutlich schlechter als andere. Natürlich wollen sich die cleveren Immobilienentwickler diese Einnahmen nicht entgehen lassen und reagieren auf ihre eigene Weise: Sie überspringen einfach ganze Etagen. Bei mir folgte deswegen auf den dritten direkt der fünfte Stock. In einer anderen Überbauung hieß das unglücksbringende Stockwerk »3A«. Das gleiche Spiel wiederholt sich weiter oben: Dort folgt auf die 23 wahlweise 25 oder 23A.

Etwas komplizierter ist es zehn Stockwerke tiefer. Geht ein Entwickler davon aus, dass für sein Geschäft auch abergläubische Ausländer wichtig sein könnten, wird er möglicherweise auch die 13 auslassen. Möglicherweise deswegen, weil im chinesischen Kontext die 13 eher Glück verheißend ist. *Yisan* klingt nämlich ein bisschen wie *Yisheng* (Lebenszeit), was sich natürlich jeder wünscht. Konkret heißt das: Nach der Etage 12 kommt entweder die 13, die 15 oder die 12A. Beim darauffolgenden Stockwerk stehen dann 12B, 13A oder 15 zur Verfügung.

Während bei uns in der westlichen Welt die Wohnungen in der Regel umso teurer sind, je weiter oben sie sich befinden, hat in China neben Lage und dem Ausbaustandard die Zahlensymbolik den größten Einfluss auf den Preis. Besonders teuer sind Wohnungen im achten Haus, dem achten Stock oder auch ganz einfach die Wohnung Nummer acht selber – wobei sich diese Faktoren summieren können. Auch hier ist der Grund, dass das Wort für »acht« (*ba*) der Kurzform für *facai* (reich werden) ähnelt. Und wer wäre nicht bereit, etwas in seine Zukunft zu investieren? Mir wurde von einem 46-stöckigen Haus in Hongkong erzählt, dessen Wohnungen in der 88. Etage für umgerechnet fast 80 Millionen Euro die Besitzer wechselten.

*23. Grund*

## *Weil man in China mit Zahlencodes kommunizieren kann*

Zahlen entscheiden nicht nur über Glück, Erfolg und Reichtum, sie ermöglichen auch eine eigene Form der Kommunikation, wie sie bei uns im deutschsprachigen Raum gar nicht möglich wäre. Man könnte sagen, Zahlen dienen in China auch als eine Art omnipräsenter Geheimcode, von dem vor allem die netzaffine junge Generation regen Gebrauch macht.

Die Logik, die dahintersteckt, ist denkbar einfach: Wieso soll ich auf meinem Handy oder Computer vergleichsweise kompliziert chinesische Zeichen eingeben, wenn ich genau das Gleiche mithilfe einer Nummer ausdrücken kann. Dabei nutzen die Netizen die bereits angesprochene Klangarmut der chinesischen Sprache. Statt also ein Wort auszuschreiben, verwenden sie eine Kombination von Zahlen, die dem gewünschten Satz phonetisch so nahe wie möglich kommt. Der Fantasie und Kreativität sind keine Grenzen gesetzt – und das wird auch gerne ausgelebt.

Ein paar Beispiele gefällig? Wenn Ihr Gesprächspartner Ihnen eine traurige Nachricht übermittelt und Sie ausdrücken wollen, dass Sie weinen, brauchen Sie nicht nach dem Emoji mit den Kullertränen zu suchen. Tippen Sie einfach 555. Das wird ausgesprochen wie »wuwuwu«, was dem Klang einer weinenden Person nahekommt.

Zur Verabschiedung können Sie statt einer winkenden Hand auch einfach 88 oder 886 schicken. Ausgesprochen klingt das wie baba(le), was an das Englische Bye-bye erinnert. Dass Sie Ihrem Gegenüber mit den vielen Achten auch gleich noch etwas Glück mit auf den Weg geben, ist selbstverständlich ein positiver Nebeneffekt.

Wie wir in einem späteren Kapitel noch sehen werden, trägt Essen viel zum Wohlbefinden bei. Wenn sich Chinesen dafür interessieren, wie es Ihnen geht, dann fragen sie eher danach, ob Sie bereits gegessen haben. Auch diese Frage lässt sich leicht in einen Zahlencode packen: 282 klingt wie »er bu er« – bist du hungrig?

Vielleicht möchten Sie die Leistung Ihres Chatpartners loben? Dann ist 666 das passende Statement. Die 6 klingt nämlich wie der Begriff für »cool« oder »beeindruckend«. Möglicherweise hat diese Abkürzung aber auch eine andere Herkunft: Bisweilen wird nämlich darauf hingewiesen, dass die Ziffer 6 aussieht wie ein hochgestreckter Daumen.

Wenn Sie eine Liebesbeziehung mit einem Chinesen oder einer Chinesin führen, dann könnte 520 für Sie wichtig sein. »Wu er líng« klingt wie »wo ai ni«, was »Ich liebe dich« heißt. Wenn es Ihnen besonders ernst ist, können Sie Ihren Partner auch mit 5211314 glücklich machen. Diese lange Zahlenkette bedeutet, dass Sie ihn bis ans Ende des Lebens lieben werden. Sparen Sie sich diese Nachricht am besten für den chinesischen Valentinstag auf, aber darauf kommen wir später noch zu sprechen.

## Kapitel 3

# Kulinarisches

*24. Grund*

### *Weil Essen die schönste Nebensache der Welt ist*

Chinesen lieben ihr Essen. Vermutlich verbindet kein anderes Volk eine so starke Leidenschaft mit dem, was auf den Tisch kommt. Essen ist nicht bloß Nahrungsaufnahme; im Idealfall verschmilzt der soziale Akt mit der Hingabe an die irdischen Genüsse. In einem Kulturführer las ich einmal den Satz, das Essen sei dem Chinesen das, was dem Europäer der Sex sei. Besser ließe es sich nicht beschreiben.

Was beim Sex gilt, trifft natürlich auch aufs Essen zu: Es darf anstrengen. Muss man vor einem Restaurant nicht wenigstens ein paar Minuten anstehen, ist das hochverdächtig. Während sich Europäer bei einem allzu großen Andrang rasch nach einer Alternative umsehen, ist in China eine lange Wartezeit ein untrügliches Zeichen dafür, dass sich das Anstehen auch wirklich lohnt. Das wissen natürlich auch die Besitzer. Bei Neueröffnungen kommt es deshalb vor, dass Statisten angeheuert werden, um ein Restaurant beliebter wirken zu lassen, als es tatsächlich ist. Doch auch das Warten an sich kann zelebriert werden: Die landesweit bekannte Hotpot-Kette Haidilao etwa bietet den hungrigen Gästen in einem Vorraum kostenlose Maniküren an. So wird dem Gast gleich implizit mitgeteilt, dass die lange Schlange kein einmaliger Zufall ist.

Der Kampf um den Sitzplatz ist jedoch erst das Vorspiel. Richtig zur Sache geht es dann am Tisch. Da darf hemmungslos geschlürft, genagt und gezuzelt werden. Die Bereitschaft, sich Gaumenfreuden zu erkämpfen, hat viele chinesische Spezialitäten überhaupt erst möglich gemacht. Hühnerfüße, die hauptsächlich aus Knochen und Haut mit einer scharfen Sauce bestehen, mögen für unsere kulinarische Wahrnehmung eine Zumutung sein. Das Sinnbild für chinesisches Essen sind sie aber nicht ohne Grund. Man kann sie nämlich nur genießen, wenn man bereit ist, sich ihnen voll und ganz hinzugeben: kauen, knacken, Knochenstückchen ausspucken, sich die Finger schmutzig machen. Das gilt natürlich auch für Fleischspießchen mit Knorpelstückchen oder Krebse, die zu klein sind, um die Zange anzusetzen. Vieles, was bei uns in den Mülleimer wandert, weil der Verzehr zu anstrengend wäre, hat sich in der chinesischen Küche zu beliebten Spezialitäten entwickelt.

Wenig löst mehr Mitleid aus als jemand, der alleine essen muss. Denn Essen ist in China vor allem ein soziales Ereignis. Immer wird gleich für den ganzen Tisch bestellt, sodass sich jedes noch so kleine Essen rasch zu einem mehrteiligen Festmahl entwickelt. Was wiederum erklärt, wieso viele Chinesen ihrer Küche eine derart große Bedeutung beimessen, dass sie sich auch in der Sprache bemerkbar macht: Das chinesische Wort für »Bevölkerung« ist nämlich *renkou*. Wörtlich bedeutet das »Menschenmünder« – also alles, was irgendwie gefüttert werden muss. Eine Gruppe von Menschen ist nicht wie bei uns fünfköpfig, sondern eben fünfmundig.

Chinesisches Essen ist dem *Xicai* (ein wenig differenziertes Kunstwort, das sämtliche westlichen Küchen zusammenfasst) haushoch überlegen. Und so erstaunt es nicht, dass Chinesen, wenn sie durch Europa reisen, am Ende besonders gerne über die Qualität des westlichen Essens nörgeln – auch dann, wenn sie die meiste Zeit in China-Restaurants verbracht haben. Umgekehrt werden Sie bei einer Chinareise immer wieder mit der Frage konfrontiert, wie Ihnen das chinesische Essen schmeckt. Und glauben Sie mir: Es gibt darauf nur eine diplomatisch korrekte Antwort, nämlich dass es das Beste der Welt sei.

*25. Grund*

## *Weil Gastfreundlichkeit eine soziale Verpflichtung ist*

»*Wo e le*«, ich bin hungrig. Das war der erste komplette Satz, den ich mir in meiner Sprachschule aneignete. Unsere Lehrerin hatte ihn aus zwei Gründen ausgewählt: Erstens glaubte sie, dass er auf Reisen hilfreich sei. Zweitens erachtete sie ihn als geeignet, um die Sache mit den Tonhöhen zu erläutern. Ich erinnere mich noch gut an die Lektion: Lehrerin Wang stellte sich auf die Zehenspitzen, streckte ihre Finger gegen die Decke und ließ sich dann in sich zusammensacken, während sie uns »e« mit einem fallenden Ton zurief. Wir Schüler mussten das nachahmen.

Unsere Lehrerin hatte recht, zumindest teilweise. Das mit den Tönen bekam ich nach einer Weile einigermaßen in den Griff. Was Frau Wang hingegen nicht bedacht hatte: In einem Land, wo eine der weltbesten Küchen auf ausgesprochen gastfreundliche Menschen trifft, gibt es so gut wie nie die Gelegenheit, sich über Hunger zu beschweren.

Als ich einmal in Westchina eine längere Strecke mit dem Bus fuhr, lud mich mein Sitznachbar nach der Ankunft gleich ins beste Nudelrestaurant der Gegend zum Essen ein. Bevor ich mich versah, standen drei unterschiedliche lokale Spezialitäten vor mir, die ich – so mein Sitznachbar – auf keinen Fall verpassen dürfe. Schließlich sei ich ja nur kurz da. Und noch dazu ein Gast des Landes.

Was ich in Lanzhou erlebte, wiederholte sich in den Jahren immer wieder. Auch private Besuche endeten meist vor einem vollen Tisch. Dabei sind viele Chinesen auch durchaus pragmatisch: Es muss nicht immer selber gekocht werden – beim chinesischen Äquivalent zu Uber Eats zu bestellen oder gleich gemeinsam ins Restaurant ums Eck zu gehen, gilt als vollwertige Einladung. Dort wird dann häufig so viel bestellt, dass ich mich von den Resten noch tagelang habe ernähren können. Reste mitnehmen ist in China nämlich sozial akzeptiert.

Mein Schweizer Selbstverständnis, dass man nur so viel ordert, wie man maximal essen kann, stieß regelmäßig auf Unverständnis. Und da mein Magen leider über ein begrenztes Fassungsvermögen verfügt, begann ich im Laufe der Zeit nach dem Trial-und-Error-Prinzip verschiedene Strategien zu probieren, um die Speiseberge vor mir zu reduzieren. Zunächst versuchte ich, einfach langsamer zu essen. Das brachte aber nur einen mäßigen Erfolg mit sich. Denn dann legten mir meine Bekannten immer wieder Dinge in die Schüssel, die sie als die besonderen Highlights des Essens ansahen – und das war nicht immer, was ich mir ausgesucht hätte. Umgekehrt erwies sich artig leer essen ebenfalls als keine Erfolg versprechende Herangehensweise, da unverzüglich Nachschub in meiner Schüssel landete. Auch der verzweifelte Hinweis, dass ich schon gegessen habe, wurde bestenfalls als leere Höflichkeitsfloskel aufgenommen und führte im schlimmsten Fall zu einer noch stärker ausufernden Bestellwut.

Sollte ich Lehrerin Wang wieder einmal begegnen, würde ich ihr für den Unterricht einen anderen Satz empfehlen: »*Wo bu e le*«, ich bin nicht hungrig. Die Töne lassen sich damit genauso gut demonstrieren, im Alltag dürfte dieser Satz aber nützlicher sein. *Zhen de.* Wirklich.

*26. Grund*

## *Weil Tempelküchen fast Fleisch servieren*

Ich bin kein Vegetarier. Eine Ernährung vollkommen ohne Fleisch könnte ich mir nicht vorstellen. Trotzdem versuche ich, meinen Konsum in vernünftigen Mengen zu halten. Das ist gesund, schützt das Klima und geht auch ohne großen Verzicht. Glücklicherweise ist das eine Haltung, mit der man in China ohnehin ganz gut fährt. Viele Gerichte kommen mit kleinen Mengen Fleisch aus. Für mich perfekt.

Dass aber auch echte Vegetarier auf ihre Kosten kommen, wurde mir erst klar, als mich eines Tages ein alter Schulfreund mit seiner vegetarisch lebenden Frau in Peking besuchte und wir uns in eines der fleischlosen Restaurants in der Nähe des Konfuzius-Tempels begaben. Als uns die Speisekarte vorgesetzt wurde, glaubte ich zunächst, wir hätten uns in der Adresse geirrt. Auf den Abbildungen waren die genau gleichen Gerichte zu sehen, die es auch in jedem anderen Restaurant gab: Gongbao-Hühnchen, Fischstreifchen in Chiliöl, süßsaures Schwein. Täuschend echt, aber eben ohne Fleisch.

Ich bestellte mir die süßsauren Rippchen und war erstaunt, dass sie sich trotz des etwas anderen Geschmacks überraschend echt anfühlten. Dafür sorgte die kunstvolle Zusammensetzung. Der Knochen bestand aus einer geschnitzten Tofuwurzel, das Fleisch war ein saftiges Tofu, und wie die Fettschicht hergestellt wurde, konnte ich beim besten Willen nicht erraten.

Sicherlich wurde der Verzicht auf Fleisch auch durch die zahlreichen Lebensmittelskandale gefördert, die es in den letzten Jahren gab. Tatsächlich aber sind die Rezepte für die Speisen, die wir an jenem Nachmittag vorgesetzt bekamen, teilweise uralt. Berichte von Mönchen, die »vegetarisches Fleisch« (auf Chinesisch: *fanghui cai*, also wörtlich Gericht aus imitiertem Fleisch) auf der Grundlage von Tofu aßen, reichen bis in die Song-Dynastie im 10. Jahrhundert zurück.

Die britische Buchautorin Fuchia Dunlop erklärt die Tradition in *Food of Sichuan* folgendermaßen: In den buddhistischen Klöstern herrschte aus Respekt vor lebenden Kreaturen ein strenger Vegetarismus.

Da aber auswärtige Besucher trotzdem oft nach Fleischgerichten fragten, entschied man sich für einen pragmatischen Kompromiss: Man imitierte das Fleisch einfach mit vegetarischen Zutaten. Über die Jahrhunderte erlangten vor allem die Köche der größeren Klöster eine hohe Kunstfertigkeit beim Nachahmen der Gerichte. Selbst Haifischflossen, Seeohren (Abalonen) oder gebratene Enten wurden so serviert.

Interessant ist übrigens, dass in den Tempelküchen traditionell auch Zwiebeln und Knoblauch tabu sind. Weil sie, so verrät es das Shurangama Sutra, sexuelle Lust erregen.

*27. Grund*

## Weil Fondue Chinoise tatsächlich aus China kommt

In meiner Kindheit pflegten wir in unserer Familie ein Weihnachtsritual: Jeweils am zweiten Feiertag tischte meine Mutter fein geschnittene Fleischscheibchen auf, die wir in eine kochende Gemüsebrühe tauchten und anschließend mit unterschiedlichen Saucen verspeisten. In der Schweiz ist das Gericht bekannt als Fondue Chinoise, chinesisches Fondue.

Als ich ein paar Jahrzehnte später in China lebte, entwickelte ich ein weiteres Ritual. Jedes Mal, wenn ich Besuch von zu Hause bekam, brachte ich meine Gäste zu einem echten chinesischen Fondue. *Huoguo* heißt das Original. Und es unterscheidet sich so stark von dem, was wir in der Schweiz kennen, dass meine Besucher kaum aus dem Staunen herauskamen.

Meistens gingen wir zur bereits erwähnten Kette Haidilao. Am Tisch wurde uns ein iPad in die Hand gedrückt, auf dem wir unseren persönlichen Feuertopf zusammenstellen konnten. Schritt eins: den passenden Sud ausfindig machen. Mein Tipp: Wer mit chinesischen Freunden unterwegs ist und nicht als Weichei verspottet werden möchte, wählt am besten die schärfste Sauce. Schritt zwei: Zutaten aussuchen. Lamm- oder Rindfleischscheibchen sind eine sichere Wahl. Dazu unterschiedliche Arten von Tofu. Auch mit Pilzen und Gemüse liegt man nie falsch. Schritt drei: an der Bar einen Dip zusammenstellen. Die Klassiker sind Erdnusssauce oder Chili-Öl mit unglaublich viel Knoblauch.

Zur Entstehung des Feuertopfs gibt es mehrere Theorien. Die bekannteste führt das Gericht auf die Praktiken der mongolischen Nomaden zurück. Da diese bei ihren Eroberungszügen wenig Gepäck mitnehmen konnten, sollen sie die Fleischstücke in ihren Helmen gegart haben – eine Technik, die sich später leicht modifiziert im ganzen Land verbreitete. Die andere Variante ist, dass Huoguo auf die Treideln zurückgeht, die rund um Chongqing Lastschiffe flussaufwärts zogen. Die schlecht bezahlten Arbeiter kochten Gemüsereste zu einer Suppe auf. Weil die Suppe vor allem in der kalten Jahreszeit angenehm wärmte, wurde sie bald in der ganzen Region beliebt.

Welche der beiden Geschichten letztlich stimmt, das war meinen Gästen meistens egal. Sie freuten sich über das Wiedersehen und den geselligen Abend bei gutem Essen. Und daran erkennen wir, dass beim Kulturtransfer von *Houguo* zu Fondue Chinoise der vielleicht wichtigste Aspekt des chinesischen Essens erhalten geblieben ist: das gesellige Zusammensein.

*28. Grund*

## *Weil Nudeln geschwungen und nicht gerührt werden*

Erlebnisgastronomie ist auf der ganzen Welt der letzte Schrei. Nur essen, trinken und bewirtet zu werden, das reicht längst nicht mehr aus. Zusätzliche Unterhaltung muss her. Ein guter Ort, um diese zu einem günstigen Preis zu erhalten, sind die typischen Nudelrestaurants, die es im ganzen Land gibt. Dabei gilt: Je weiter Sie in den Westen des Landes fahren, desto größer wird der Erlebnisfaktor.

Um diesen auch wirklich auskosten zu können, sollten Sie einen Platz wählen, der Ihnen den Blick in die Küche freigibt. Das Spektakel läuft etwa folgendermaßen ab: Sobald der Koch den Teig geknetet hat, beginnt er, ihn in die Länge zu ziehen und anschließend wie ein Lasso um den Kopf zu schwingen. Dabei verwandelt sich der Teig in eine immer länger werdende Wurst. Wenn diese eine gewisse Länge erreicht hat, wird sie gefaltet und erneut geschwungen – bis aus der Wurst ein langer Faden wird, der schwungvoll zum Kochen in einem Sieb landet. Dann noch etwas Brühe drauf, mit Koriander abschmecken, und fertig ist das leckere Gericht.

Diese nahezu endlose Nudel nun aber beim Verzehr in mundgerechte Stücke zu schneiden, wäre ein kultureller Fauxpas. Wie so vieles in China sind auch die traditionellen Teigwarenstreifen mit einer Symbolik behaftet. Sie sind – wenig überraschend – ein Sinnbild für Langlebigkeit. Daher käme auch kein vernünftiger Mensch auf die Idee, sein Schicksal herauszufordern, indem er seine Nudeln zerstückelt. Dann schon lieber geräuschvoll schlürfen.

Und für den Fall, dass Sie sich beim Besuch wider Erwarten doch langweilen, liefere ich Ihnen noch drei Fun Facts rund ums Thema Nudeln in China, die Sie Ihrer Begleitung erzählen können. Erstens: Seit Ewigkeiten wird darüber debattiert, ob Nudeln in Italien oder China erfunden worden sind. Die Meinungen sind auf beiden Seiten weitgehend gemacht. Dennoch scheint mehr für einen chinesischen Ursprung zu sprechen. Archäologen haben nämlich vor einigen Jahren bei Ausgrabungen in Lajia am Gelben Fluss die bis dato ältesten Nudeln der Welt gefunden. Rund 4000 Jahre sollen sie alt sein. Die gelben Teigfäden aus der Jungsteinzeit erinnern laut den Wissenschaftlern an traditionelle Lamian-Nudeln wie die, von denen Sie weiter oben gelesen haben. Die antiken Fundstücke waren etwa 50 Zentimeter lang und hatten einen Durchmesser von drei Millimetern.

Zweitens: Falls Sie zufällig in der Nudelhauptstadt Xi'an unterwegs sind und nebenbei vorhaben, irgendwann ein besonders hohes Alter zu erreichen, dann sollten Sie dort das berühmte Restaurant »First Noodle under the Sun« aufsuchen. Dieses serviert nach eigenen Angaben die längsten Nudeln der Welt. Ganze 3,8 Meter lang sollen sie sein. Wobei, so ganz stimmt das eben auch nicht, wie ein Blick ins *Guinness Buch der Rekorde* zeigt: 2017 hat ein Lebensmittelhersteller in Nanyang eine über drei Kilometer lange und 66,1 Kilo schwere Nudel produziert.

Und weil aller guten Dinge drei sind, zum Schluss noch ein heißer Anwärter für einen weiteren Superlativ: Das Schriftzeichen für *Biangbiang-Mian*, die wegen ihrer breiten Form auch als Gürtelnudeln bezeichnet werden, setzt sich aus sage und schreibe 62 Strichen zusammen. Das Schöne: Wer es vollständig schreibt, der weiß auch schon ziemlich genau, was von der Speise zu erwarten ist. Das Zeichen wird nämlich von einem Topf umrahmt, in dem sich unter anderem Zeichen finden wie »lang«, »Pferd« (was im alten China durchaus auf dem Teller landen konnte), »Herz« (Sinnbild für Genuss) und »gehen«. Die Herkunft des Zeichens ist unklar. Vermutlich ist es vor einigen Hundert Jahren von einem cleveren Grafiker als Geschäftslogo erfunden worden.

*29. Grund*

## Weil Stinktofu besser schmeckt, als es riecht

Wenn Ihnen beim Schlendern durch Pekings Altstadt plötzlich ein beißender Geruch in die Nase kriecht, der irgendwo zwischen den Ausdünstungen einer Kloake und dem Duft von zwei Wochen lang getragenen Socken zu verorten ist, dann sind Sie vermutlich auf eine der außergewöhnlichsten Leckereien des Landes gestoßen: Stinktofu.

Stinktofu ist für Chinesen das, was für uns Blauschimmelkäse ist. Genauso wie wir annehmen, dass sich Menschen aus anderen Kulturkreisen vor Roquefort oder Gorgonzola ekeln, ist den meisten Chinesen klar, dass wir Ausländer uns überwinden müssen, in eines der knusprigen Tofu-Stückchen zu beißen, die mit scharfer Sauce und viel Knoblauch serviert werden. Wenn Sie länger in China bleiben, wird sie früher oder später ein Einheimischer mit einer Einladung aufziehen wollen. Spielen Sie das Spiel ruhig mit. Lehnen Sie das Angebot zunächst mehrmals ab, um den Spaß für alle zu vergrößern. Achten Sie aber darauf, dass Sie das Gericht am Ende trotzdem probieren. Stinktofu wird Ihre Sinne explodieren lassen. Ja, er macht seinem Namen alle Ehre: Bei der Zubereitung stinkt es tatsächlich zum Himmel. Aber schmecken tut es köstlich.

Erfunden wurde Stinktofu im 17. Jahrhundert von einem Mann namens Wang Zhihe. Er war ursprünglich von seinem Heimatort in der ostchinesischen Provinz Anhui nach Peking gekommen, um eine Beamtenlaufbahn einzuschlagen. Leider (oder aus heutiger Sicht vielleicht auch zum Glück) bestand er die Eintrittsprüfung für den öffentlichen Dienst nicht, worauf er begann, sich mit dem Verkauf von Tofu über Wasser zu halten. Als an einem Tag die Geschäfte nicht so gut liefen und eine größere Menge übrig blieb, schnitt er die Reste wie jeden Tag in kleine Stücke und legte sie in einem Tonkrug in eine Sole. Der Unterschied war diesmal allerdings, dass er den Tofu dort vergaß. Als er ihn nach einer Weile doch noch fand, hatte er bereits begonnen zu fermentieren. Wieso Wang den verfärbten und stinkenden Tofu kostete, ist nicht überliefert. Klar ist aber, dass er ihm schmeckte. Denn kurz darauf brachte er den Stinktofu auf den Markt. Noch heute gibt es eine Firma, die unter dem Namen Wangzhihe Tofu-Produkte verkauft.

Nach traditioneller Art werden die Tofustückchen während eines halben Jahres in einer Sole auf Basis von Sauermilch fermentiert, die mit chinesischen Kräutern, Senf und getrockneten Garnelen angereichert ist. Im heutigen industriellen Verfahren dauert der ganze Prozess allerdings nur noch wenige Tage. Über die Jahre haben sich die Rezepte immer weiter verfeinert. Mindestens zwei klassische Zubereitungsarten sollten Sie auf alle Fälle kennen und versuchen. Sind die Tofu-Würfel vollkommen schwarz, haben Sie mit hoher Wahrscheinlichkeit Stinktofu im besonders leckeren Changsha-Stil vor sich. Häufiger werden Sie aber auf goldgelbe Stückchen stoßen, die auf einem Rezept aus Zhejiang basieren.

### *30. Grund*

## *Weil es keine Glückskekse gibt*

Wenn Sie in Europa oder Amerika gelegentlich chinesisch essen gehen, dann kennen Sie bestimmt Glückskekse. Falls nicht: Das ist die kulinarische Enttäuschung, die Ihnen am Ende eines ansonsten hervorragenden Essens unaufgefordert serviert wird. So unter uns: Ich hege ja den Verdacht, dass Glückskekse in Tat und Wahrheit ein höflicher Hinweis darauf sind, dass der Wirt bald Feierabend machen möchte oder dass noch Gäste auf einen freien Tisch warten. Aber das ist ein anderes Thema.

Grundsätzlich mag ich, wenn das Essen zwischen den Zähnen knuspert. Das vermittelt ein Gefühl der Frische und erhöht die Spannung auf das, was sich unter der Kruste befindet. Doch genau hier liegt das Problem: Der übermäßig süße, sonst aber eher geschmacklose Teig wirkt alles andere als frisch. Und die Gewissheit, auf einen Papierstreifen mit einer mittelklugen Lebensweisheit zu beißen, lässt die Spannung auch nicht gerade ins Unermessliche steigen.

Das mag auch der Grund gewesen sein, wieso es bei mir sehr lange dauerte, bis mir überhaupt auffiel, dass die Kekse in China gänzlich fehlen. Als ich anfing, meine chinesischen Bekannten gezielt nach dem Gebäck zu fragen, hatte keiner eine Ahnung, wovon ich spreche. Ein paar wenige konnten sich erinnern, so etwas einmal in einem amerikanischen Spielfilm gesehen zu haben. Das war es dann aber schon. Denn Glückskekse kommen nicht aus China.

Wer der eigentliche Erfinder war, ist unbekannt. Dennoch lässt sich der Ursprung eindeutig im Umfeld japanischer Immigranten in Kalifornien ausmachen. Alte Berichte schildern, dass sie dort erstmals gegen Ende des 19. Jahrhunderts in japanischen Teehäusern auftauchten. Ein paar Jahrzehnte später wurden sie auch immer häufiger in Restaurants angeboten, in denen japanische Einwanderer eine amerikanisierte chinesische Küche anboten.

Das änderte sich erst mit dem Ausbruch des Zweiten Weltkriegs. Nach dem Angriff auf Pearl Harbour wurden japanischstämmige Menschen zunehmend als Feinde betrachtet und von den Küsten ins Landesinnere deportiert. Etwa 120.000 Menschen waren betroffen. Die zurückgelassenen japanischen Bäckereien und Restaurants wurden häufig von Chinesen übernommen, wodurch sich der Glückskeks in der öffentlichen Wahrnehmung zunehmend von einem japanischen Kulturgut in ein chinesisches verwandelte.

Dies war die Grundlage für ihren Siegeszug durch die westliche Welt. Der Glückskeks wurde in den USA immer populärer und entwickelte sich zu einem Standard-Goodie. Doch erst in den 1980er-Jahren schaffte er den Sprung über den Atlantik, nachdem ein deutscher Ingenieur ihn in einem Restaurant in San Francisco entdeckte und sich entschloss, das Gebäck in seiner deutschen Heimat ebenfalls herzustellen. Inzwischen gehören auch bei uns in

Europa Glückskekse zum Standardrepertoire in China-Restaurants. Nur in China gibt es sie noch nicht. Und das bleibt hoffentlich noch eine Weile so.

*31. Grund*

## *Weil kurz vor Mitternacht die Grills angehen*

Abends hungrig ins Bett? Das muss nicht sein! Sobald es in den chinesischen Städten dämmert, werden an allen Ecken die Grills in Betrieb genommen. Manchmal befinden sie sich an der Außenseite von einfachen Quartierrestaurants. Oft stehen die Grills aber auch für sich alleine in den Gassen vor den Eingängen zu den *Xiaoqu*, den großen Wohnüberbauungen, über die ich in Grund 42 noch mehr schreiben werde. Mit etwas Glück gibt es zudem zwei, drei Tische mit Plastikstühlen.

Gesund und ausgewogen ist das, was Ihnen dort angeboten wird, natürlich nicht. In der Regel sind es einfach nur scharf gewürzte Lammfleischspießchen. Dafür aber in allen Varianten. Beliebt sind neben dem Fleisch aus dem Hinterteil auch Herzstückchen, Teile vom Magen sowie Lammhoden und Lammpenisse – beides, weil es angeblich die Potenz fördert. Da es viele Chinesen mögen, wenn es beim Kauen so richtig zwischen den Zähnen knackt, gehören auch Spießchen, die mit Knorpelstückchen versetzt sind, zur Grundausstattung. Empfehlenswert sind auch die gegrillten Paprikaschoten oder Dampfbrötchen.

Als ich noch in Peking lebte, ging ich regelmäßig bei Mechmed vorbei. Bei ihm lagen immer ein paar Spießchen auf dem Grill bereit. Sobald ein Kunde kam, musste er sie nur wenige Zentimeter nach links über die Glut rücken. Dann waren sie in wenigen Sekunden heiß und lecker. Mechmed war der Grillmeister meiner Wahl, weil er dem Volk der Uiguren angehörte, der muslimischen Minderheit aus Westchina. »In China wissen alle, dass wir die leckersten Spießchen zubereiten«, hatte er mir einmal erzählt. Ich konnte ihm nicht widersprechen. Das Geheimnis sei die Gewürzmischung, die in der Regel auf Chili-Pulver und Kreuzkümmel basiert.

Mechmed war vor etwa 30 Jahren aus der alten Oasenstadt Aksu an der Seidenstraße nach Peking gezogen. Da er nur wenige Brocken Chinesisch verstand und kaum lesen und schreiben konnte, lag es auf der Hand, dass er einmal Straßenhändler wird. Andere Arbeitsmöglichkeiten gab es kaum. Der Erfolg kam trotzdem: Das Geld, das er hinter dem Grill verdiente, investierte er in ein eigenes Restaurant mit westchinesischer Küche. Damals war die Biografie von Mechmed nichts Außergewöhnliches. Heute wäre seine Karriere kaum noch möglich, wie er auch selber sagt. Wegen der immer strenger werdenden Migrationsregeln und eines stets wachsenden Misstrauens seitens der hanchinesischen Mehrheitsbevölkerung ziehen heute kaum noch Uiguren in die Großstädte im Osten.

Den leckeren Snacks von der Seidenstraße droht noch von anderer Seite Gefahr: Im Kampf gegen die dicke Luft und die Feinstaubbelastung in den Städten wird seit Jahren über ein Grillverbot gesprochen. Es ist nicht ausgeschlossen, dass das noch kommt, bevor Sie dieses Buch zu Ende gelesen haben. Bisher hat jedoch die Lust am guten Essen stets überwogen.

*32. Grund*

## *Weil China das Porridge perfektioniert hat*

Mit 14 Jahren verbrachte ich bei einem Schüleraustausch mehrere Wochen in Edinburgh. Meine Gastmutter tischte mir zum Frühstück regelmäßig eine Schale mit Porridge auf – und genauso regelmäßig ließ ich sie halb voll stehen. Ich möchte nicht gerade behaupten, dass das der Grund ist, wieso ich das Frühstück bis heute generell auslasse. Aber zumindest hatte ich mir damals vorgenommen, erst wieder Brei zu essen, wenn ich keine Zähne mehr habe.

Nun, ich würde die Geschichte nicht erwähnen, wenn es nicht anders gekommen wäre. In der Nähe meines Büros im Westen von Peking gab es ein kleines Porridge-Restaurant, das meine chinesischen Arbeitskollegen an stressigen Tagen gerne aufsuchten. Es sei schnell, lecker und gesund, sagten sie immer wieder. Eine seltene Kombination, die meine Neugierde hätte wecken sollen. Doch ich habe die Einladungen immer abgelehnt – bis mir einmal ein Kollege eine Schale mitbrachte. Nein, das war nicht das fade Zeug, das ich aus Schottland kannte, sondern eine leckere Speise zwischen Brei und Suppe. Zu meiner Überraschung fand ich zwischen dem weich gekochten Reis Stückchen von Frühlingszwiebeln, Knoblauch und einem Tausendjährigen Ei.

Hier muss ich kurz anmerken, dass chinesischer und schottischer Porridge nicht dasselbe sind und eigentlich ein Übersetzungsfehler vorliegt. In Großbritannien wird ausschließlich Haferbrei als Porridge bezeichnet. Auf Chinesisch hingegen gibt es nur das Wort *Zhou* (粥), das für jeden aufgekochten Brei aus stärkehaltigen Pflanzen benutzt werden kann. Und die in China hauptsächlich benutzte Pflanze ist eben Reis.

Die Beliebtheit des Reisbreis hat mehrere Gründe. Zunächst einmal, weil für jeden Geschmack etwas dabei ist. Selbst das winzige Restaurant in der Nähe des Büros hatte über 20 verschiedene Varianten zur Auswahl: salzige mit Lachs, Bambussprossen, Fleisch und süße mit roten Bohnen. Reis ist darüber hinaus günstig, sättigend, lange haltbar und lässt sich auf wenig Platz lagern. Aus einer Schale Reis werden wegen des hohen Wasseranteils leicht zwei Liter Porridge, an dem sich vier Personen satt essen können. Die Vorzüge des Reisbreis sollen bereits dem legendären Gelben Kaiser bekannt gewesen sein. Dieser hat laut dem *Buch der Zhou*, der offiziellen Geschichtsschreibung der nördlichen Zhou-Dynastie aus der Mitte des 7. Jahrhunderts, die Speise selber ganz gerne genossen.

Falls Sie das Ganze nachkochen wollen: Nehmen Sie eine Schale Klebereis (Achtung: Mit körnigen Reissorten wie Basmati erzielen Sie kein gutes Resultat), und geben Sie die zehn- bis zwölffache Menge an Wasser dazu. Nun lassen Sie das Ganze bei niedriger Hitze eine, zwei oder gar vier Stunden quellen. Salzen ist nicht nötig. Den Grundgeschmack erzeugen Sie mit etwas Fischsauce, Ingwer oder gar Chili. Weitere Zutaten wie Pilze, Fleischstücke oder eben Tausendjährige Eier fügen Sie nach Belieben hinzu.

*33. Grund*

## *Weil der Reis zum Schluss kommt*

Bei uns im Westen ist die Speisefolge mehr oder weniger unumstößlich festgelegt: Vorspeise, Suppe, Hauptgericht, vielleicht zweiter Hauptgang, Dessert. Wie die einzelnen Gänge aussehen, kann durchaus variieren: Ein simpler Salat geht genauso als Appetitanreger wie raffiniert präsentierte Spezialitäten. Aber wir erkennen in der Regel instinktiv, welches Gericht wohin gehört. Und da der nächste Gang erst serviert wird, nachdem der vorangegangene abgeräumt wurde, ist uns auch immer klar, wo wir uns gerade innerhalb eines Menüs befinden.

In China läuft das ein bisschen anders. Nehmen wir ein Bankett als Beispiel – und im geselligen China ist eigentlich fast jedes Essen ein Bankett. Es beginnt beinahe ritualisiert damit, dass der Gastgeber die Speisen auswählt. Er (und in selteneren Fällen auch sie) sucht die Gerichte für alle aus und beachtet dabei, dass sie in ihrer Gesamtheit miteinander harmonieren. Dies ist eine Kunstfertigkeit, die gar nicht so leicht zu erlangen ist. Nicht umsonst gibt es zahlreiche Bücher und Onlinekurse, die erklären, wie Gerichte nach Yin und Yang ideal zusammengestellt werden. Ein kleines Lob an den Gastgeber für die Komposition kommt daher immer gut an. Beim Bestellen ist noch ein anderer Punkt wichtig: Es sollte immer mindestens ein Gericht mehr bestellt werden, als Gäste anwesend sind. Als Geizkragen will schließlich keiner gelten.

Als Nächstes werden die Gerichte aufgetragen. Nun dürfen Sie keinesfalls erwarten, dass diese nach einer bestimmten Reihenfolge serviert werden. Zuerst kommt, was in der Küche zuerst fertig ist. So stehen dann süße Klebereisbällchen an einer Vanille-Sauce, die für unser Empfinden eine klare Nachspeise sind, direkt neben doppelt gebratenen Fleischstreifchen und einem Gurkensalat. Die Wahl der Speisefolge obliegt alleine dem persönlichen Gusto des Gastes. Diese Freiheit darf aber nicht darüber hinwegtäuschen, dass es durchaus eine natürliche Reihenfolge gibt, die ein weltgewandter Mensch kennen sollte. Leichte Speisen isst man vor schweren, salzige vor süßen. Für Suppen gilt das, was Franzosen über ihren Käse sagen: Sie schließen den Magen.

Eine Sache hat mich jedoch seit meinem ersten Tag in China irritiert: Ich musste immer und immer wieder nachfragen, wo mein Reis bleibt. Das Seltsame war: Je gehobener ein Restaurant war und je mehr es auf sich hielt, desto häufiger kam der Reis nicht mit den anderen Gerichten. Mit den Jahren begann ich, mir einen Spaß mit meinen Besuchern zu erlauben: Ich wettete mit ihnen um das Abendessen, dass der Reis vergessen würde. Dass mir in den Jahren in China ein kleines Bäuchlein gewachsen ist, führe ich auf den Erfolg dieser Wette zurück.

Natürlich hat dies seinen Grund. Während es in südostasiatischen Ländern wie Thailand zum guten Ton gehört, als Erstes ein bisschen Reis zu nehmen (damit zeigt man seine Bescheidenheit und seine Dankbarkeit dafür, dass genügend Essen da ist), haben Chinesen den genau umgekehrten Blickwinkel. Reis gilt ihnen als das Essen der armen Leute. Nur wer seine Gäste mit billigem Reis »abfüllen« möchte, der lässt ihn als Erstes auftischen. Gastfreundlichkeit geht eben über alles.

*34. Grund*

## *Weil Stäbchen viel praktischer sind als Besteck*

Was ist es, was das chinesische Essen ausmacht? Wenn Sie mich fragen, sind es die Essstäbchen. Sie stehen nicht nur sinnbildlich für die chinesische Küche, sondern haben diese auch maßgeblich geprägt. Da sich nichts am Tisch zerkleinern lässt, müssen alle Speisen bereits mundgerecht serviert werden. Ein Steak oder ein Schnitzel wären in der chinesischen Küche absolut unvorstellbar.

Wie lange in China schon mit Stäbchen gegessen wird, ist nicht bekannt. Die ältesten Funde stammen aus den Überresten der Shang-Hauptstadt Yin im Norden des heutigen Henan und sind etwa 3.200 Jahre alt. Wissenschaftler glauben aber, dass ihre Geschichte viel weiter zurückreicht. Vermutlich dienten die ersten Stäbchen bloß als Werkzeug zum Umrühren. Ihre Funktion als Besteck kam nach derzeitigem Kenntnisstand erst später dazu.

Nicht wenig Einheimische sind auf dieses einzigartige Kulturgut stolz und felsenfest davon überzeugt, dass nur diejenigen meisterhaft mit Stäbchen umzugehen wissen, die ihr halbes Leben in China verbracht haben. Es ist daher in einem besseren Restaurant nicht unüblich, dass der Kellner mit mitleidigem Blick die Stäbchen gegen Besteck austauscht, sobald er sieht, dass Sie aus dem Ausland kommen. Manchmal muss man regelrecht um seine Stäbchen kämpfen. Umgekehrt werden Sie jede Menge Lob einheimsen, wenn Sie es schaffen, den Inhalt Ihrer Schüssel weitgehend verlustfrei zu verspeisen.

Das ist gar nicht kompliziert, wenn Sie einmal verstanden haben, wie Sie die Dinger halten müssen. Am besten fixieren Sie eines der beiden Stäbchen zwischen Mittel- und Ringfinger, und das andere klemmen Sie wie einen Kugelschreiber zwischen Daumen und Zeigefinger. Wenn Ihnen das Schwierigkeiten bereitet, legen Sie das Essen zunächst in die Schale und führen diese näher an den Mund.

Sollte etwas runterfallen, sieht es so keiner. Vermutlich meistern Sie die Kunst aber schnell, und Sie können sich in der Hierarchie der Speisen langsam hocharbeiten. Am einfachsten sind Fleischstückchen. Etwas schwieriger ist Gemüse. Eine noch höhere Fertigkeitsstufe haben Sie erreicht, wenn es Ihnen gelingt, Reis ohne zu kleckern zu verschlingen. Mit schlüpfrigen Nudelgerichten können Sie schließlich Ihre wahre Meisterschaft unter Beweis stellen. Kleiner Tipp: Mit lautem Schlürfen geht es einfacher, und sie belegen gleichzeitig Ihre interkulturellen Kenntnisse.

Ich liebe es, mit Stäbchen zu essen – nicht zuletzt, weil ich die zweite Hand frei habe. Doch die vielen Stäbchen, die Tag für Tag im Müll landen, stehen auch für ein ökologisches Problem. »Essstäbchen wachsen nicht einfach auf Bäumen«, fasst es der Slogan einer chinesischen Umweltkampagne zusammen. Jährlich werden laut Greenpeace in China rund 60 Milliarden Paare Wegwerfstäbchen hergestellt, wofür die Produzenten 20 Millionen Bäume fällen müssen. In Anbetracht dessen, dass China nur über wenige Wälder verfügt, wirkt der Umgang mit den Essutensilien wie ein unerhörter Luxus.

Dennoch hat es sich bisher als schwer erwiesen, die Bevölkerung von den umweltfreundlicheren Plastikstäbchen zu überzeugen. Das liegt zum einen an den Restaurantbesitzern, die wegen des hohen Konkurrenzdrucks oft knallhart kalkulieren müssen, um über die Runden zu kommen, und die aus preislichen Gründen meistens Wegwerfstäbchen der teuren manuellen Reinigung von wiederverwertbarem Besteck vorziehen – woran auch eine zwischenzeitlich eingeführte Steuer auf Einwegbesteck nichts geändert hat. Zum anderen fürchten Konsumenten wohl nicht zu Unrecht, dass im schnelllebigen Restaurantgeschäft die Stäbchen nur unzureichend gewaschen werden.

Zu einem Wandel könnten möglicherweise die seit einiger Zeit kursierenden Horrorgeschichten über die giftigen Bleichstoffe führen, mit denen die hölzernen Wegwerfstäbchen behandelt werden.

Eine stammt von Huang Bo. Der bekannte Blogger legte in einem viralen Video ein frisch ausgepacktes Set Wegwerfstäbchen in eine Schüssel und zeigte, wie sich das Wasser wegen der austretenden Chemikalien in wenigen Minuten in eine giftig aussehende gelbe Brühe verwandelte.

Das ist auch der Grund, wieso ich diesen Grund mit einer kleinen Bitte beenden möchte: Versuchen Sie doch, Wegwerfstäbchen aus Holz möglichst zu meiden und stattdessen die wiederverwendbaren aus Plastik zu verwenden. Besser noch: Bringen Sie gleich ihre eigenen mit. Sollten Sie sich aber dennoch dafür entscheiden, Wegwerfstäbchen zu benutzen, dann lecken Sie sie wenigstens nicht ab. Das ist nämlich nicht nur ungesund, sondern auch ein echter Fauxpas.

*35. Grund*

## *Weil auch die Ahnen genug zu futtern haben*

Nachdem Sie nun am Ende dieses Kapitels angelangt sind, stellen Sie sich möglicherweise die Frage, ob Essen das Wichtigste im Leben vieler Chinesen ist. Nun, darüber lässt sich trefflich debattieren. Unbestreitbar ist aber, dass die Bedeutung des Essens weit über das Leben des Einzelnen hinausreicht.

Selten zeigt sich das so deutlich wie Anfang April während *Qingming*, dem Totengedenkfest. Unzählige Menschen suchen dann die Gräber ihrer Ahnen auf. Zunächst entfernen sie dort Blätter und Unkraut und erneuern die Inschriften. Sobald alles sauber und ordentlich ist, kommen die Opfergaben. Oft wird ein regelrechtes Gourmetmenü aufgetischt: Saftiges Schweinefleisch, gebratene Ente und Reis, aber auch Früchte und diverse Süßigkeiten kommen auf das Grab. Alles, was der Verstorbene im Leben mochte, passt auch zum postmortalen Festmahl.

Anschließend werden symbolische Gaben verfeuert. Eine wichtige Regel des Diesseits gilt nach chinesischer Vorstellung auch nach dem Tod: Nur wer genug Geld zur Verfügung hat, kann es sich gut gehen lassen. Und da die Verdienstmöglichkeiten im Jenseits naturgemäß spärlich ausfallen, liegt es an den Nachkommen, die Ahnen regelmäßig mit Nachschub zu versorgen. Dies geschieht, indem Papiergeld verbrannt wird. Der Rauch hilft, das Geld ins Jenseits zu transportieren. Auch Attrappen vom neuesten iPhone, einem Laptop oder einer Waschmaschine finden bisweilen ihren Weg in die Flammen. Das Ganze wird allerdings nicht ohne Eigennutz gemacht, schließlich will niemand, dass hungrige Ahnen aus dem Jenseits zurückkehren und Schaden anrichten. Deswegen auch das Abbrennen von Feuerwerk: Was in unseren Augen wie eine Störung der Totenruhe wirkt, vertreibt nach chinesischer Vorstellung böse Geister.

Wie alt die Ahnenkulte sind, ist nicht klar. Grabbeilagen in Form von Hirsekörnern in tönernen Vorratsgefäßen lassen sich bis in die Zeit des Neolithikums nachweisen. Auch aus der anschließenden Bronzezeit sind Gräber mit Töpfen, Schüsseln und Bechern bekannt. Was man aber weiß: Um das Jahr 732 ließ der Tang-Kaiser Xuanzong den Ahnenkult gesetzlich regeln. Das Problem war nämlich, dass die Vorfahren in manchen Gegenden alle zwei Woche geehrt wurden, was die dortige Produktivität vollkommen lähmte. Seither dürfen Vorfahren nur noch einmal pro Jahr öffentlich verehrt werden, für die restliche Zeit muss der Hausaltar reichen. Das Dekret gilt gemeinhin als Geburtsstunde des *Qingming*-Fests.

Doch auch hier hat sich in den letzten Jahren viel verändert. Vor 50 Jahren war es noch die Norm, dass jede Familie einen Ahnenschrein hatte. Bei wohlhabenden Familien waren das oft reich dekorierte Holzmöbel mit wunderschönen Schnitzereien, die über Jahrzehnte im Familienbesitz blieben. Darauf standen Schalen, Räucherstäbchen und Bilder der Verstorbenen. Der älteste Nachkomme war dafür verantwortlich, dass die Schalen stets mit Essbarem gefüllt waren. Doch seit es immer mehr moderne Single-Haushalte gibt, sind Ahnenschreine im Wohnzimmer nur noch selten zu finden.

## Kapitel 4

# Liebenswerte Marotten

*36. Grund*

### *Weil drei Jahre zu einem Generationenkonflikt führen können*

China entwickelt sich in einem atemberaubenden Tempo. Am offensichtlichsten ist das bei der Infrastruktur. Am meisten hat mich aber beeindruckt, wie sich die Menschen veränderten, wie sich der Inhalt der Gespräche wandelte. Auf meiner ersten Reise interessierten sich meine Bekanntschaften in den Zügen und Bussen vorwiegend für Materielles: Sie erkundigten sich nach der Höhe meines Gehalts oder dem Preis meiner Kompaktkamera.

Mit zunehmendem Wohlstand wurden immaterielle Güter immer wichtiger. Zum Beispiel das Reisen. Die Zahl der Inlandstouristen hat sich seit 2000 nicht weniger als verzwanzigfacht. Wenn ich in chinesischen Jugendherbergen einchecke, treffe ich gelegentlich auf regelrechte Aussteiger – vor Jahren noch undenkbar. Die Geschichte der inzwischen fünfjährigen Wenwen ist dafür beispielhaft. Ihre Eltern waren kurz nach dem ersten Geburtstag zu einer mehrjährigen Wanderung durch China aufgebrochen, mit Tagesetappen von bis zu 15 Kilometern.

Wie schnell sich das Land verändert, fiel mir allerdings erst auf, als ich an einem sonnigen Nachmittag meine Nachbarin im Lift traf. Sie hatte sich soeben von ihrem langjährigen Freund getrennt. Der Grund: ein unüberwindbarer Generationenkonflikt. Dabei war er gerade einmal drei Jahre älter als sie. »Unsere Einstellungen und Werte waren einfach komplett unterschiedlich«, verriet sie mir. »Drei Jahre können echt einen großen Unterschied machen.«

Was bei uns als Millennial gilt, wird in China feiner unterteilt. Die Medien schufen dafür eigene Begriffe: Ein *Balinghou* (wörtlich: acht null danach) ist jemand, der in den 80er-Jahren geboren wurde, ein *Jiulinghou* kam in den 90ern zur Welt. Und nicht nur meine Nachbarin ist sich sicher, dass die Unterschiede happig sind. Die Nachachtziger gelten allgemein als Perfektionisten, denen vor allem der Erfolg im Beruf wichtig ist. Die Nachneunziger hingegen legen Wert auf Individualismus und träumen, die eigene Firma zu gründen. So viel zu den Stereotypen.

Tatsächlich sind diese Unterscheidungen aus soziologischer Sicht nicht abwegig. Die Eltern der Kinder, die in den 80er-Jahren zur Welt kamen, erlebten in jungen Jahren meistens noch die Kulturrevolution und genossen häufig keine formale Bildung. Oft konnten sie ihren Kindern keinen materiellen Wohlstand bieten. Wer hingegen zehn Jahre später aufwuchs, konnte vom wirtschaftlichen Aufschwung profitieren: Im Idealfall bedeutete das ein Studium im Ausland und geringere Anforderungen innerhalb der Familie. Zumindest für Städter, wie meine Nachbarin. Für die Kinder von Wanderarbeitern sieht die Lage noch einmal ganz anders aus.

Der Generationenkonflikt ist immer wieder großes Thema. Ein besonders bizarres Beispiel ist die Geschichte von einem alten Mann, der vor ein paar Jahren im Bus einen jüngeren Passagier bat, ihm den Sitzplatz zu überlassen. Als dieser nicht reagierte, schlug der Senior den dasitzenden Mann mehrmals erzürnt ins Gesicht und fiel anschließend um. Offenbar hatte sich der Alte dermaßen aufgeregt, dass er einen heftigen Herzinfarkt erlitt und noch vor Ort starb.

Wenig überraschend löste das in Chinas sozialen Medien eine verbitterte Debatte darüber aus, wie die Generationen miteinander umgehen sollten. Für Chinas Alte ist klar, dass den jungen Menschen der Respekt vor dem Alter fehle. Junge Menschen wiesen hingegen darauf hin, dass sie nach einem harten Arbeitstag den Sitzplatz viel nötiger hätten und Rentner auch problemlos außerhalb der Rushhour reisen könnten. Und ohnehin – das hörte ich damals oft von Bekannten – seien die Rentner von heute oft einfach böse und abgestumpfte Menschen. Schließlich seien sie in ihrer Jugend während der Kulturrevolution mit Gewalt aufgewachsen.

### *37. Grund*

## *Weil Männer ein Bäuchlein haben (und zeigen) dürfen*

Falls Sie ein Mann in der zweiten Lebenshälfte sind und Ihr Bauch bereits ein paar Zentimeter über den Gürtel schwappt, dann habe ich eine gute Nachricht für Sie: In China müssen Sie sich dafür nicht schämen. Im Gegenteil: Wenn die sommerlichen Temperaturen im Juli und August in großen Teilen des Landes ins Unerträgliche steigen, dürfen Sie Ihre Wampe sogar regelrecht zur Schau stellen.

Damit Sie bei Ihrem Besuch auch wirklich alles korrekt machen, hier eine kurze Anleitung: Am besten tragen Sie ein ärmelloses Unterhemd, wahlweise ist auch ein Poloshirt eine gute Alternative. Sobald es heiß genug ist, rollen Sie das Kleidungsstück so weit nach oben, dass Bauch und Rücken an der frischen Luft sind. Klemmen Sie nun den hochgerollten Stoff unter die Arme, damit er gut hält. Sollten Sie genug Speck an den Hüften mitbringen, hält ihr Kleidungsstück allerdings auch so. Wenn Sie nun noch ein richtiger Profi werden wollen, können Sie sich alle paar Minuten mit dem hochgekrempelten Stoff Luft zufächeln oder mit der flachen Hand auf den Bauch klatschen.

Glückwunsch! Sie haben gerade den sogenannten *Beijing Bikini* gemeistert. Chinesen bezeichnen Leute, die diesen Stil tragen, übrigens als *Bangye*. Wörtlich lässt sich diese etwas abwertende Wortkreation mit »sich zur Schau stellende Opas« übersetzen. Beide Begriffe passen jedoch nicht so ganz, denn den lockeren Dresscode pflegen nicht nur Männer jeden Alters sondern auch in jedem Teil des Landes. Man findet ihn nicht nur in den alten Hutong-Gegenden, sondern auch in den modernen Geschäftsvierteln. Vor einigen Jahren kursierte im chinesischen Internet ein Foto von einem Mann, der mit hochgerolltem Shirt in der Business-Class-Lounge saß.

Da bei diesem Stil augenscheinlich nur ein einziges absolutes Tabu gilt – nämlich ein durchtrainierter Waschbrettbauch – ist der *Beijing Bikini* für viele gebildetere Einheimische ein Grund, um sich so richtig fremdzuschämen. Das sieht auch die Regierung so, die dem gemeinen Volk immer mal wieder bessere Manieren beibringen will. Doch während es gelang, Spucken, Drängeln und Urinieren in der Öffentlichkeit weitgehend einzudämmen, erfreut sich der luftige Sommerlook noch immer größter Beliebtheit.

Der Grund hierfür könnte sein, dass viele Männer an die gesundheitlichen Vorteile des *Beijing Bikinis* glauben. In der traditionellen chinesischen Medizin, so erklärte es mir einmal ein TCM-Doktor in Peking, sei der Bauch eine Art Gefäß für das Qi – also jene Energie, die irgendwo zwischen geistiger Kraft und Seele liegt – und müsse deswegen mit großer Aufmerksamkeit gepflegt werden. Das gelte in besonderem Maß nach dem Essen, wenn sich viel Blut in der Bauchgegend sammelt.

Es wäre jedoch falsch, sich über das Modebewusstsein der einfachen Menschen lustig zu machen. Denn wer einmal in China aufs Land fährt und den Bauern bei der Feldarbeit zusieht, wird leicht feststellen, dass die Leute dort den Stil häufig in der umgekehrten

Der Zhangjiajie-Nationalpark war Inspiration für den Kinofilm Avatar.

**Oben:** Im Kanas-See lebt angeblich ein sagenumwobenes Seeungeheuer. **Unten:** Jeden Sommer wird das Liao-Delta knallrot. Grund: Die Strand-Sode ändert mit zunehmendem Salzgehalt die Farbe.

**Oben:** Wandern in den Bergen bedeutet breite Treppen und betonierte Wege. Hier eine Aussichtsplattform im Huangshan-Gebirge. **Unten:** Der Yak ist das wichtigste Nutztier in Westchina.

Einst gefürchtetes Straflager, heute beliebte Badedestination: Die subtropische Ferieninsel Hainan.

**Oben:** Grüner Tee kann schwindelerregende Preise erzielen.
**Unten:** Das Grundnahrungsmittel Reis kommt in einem guten Restaurant immer ganz zum Schluss.

**Oben:** Mineralien geben den Seen von Jiuzhaigou die charakteristische Farbe – und sorgen dafür, dass ins Wasser gefallenen Bäume nicht verrotten. **Unten:** Jurten an einem See entlang des Karakorum-Highways.

Fleischspießchen sind der perfekte Snack für Zwischendurch.

**Oben:** Stinktofu riecht wie eine Mischung aus alten Socken und Kloake – aber es schmeckt einfach göttlich.
**Unten:** In China gibt es zwei Arten von scharf: ma (Sichuan-Pfeffer) und la (Chili). Mala-Spießchen sind beides.

**Oben:** Fladenbrote werden in Westchina an jeder Straßenecke angeboten. **Unten:** Die Form der traditionellen Feuertöpfe geht womöglich auf mongolische Nomaden zurück, die Fleischstückchen im Helm garten.

Kein öffentlicher Platz ist sicher vor den tanzenden Omas.

中国光大银行

**Oben: Karaoke wurde in Japan erfunden, aber in China perfektioniert.**
**Unten: Wasser-Kalligraphie ist weiteres beliebtes Hobby bei Chinas Senioren.**

**Oben: Kopieren ist Kunst. In der Nähe von Shanghai basiert die Siedlung »Thames Town« auf einem gewöhnlichen Dorf in England. Unten: Einer der wenigen Gründe, den chinesischen Winter zu lieben: Das Eisskulpturenfest in Harbin.**

**Oben:** Weil die Olympischen Winterspiele vor der Tür stehen, verwandelte die Regierung das Land kurzerhand in eine Wintersportnation. **Unten:** Mietfahrräder sind in den Städten fast überall griffbereit.

Richtung verfehlen. Viele Bauern tragen dort nämlich Anzüge. Zugegeben: alte und preiswerte Anzüge, aber immerhin …

*38. Grund*

## *Weil es nicht auffällt, wenn man im Pyjama einkaufen geht*

Wenn wir über außergewöhnliche Kleidungsrituale sprechen, darf das Tragen von Pyjamas in der Öffentlichkeit nicht unerwähnt bleiben. Sollten Sie je an einem Sonntagvormittag durch die Hutongs von Peking oder die Wohnviertel in Shanghai schlendern, wird Ihnen früher oder später jemand im Schlafanzug über den Weg laufen.

Während vielen meiner chinesischen Freunde diese liebenswerte Marotte ihrer Mitmenschen peinlich ist, habe ich die »Schlafwandler« vom ersten Augenblick in mein Herz geschlossen. In einer Kultur, in der das Wahren des Gesichts so wichtig ist, schienen mir diese Menschen immer wie die letzte Front derer, die Gemütlichkeit über Aussehen stellen. Sie wirkten auf mich immer ein bisschen so, als würden sie in der Manier von Till Eulenspiegel den Slogan einer Kampagne zur Vermeidung von Müll »Behandle die Stadt wie dein Wohnzimmer« etwas zu wörtlich auffassen. Das war mir stets sympathisch.

Doch wie der bereits zuvor erwähnte *Beijing Bikini* ist der chinesischen Regierung auch dieses Verhalten seit Langem ein Dorn im Auge. Insbesondere vor internationalen Großanlässen laufen regelrechte Kampagnen, mit denen den Einheimischen das »unzivilisierte« Verhalten ausgetriebenen werden soll. Als die Weltausstellung 2010 in Shanghai veranstaltet wurde, sind laut Medienberichten zahlreiche Freiwillige durch die Wohnbezirke patrouilliert und haben die Einwohner davon abgehalten, mit unangemessener Kleidung auf die Straße zu gehen. Zwei Jahre zuvor sollten schon die Pekinger während der Olympischen Sommerspiele mit einer Unmenge von Zeitungsartikeln zu einem besseren Outfit erzogen werden.

Gebracht hat beides nicht viel. Obwohl in den letzten Jahren viele chinesische Eigenheiten verschwanden, hält sich das Spazieren im Pyjama hartnäckig. Wieso das so ist, erläuterte ein Journalist der chinesischen Tageszeitung *Shanghai Daily* einmal folgendermaßen: Als zu Beginn des 20. Jahrhunderts die ersten Schlafanzüge in China aufkamen, galten sie als exotisch und luxuriös. Sie waren so teuer, dass nur die Reichsten sie sich leisten konnten. In der Folge, so schrieb der Autor weiter, sei es zu einer Art Statussymbol geworden, an einem freien Nachmittag im Pyjama durch die Straßen zu spazieren. Auch wenn sich mittlerweile natürlich jeder einen Schlafanzug leisten könne, habe sich die Vorstellung dennoch erhalten, dass ein Pyjama modisch sein kann.

Damit hat er vermutlich recht. In den vergangenen Jahren meisterten zahlreiche Modeschöpfer erfolgreich den Spagat zwischen Pyjamas und Freizeitbekleidung. Luxusmarken verkaufen ihre Schlafanzüge wieder zu kaum erschwinglichen Preisen, und während der Fashion Week in Shanghai führen die Models regelmäßig extravagante Schlafanzüge vor. »Wer eine Jogginghose trägt, hat die Kontrolle über sein Leben verloren«, war der markanteste Spruch der Designer-Legende Karl Lagerfeld. Offensichtlich hatte er zu wenig Zeit in China verbracht.

*39. Grund*

## *Weil Schlitzhosen umweltfreundlich sind*

Bis ein Kind trocken wird, verbraucht es jede Menge Windeln. Im Schnitt zwischen 4.000 und 6.000 Stück. Das ist nicht nur für den Geldbeutel der Familien ein Problem, sondern wegen der Außenhaut aus Polyethylen auch eins für die Umwelt: Die petrochemischen

Teile einer Windel brauchen nämlich mehrere Hundert Jahre, um sich auf einer Müllhalde vollständig zu zersetzen.

Nicht ohne Grund beklagen deswegen Umweltschützer auf der ganzen Welt, dass Wegwerfwindeln einen erheblichen Teil unseres Siedlungsmülls ausmachen. Bis zu zehn Prozent des Restmülls sollen es sein. Und während Experten noch darüber streiten, ob der Abfallberg aus Plastikwindeln oder der hohe Energie- und Wasserverbrauch bei waschbaren Stoffwindeln die Umwelt stärker belastet, geht China traditionell einen deutlich umweltfreundlicheren Weg: Man verzichten gleich ganz aufs Wickeln.

Die Lösung ist ein Kleidungsstück, das den Namen *Kaidangku* trägt. Wörtlich: »Offener Schritt Hose«. Die Schlitzhose ist so geschnitten, dass die Kleinen die Hose anbehalten können, wenn sie mal müssen. Sobald das Kind ein Zeichen gibt, hebt es die Mutter über einer Toilette hoch und wartet, bis das kleine oder große Geschäft erledigt ist. In der Not kann aber auch einmal ein Busch am Straßenrand oder der Papierkorb im Restaurant herhalten.

Das chinesische Modell hat neben dem Umweltschutz einen weiteren Vorteil: Da die Eltern früh mit dem »Potty Training« anfangen, sind chinesische Kinder häufig schneller trocken als in unseren Gefilden. In Gesprächen mit stolzen Eltern hört man bisweilen, dass deren Kleinen schon im Alter von einem Jahr alle Schließmuskeln zuverlässig kontrollieren können. Wenn ich an die Kinder aus meinem Bekanntenkreis in der Schweiz denke, muss ich sagen: Das ist beeindruckend.

Allerdings verliert die Tradition immer mehr an Bedeutung. Pampers und Co sind eben auch im Reich der Mitte praktischer. Hinzukommt, dass Schlitzhosen für die wachsende Mittelschicht ein Symbol für die Rückständigkeit des Landes sind. Läden, die Wert auf die Hochwertigkeit ihres Sortiments legen, haben die *Kaidangku* längst aussortiert. Frage ich meine Bekannten in Peking und Shanghai danach, was sie von den Schlitzhosen halten, ist die Antwort fast einstimmig: »Das benutzen nur Leute in den Dörfern.« Für viele urbane Eltern ist neben der Bequemlichkeit der Schutz der Privatsphäre der wichtigste Grund, auf moderne Windeln zu setzen.

Erstaunlicherweise gewinnt die chinesische Schlitzhose derweil im Westen an Unterstützung. Sie wird seit Jahren in alternativen Blogs und Magazinen wegen der stärkeren Kommunikation zwischen Mutter und Kind als eine wertvolle Bereicherung in der Beziehung betrachtet. Und wer weiß, vielleicht kommt der Trend eines Tages über den Umweg durch den Westen wieder zurück nach China.

*40. Grund*

## *Weil ein Nickerchen immer geht*

Wenn es etwas gibt, um das ich viele Chinesen beneide, dann ist es ihre Fähigkeit, überall einzuschlafen. Zum Beispiel im Überlandbus. Selten dauert es lange, bis mein Sitznachbar entschlummert. Er schwankt eine Weile hin und her und lässt dann ganz gemächlich seinen Kopf auf meine Schultern sinken. Dabei ist es vollkommen egal, ob das ein Bekannter ist oder eine vollkommen fremde Person. Wenn Sie also China hautnah erleben wollen, dann ist eine Busfahrt sicherlich ein guter Ort, um damit anzufangen.

Was mich an diesem Phänomen immer wieder überrascht hat: Die gewohnheitsbedürftige Tuchfühlung war bisher keinem meiner Sitznachbarn besonders peinlich. Meistens hat er sich nach dem Aufwachen kurz entschuldigt, einmal laut gegähnt – und begann nach wenigen Sekunden wieder in meine Richtung zu kippen.

Das liegt wohl daran, dass Schlafen in der Öffentlichkeit nichts ist, wofür man sich schämen müsste. Vor allem mittags sind Nickerchen weit verbreitet. Dabei gibt es keinen Ort, der zu hart, zu laut oder zu unbequem wäre für einen Power Nap: Auf einer Parkbank im Schatten, in einem wenig frequentierten Laden direkt hinter der

Kasse, und einmal sah ich einen Essenslieferanten, der sich auf seinem abgestellten Motorrad ausgestreckt hatte.

In der Ikea-Filiale in meiner Nachbarschaft legten sich immer wieder Leute in den Ausstellungsräumen in die gemachten Betten. Es dauerte lange, bis es der schwedischen Möbelkette zu viel wurde, ständig die Bettlaken für die schlafenden Gäste zu wechseln. Schließlich rang man sich doch zu einem Schlafverbot durch, über das dann auch in den internationalen Medien berichtet wurde. Bei meiner Recherche für diesen Text bin ich außerdem auf ein unglaubliches Foto von einigen Straßenarbeitern gestoßen, die sich auf dem Pannenstreifen einer Autobahn aufs Ohr hauen – während wenige Meter neben ihnen der Verkehr vorbeibraust.

*Wujiao* heißt die chinesische Variante der Siesta, und sie wird mindestens so ernst genommen wie ihr spanisches Gegenstück. Kinder lernen schon früh im Kindergarten und in der Schule die Bedeutung des täglichen Mittagsschlafs für die Gesundheit. Jüngste Studien von chinesischen Kardiologen untermauern das: Regelmäßige Nickerchen wirken sich positiv auf den Blutdruck aus und verringern das Risiko, im Alter an Gefäßkrankheiten zu leiden.

Da Power Napping bekanntlich auch die Leistungsfähigkeit am Arbeitsplatz erhöht und die Fehleranfälligkeit verringert, wird *Wujiao* von vielen Betrieben mit einer überlangen Mittagspause aktiv gefördert. Manche Firmen wie etwa Huawei sind bekannt dafür, dass sie ihren Angestellten Feldbetten zur Verfügung stellen, die sie unter dem Schreibtisch aufstellen können. Auch an meinem früheren Arbeitsplatz in einem chinesischen Verlag lag nach dem Mittagessen jeweils ein großer Teil der Belegschaft tiefenentspannt über den Tischen.

Die Ruhe bei der Arbeit ist in China sogar so wichtig, dass die Pausen eigens in der Verfassung festgeschrieben wurden. »Das arbeitende Volk hat das Recht zu ruhen«, heißt es dort in Artikel 43. Schlafende Menschen werden China-Reisende wohl noch eine Weile begleiten.

*41. Grund*

## *Weil jeder Ort eine Tanzfläche sein kann*

Wenn Sie nach Sonnenuntergang durch chinesische Städte schlendern, werden Sie eher früher als später auf kleinere Menschengruppen stoßen, die den sogenannten Square Dance praktizieren. In der Regel können Sie diese Tanzensembles schon aus großer Entfernung an zwei typischen Merkmalen erkennen: Erstens, die Verstärker und Lautsprecher dröhnen auf einem Level, für das sie eigentlich nicht geschaffen wurden. Zweitens entspricht die abgespielte Musik schon seit Jahrzehnten nicht mehr dem Zeitgeist.

Die Bestätigung erhalten Sie, sobald Sie sich der Gruppe nähern. Meistens finden Sie dort eine Vortänzerin, deren Bewegungen von etwa 20 Personen minutiös nachgeahmt werden. Die dargebotenen Tänze haben eine gewaltige Spannweite: Manche Gruppen beschäftigen sich mit westlichen Gesellschaftstänzen, andere studieren traditionelle chinesische Tanzformen ein. Bisweilen versuchen sich einige sogar an den neusten Hip-Hop-Moves. Was jedoch alle Gruppen verbindet: Sie bestehen fast ausschließlich aus reiferen Frauen. Wer jünger als 50 Jahre ist, fällt auf. Ebenso die wenigen Männer, die mitmachen. Daher auch der Name für die tanzenden Seniorinnen: Im Volksmund werden sie etwas abwertend als *Dama* bezeichnet, was sich sinngemäß mit »Tantchen« übersetzen lässt.

Das Interessante an den Seniorinnen mit ihren Blümchenpantoffeln und den schlabberigen Blusen ist, dass sie so etwas wie einen Kulminationspunkt des bereits angesprochenen Generationenkonflikts darstellen. Für die alten Damen war es ihr ganzes Leben lang selbstverständlich, sich im öffentlichen Raum zu treffen und diesen für die Ausübung ihrer Hobbys zu nutzen. Und es sind nicht gerade wenige: Offizielle Schätzungen gehen davon aus, dass landesweit jeden Tag etwa 100 Millionen Seniorinnen ihr Tanzbein schwingen.

Mit der rasanten Urbanisierung müssen sich aber immer mehr Menschen immer weniger Raum teilen. Dass es dabei zu Reibereien kommt, liegt auf der Hand. Die fehlende Rücksicht der tanzenden Omas auf die Befindlichkeiten ihrer Mitmenschen heizt den Streit zusätzlich an. Als besonders störend wird empfunden, dass die Tanzgruppen besonders gerne Plätze beleben, die zugleich wichtige Durchgangswege sind. Vorplätze von Einkaufszentren oder Hochschulen etwa. Es kann aber auch einmal der Pannenstreifen einer Autobahn sein, wenn eine *Dama*-Gruppe mit dem Reisebus im Stau steckt.

Ein weiterer Streitpunkt ist die Lautstärke. Vor allem in den Wohnsiedlungen. Denn die Omas tanzen bevorzugt am Abend und manchmal auch in den frühen Morgenstunden – also genau dann, wenn andere schlafen möchten. Auf der anderen Seite sind auch die Reaktionen der lärmgeplagten Anwohner nicht immer ganz vorbildlich: In der zentralchinesischen Stadt Wuhan sollen einmal ein paar erzürnte Anwohner Nachttöpfe mit Fäkalien auf die Tänzerinnen ausgeleert haben.

Weit verbreitet ist die Vorstellung, dass sich der Square Dance aus der Kulturrevolution entwickelt hat und gleichsam ein letztes Überbleibsel jener traurigen Periode der chinesischen Geschichte ist. Der Vorwurf scheint zumindest naheliegend: Die Alten, die heute die urbanen Plätze belegen, gehören der gleichen Generation an, die als Jugendliche während der Kulturrevolution das ganze Land terrorisierte und dabei auf den Straßen tanzend ihre Loyalität gegenüber Mao unter Beweis stellen wollte. Einmal Hooligan, immer Hooligan, sagen viele junge Leute.

Die Kulturwissenschaftlerin Teng Wei von der Südchinesischen Normaluniversität in Nanjing bestreitet jedoch genau dies. In einem Aufsatz schreibt sie, dass die tanzenden Omas vielmehr ein Resultat der Reformpolitik der 90er-Jahre seien. Während China früher zumindest in der Theorie den sozialistischen Idealen folgte und allen Bürgern Arbeit, Wohnraum und Gesundheitswesen angedeihen ließ, sei dieses System mit dem Wandel zum Kapitalismus zunehmend erodiert.

Daher leben heute viele chinesische Senioren mit der immensen Furcht, sich im Fall einer Erkrankung die teuren medizinischen Behandlungen nicht leisten zu können, schreibt Teng weiter. Dass die Alten daher möglichst lange körperlich fit bleiben wollen, überrascht nicht. Das gemeinsame Tanzen sei eine der preiswertesten Möglichkeiten, um dieses Ziel zu erreichen. Untersuchungen zeigten aber auch, dass der soziale Aspekt genauso wichtig ist. Bei einer Studie gaben die befragten *Dama* an, dass die abendlichen Tanzstunden der glücklichste Teil des ganzen Tages seien.

*42. Grund*

## Weil sich Nachbarn kennen

Frau Cheng wusste alles über mich. Wann ich morgens zur Arbeit fahre und wann ich abends zurückkomme. Ihr war bekannt, aus welchem Land ich komme, wer mich regelmäßig besucht oder gar bei mir übernachtet. Selbst den Inhalt meiner Einkaufstasche kannte sie ungefähr. Für sie war es leicht, an all diese Informationen zu gelangen. Denn sie hatte den strategisch perfekten Arbeitsplatz für jeden, der sich als inoffizielle Informationsdrehscheibe versteht: Sie bediente den Fahrstuhl in meinem Wohnblock.

Jedes Mal, wenn ich zu faul war, die 20 Stockwerke hochzulaufen, führten wir kurze Unterhaltungen. Frau Cheng saß dann mit hochgezogenen Brauen und knallrotem Lippenstift auf ihrem langbeinigen Holzstuhl. Sie stellte nicht nur jede Menge indiskrete Fragen, sondern erzählte auch ungeniert, was sie gerade so im Haus beobachtet hatte. Als ein anderer Schweizer fünf Etagen oberhalb einzog, wusste ich das schon Monate bevor ich ihm zum ersten Mal persönlich begegnete. An einem anderen Tag erklärte sie mir, dass die übel riechende Pfütze auf dem Boden vom schlecht erzogenen Hund meiner Nachbarin stamme und dass sie es wirklich nicht mag, wenn ihr Fahrstuhl so schmutzig aussieht.

Noch jemand aus meiner Nachbarschaft kannte mich gut: Herr Li. Er besaß einen kleinen Supermarkt direkt im Eingangsbereich zu meiner Überbauung. Obwohl seine Preise deutlich höher lagen als beim weiter entfernten Jia Le Fu (wörtlich übersetzt heißt der französische Discounter Carrefour übrigens »glückliches Haus«), kaufte ich bei ihm regelmäßig Dinge des täglichen Lebens ein: Wasser, Kekse, Toilettenpapier. Sein düsterer Laden lockte kaum Kunden an, und die wenigen, die kamen, waren alle aus der Nachbarschaft. Deshalb hatte Herr Li auch für jeden Einzelnen Zeit und konnte sich stundenlang über Gott und die Welt unterhalten. Eine besonders große Freude hatte er jedes Mal, wenn ich statt Importware ein lokales Produkt kaufte. Und ich wusste: Wenn ich seine chinesischen Waren lobte, packte mir der patriotisch angehauchte Herr Li auch einmal ein Geschenk ein oder rundete den Betrag ab.

Moderne chinesische Städte mögen von außen gesichtslos wirken, sind jedoch oft weniger anonym als sie auf den ersten Blick scheinen. Das Geheimnis ist eine chinesische Besonderheit: das *Xiaoqu*. Wörtlich lässt sich das mit »kleiner Bezirk« übersetzen, der englische Begriff »Community« passt aber besser. Ein *Xiaoqu* ist eine zentral geplante Überbauung, die aus mehreren meist identischen Wohnblöcken besteht. Vielleicht am besten vergleichbar mit einem Hochschulcampus. Oft gibt es auf dem Gelände kleine Gärten zum Spazieren, Kinderspielplätze, Restaurants, Wäschereien und Lebensmittelläden wie den von Herrn Li. Betreten wird die Wohnsiedlung über ein zentrales Tor, dessen Wachpersonal den Zugang je nach Höhe der Mietkosten unterschiedlich restriktiv regelt.

Das *Xiaoqu* als städtebauliches Konzept prägt seit Ende der 1980er-Jahre die Wohnwirklichkeit der Menschen, schreibt der australische Soziologe David Bray, der sich mit den sozialen Räumen in China auseinandergesetzt hat. Das Ministerium für Bauwesen hatte das Konzept ursprünglich in mehreren Versuchsstädten eingeführt, um ein Gefühl von Sicherheit, Zusammenhalt und Zugehörigkeit zu schaffen. Das scheint funktioniert zu haben. Heute findet man in den chinesischen Städten kaum noch andere Wohnformen.

Der Erfolg dürfte allerdings auch damit zu tun haben, dass das *Xiaoqu* bereits einen ähnlichen Vorgänger hatte. Bevor Deng Xiaoping vor 40 Jahren seine wirtschaftspolitischen Reformen angestoßen hatte, lebte ein großer Teil der Bevölkerung in *Danwei*, den Werksiedlungen ihrer Arbeitseinheit. Auch diese verfügten über eigene Läden, Kinderhorte und Postämter. Doch während in den *Xiaoqu* eine hohe Mobilität möglich ist und jeder einziehen darf, der über die nötigen Mittel verfügt, waren die Bewohner früher an ihre *Danwei* gekettet. Das hatte Vor- und Nachteile: Sie mussten zwar vor Hochzeiten, Geburten und Reisen jeweils Genehmigungen von ihrer Arbeitseinheit einholen, dafür waren sie jedoch relativ sicher vor Entlassungen und dem Verlust ihrer Wohnung. Und wenig überraschend schweißte das System auch die Bewohner zusammen. Viele meiner chinesischen Bekannten erzählten mir, dass sich ihre Eltern in einer solchen Arbeitseinheit kennengelernt haben.

Auch das *Xiaoqu* entwickelt sich ständig weiter. Vor Kurzem besuchte ich meine erste Wohnung wieder. Die Fahrstuhlkabine sah nun deutlich moderner aus. Frau Cheng saß nicht mehr auf ihrem Holzhocker und tauschte den aktuellen Klatsch aus. Dafür nahm mich eine Videokamera ins Visier, vielleicht mit Gesichtserkennung. Doch während die Kamera wohl genauso viel über mich weiß wie einst Frau Cheng, erzählt sie mir keines ihrer Geheimnisse weiter.

*43. Grund*

## *Weil sich neben der Verbotenen Stadt die Kuppler treffen*

Zhang Bei ist klug, attraktiv und erfolgreich. Die 32-Jährige hat in Paris an einer renommierten Business School studiert und dort mit hervorragenden Noten abgeschlossen. Heute leitet sie ein relativ bekanntes chinesisches Mode-Label. Sie reist für ihre Firma durch die Welt, trifft sich mit Schauspielern, Models und einmal sogar mit einem Prinzen aus einem europäischen Königshaus. Man sollte glauben, sie hätte alles erreicht, worauf ihre Eltern stolz sein könnten. Doch dem ist nicht so. In den Augen ihrer Eltern hat die junge Frau ein Manko: Sie ist noch immer nicht verheiratet. Und es sieht nicht aus, als könnte sie ihren Eltern bis zu deren Pensionierung den gewünschten Enkel schenken.

Zhangs Schicksal ist alles andere als ein Einzelfall. Frauen heiraten seit Jahren nicht nur immer später, sondern auch insgesamt seltener. Die Heiratsrate, also der Prozentsatz der Eheschließungen im Verhältnis zur Gesamtbevölkerung, sinkt seit Jahren. Lag sie 2013 noch bei 9,9 Prozent, ist sie 2018 auf 7,2 Prozent gesunken. Besonders selten kommt übrigens den Bewohnern von Shanghai das Jawort über die Lippen. Hier liegt die Rate bei gerade einmal 4,4 Prozent.

Trotzdem oder vielleicht auch genau deswegen ruht auf den Frauen ein gewaltiger sozialer Druck. Als *Shengnü* werden Frauen bezeichnet, die nach konservativen Vorstellungen ihr »Verfallsdatum« überschritten haben, das meistens bei ungefähr 28 Jahren verortet wird. Wörtlich übersetzt bezeichnet der Begriff »Frau, die übrig geblieben ist, die keiner mehr will«. Leftover Woman. Das Tragische an der Bezeichnung: Obwohl betroffene Frauen ihn verständlicherweise ablehnen, ist er weit verbreitet. Selbst der allchinesische Frauenverband, also genau jene staatliche Organisation, deren Aufgabe es wäre, sich für die Chancengleichheit von Frauen einzusetzen, hat ihn lange auf der eigenen Website in einem Artikel benutzt, in dem alternden Single-Frauen Ratschläge gegeben werden, wie sie schneller einen Mann finden.

Für Zhang ist das Thema mittlerweile ein so großes Ärgernis, dass sie seit Jahren während Chinesisch Neujahr nicht mehr zurück zu ihren Eltern in die Heimatprovinz fährt. Die Fragen der Eltern und vor allem der weiteren Verwandtschaft nach ihrem Beziehungsstatus und die anschließenden Belehrungen seien ihr einfach zu mühsam, erklärte sie mir. »Wenn ich meine Familie zum Frühlingsfest besuche, ist ihnen egal, ob es mir gut geht. Sie interessieren sich nur dafür, wann ich endlich heirate und ein Kind bekomme. Darauf habe ich keine Lust mehr.«

Trotzdem lassen ihre verzweifelten Eltern nicht locker. Regelmäßig schicken sie Zhang neue Vorschläge für Männer, mit denen sie doch einmal ausgehen könne. Bei einem gemeinsamen Mittagessen zeigt sie mir einen Kandidaten. Er ist zwei Jahre älter, markante Gesichtszüge und Bürstenschnitt. Er arbeitet fürs Militär und hat ein gutes Gehalt, steht in der Nachricht ihrer Mutter. »Sie sagen immer, das sei der Sohn von einem Arbeitskollegen oder von langjährigen Freunden, und bitten mich, zu einem unverbindlichen Treffen zuzusagen«, erzählt Zhang. Manchmal gebe sie nach, um die Eltern zu beruhigen, meistens aber erfinde sie eine Ausrede, um die arrangierten Blind Dates doch noch absagen zu können.

Ob die Eltern den vorgeschlagenen Herrn tatsächlich kennen, ist allerdings fraglich. In jeder größeren chinesischen Stadt gibt es sogenannte Heiratsmärkte. Sie finden in der Regel wöchentlich statt. In Peking jeweils am Vormittag in einem Park neben dem Eingang zur Verbotenen Stadt, in Shanghai in der Nähe des Volksplatzes.

Aufgesucht werden sie allerdings nicht von den »Übriggebliebenen«, sondern von deren besorgten Eltern. Und tatsächlich haben diese Veranstaltungen etwas von einem echten Markt. Überall stehen ältere Menschen herum und halten ein Papier in die Luft, auf dem sie in Stichworten beschreiben, wen sie suchen und wen sie anbieten. Meistens werden Alter, Größe, Schulbildung und Gehalt angegeben. Um den Anlass möglichst effizient zu gestalten, bleibt in der Regel ein Elternteil mit dem erhobenen Blatt stehen, während sich der andere auf die Pirsch macht und die Angebote nach etwas Passendem durchforstet.

Nicht immer klappt das auf Anhieb. Kommt aber ein Kandidat oder eine Kandidatin infrage, besprechen die beiden Parteien weitere Details. Es gibt Rückfragen, die Eltern zücken die Handys und zeigen sich gegenseitig die Bilder. Wenn beide Seiten zufrieden sind, werden die Visitenkarten ausgetauscht, damit später das weitere Vorgehen abgestimmt wird. Dazu gehört auch, Stillschweigen darüber zu bewahren, woher sich die Eltern wirklich kennen. Denn eins ist sicher: Dass sich ein Paar dank der Anstrengungen ihrer Eltern auf einem Heiratsmarkt kennengelernt hat, ist keine Geschichte, die der Beziehung die nötige Romantik schenkt.

*44. Grund*

## *Weil man sich einen Freund mieten kann*

Li Tiantian ist eine junge Krankenschwester, die in meiner Nachbarschaft wohnte. Immer wenn wir uns irgendwo begegneten, hielten wir für ein kurzes Schwätzchen an oder gingen zusammen einen Kaffee trinken. Bei einem dieser Treffen druckste sie eine Weile herum. »Kannst du meine Eltern besuchen und dich als mein amerikanischer Freund ausgeben?«, brach sie schließlich hervor. Sie sei auch bereit, für die Dienstleistung zu bezahlen.

Die junge Frau sah wenig Chancen für sich im chinesischen Gesundheitswesen und wollte deswegen in den USA eine Ausbildung beginnen. Sie hatte sich längst für eine Schule entschieden und bereits eine Zusage des Bildungsinstituts in der Tasche. Das einzige Problem waren die Eltern. »Sie halten Amerika für zu gefährlich und wollen mich nicht gehen lassen«, erklärte sie. Ihr teuflischer Plan: Wenn die Eltern ihre Tochter in sicheren – also meinen – Händen glauben, würden sie sie schon ziehen lassen. Ich sagte zu.

Meine Aufgabe war einfach. Ich musste Li einmal pro Monat zu den Eltern begleiten und etwas verliebt aus der Wäsche gucken. Die Mutter setzte mir an jenen Sonntagen jeweils ein leckeres Essen vor, der Vater forderte mich anschließend zu einer oder zwei Runden chinesischem Schach heraus. Da ich nicht besonders gut spielte, zog er dabei oft nicht nur seine Figuren, sondern machte auch gleich meine Züge. Bei den Unterhaltungen fungierte Li als Übersetzerin. Auf diese Weise wollten wir vermeiden, dass ich Dinge falsch sage, die ich als ihr Freund eigentlich hätte wissen müssen. Nach zwei Stunden konnte ich wieder nach Hause gehen. Intim sind wie nie geworden.

Ein halbes Jahr später schrieb mir Li eine SMS, dass ihr Plan aufgegangen sei und ich nicht mehr kommen müsse. Wir trafen uns ein letztes Mal in meiner Wohnung für gemeinsame Fotos, die sie später ihren Eltern aus den USA schicken wollte. Danach habe ich nie wieder von ihr gehört.

Die Geschichte ist kein Einzelfall. Wie ich später erfuhr, stellen junge Frauen ihren Eltern regelmäßig falsche Liebespartner vor. Meistens geht es, wie im vorherigen Kapitel beschrieben, darum, den Heiratserwartungen der Verwandtschaft etwas entgegenzusetzen. Die meisten finden ihre Schauspieler im Freundeskreis. Aber die Nachfrage nach Vorzeigepartnern ist so groß, dass zeitweise mehrere Hundert Personen auf Taobao, dem chinesischen eBay, ihre Dienstleistungen anboten. Bis zu 1000 Yuan verlangen solche Models pro Tag. Das entspricht ungefähr 125 Euro. Das sind durchaus sehr gute Verdienstmöglichkeiten, zumal die falschen Freunde oft gleich für mehrtägige Elternbesuche in anderen Provinzen gebucht werden.

*45. Grund*

## *Weil ein Selfie immer geht*

Kurz bevor ich mit dem Schreiben dieses Buchs anfing, war ich während des chinesischen Neujahrs ein paar Wochen in Indien unterwegs. So unterschiedlich die einzelnen Sehenswürdigkeiten dort auch waren, etwas wiederholte sich so immer wieder: Fast überall waren kleine Gruppen von jungen Chinesinnen in auffallend hübscher Kleidung, die sich abwechselnd selbst oder gegenseitig fotografierten.

Selfies sind natürlich kein rein chinesisches Phänomen. Leute, die vor Sehenswürdigkeiten, mitten auf der Straße oder gar hinter dem Lenkrad ihr eigenes Konterfei aufnehmen, nerven Mitmenschen auf der ganzen Welt. Auch der Autor dieser Zeilen hat sich schon vor den unterschiedlichsten Szenarien abgebildet. Doch nirgendwo scheint die Obsession für Selfies größer zu sein als im Reich der Mitte, und fast immer sind es junge Frauen aus der Mittelschicht, die ihre eigene Schönheit zelebrieren.

Ein Bekannter erzählte mir einmal, dass sich seine Freundin gemeinsam mit ein paar Kolleginnen für ein Wochenende in die Suite eines Luxushotels eingemietet hat. Das primäre Ziel: in der glamourösen Umgebung Hunderte Fotos von sich zu schießen. Das Resultat habe ich nie gesehen. Aber optisch ansprechende Longdrinks und Snacks vor dem Infinity Pool waren wohl ebenso dabei wie weit ausgeschnittene Pyjamas und der obligate Schmollmund. Erholung und Genuss: nur sekundär.

Dieser Trend hat bereits neue Wirtschaftszweige entstehen lassen. Im ganzen Land schießen Selfie-Parks wie Pilze aus dem Boden. Es sind vor allem lokale Bauern, die verstanden haben, dass sie mehr verdienen, wenn sie Touristen gegen ein Eintrittsgeld durch einen Teil ihrer blühenden Rapsfelder trampeln lassen, als wenn sie ihn einzäunen und versuchen, ihre Produkte zu verkaufen. Und weil China heimlich eben doch eine Marktwirtschaft ist, bauen die Bauern neben ihren Feldern alles auf, von dem sie glauben, dass es bei den Besuchern ankommt: Windmühlen im holländischen Stil, Felder mit Sonnenblumen oder Lavendel, Schaukeln vor einer atemberaubenden Kulisse oder auch ganz einfach die vier Buchstaben LOVE.

Mit dem perfekten Schnappschuss beginnt jedoch erst die Arbeit. Sobald das Bild mit der perfekten Kulisse im Kasten ist, geht es an die Bearbeitung der Fotos. Derzeit angesagt ist hierfür die App Meitu, deren Funktionsumfang alles beinhaltet, was das Model näher an das chinesische Schönheitsideal bringt: Ein Filter lässt die Augen größer und runder werden. Mit einem anderen Regler lässt sich das mit einem Filter aufgehellte Gesicht so oval gestalten, dass das Kinn wie ein spitzer Eisberg aus dem Gesicht ragt. Und natürlich purzeln auch die überzähligen Pfunde mit wenigen Wischbewegungen. Mit etwas Geschick lässt sich sogar ein täuschend echtes Sixpack auf den Bauch zaubern. Und wie so oft gilt: Was technisch möglich ist, das wird auch genutzt. Die Bilder, die ich in meinen chinesischen Social-Media-Kanälen sehe, sind teilweise so stark bearbeitet, dass ich zwei Mal hinsehen muss, um die Person überhaupt zu erkennen. Aber das ist sozial vollkommen akzeptiert.

*46. Grund*

## *Weil jede(r) schön sein kann*

Der nordchinesische Geschäftsmann Jian Feng hatte alles, was er für sein persönliches Glück brauchte: Er war erfolgreich und heiratete eine wunderschöne Frau, die ihm in den kommenden Monaten ein Kind schenken sollte. Doch der Schock ließ nicht lange auf sich warten. Als das Baby zur Welt kam, musste er feststellen, dass es weder ihm noch seiner Frau glich. Schlimmer noch: Das Kleine war richtiggehend hässlich.

Feng nahm zunächst das Naheliegende an und verdächtigte seine Frau der Untreue. Doch diese beteuerte immer und immer wieder, dass sie ihn niemals betrogen habe. Erst nach einer Weile gestand sie, was Sache war: Bevor sich die beiden kennenlernten, hatte sie sich mehreren Schönheitsoperationen unterzogen. Der Ehegatte war über diese arglistige Täuschung derart empört, dass er sich unverzüglich scheiden ließ, seine Frau verklagte er auf Schadensersatz. Das Gericht gab ihm recht.

Nach allem, was wir wissen, ist diese Geschichte eine Erfindung der chinesischen Boulevardpresse und basiert auf einem Werbeplakat einer Schönheitsklinik in Taiwan. Dass ich sie hier trotzdem erzähle, hat drei Gründe: Erstens kennt sie in China jedes Kind. Zweitens sind die meisten meiner Bekannten von ihrem Wahrheitsgehalt fest überzeugt. Drittens konnte sie sich wohl nur deswegen so stark ausbreiten, weil sie der Lebenserfahrung vieler Menschen entspricht.

Die plastische Chirurgie boomt im Reich der Mitte. Bereits heute wird jede zweite Schönheitsoperation weltweit in China durchgeführt. Tendenz stark steigend. Die chinesische Tageszeitung *China Daily* schrieb kürzlich, dass sich die Zahl der Eingriffe alle zwei Jahre verdopple. Doch während sich im Westen vorwiegend ältere Damen und Herren mit dem Wunsch nach ewiger Jugend unters Messer legen, wollen in China vor allem junge Frauen ihr Äußeres aufpimpen. Die laut Umfragen wichtigsten Gründe: Einerseits erhoffen sie sich mit einem attraktiveren Aussehen bessere Jobs. Andererseits steckt eine Mischung aus Aberglauben und dem Wunsch nach dem Austricksen des eigenen Schicksals dahinter. In Südchina heißt es nämlich, dass eine bestimmte Nasenform den Reichtum fördere.

Ausgesprochen gefragt sind Korrekturen an den Augen: Ein Doppellid gilt als besonders schön. Und westliches Aussehen. Große Augen, weiße Haut und hohe Nasenrücken sind die Grundvoraussetzung, um als schön zu gelten. Als Ausländer fühlt man sich daher leicht wie ein Superstar, wenn man alle paar Meter um ein gemeinsames Selfie gebeten wird. Dass das Schönheitsideal stark von Hollywood geprägt ist, erfahren besonders Besucherinnen aus dem Westen: In den Drogerien sind Gesichtscremes ohne Weißmacher kaum zu finden.

So sehr sich die Herren der Schöpfung über den chinesischen Schönheitswahn freuen mögen: Er hat natürlich auch handfeste Schattenseiten. Junge Frauen stehen zunehmend unter Druck, dem angestrebten Schönheitsideal nachzuhelfen. Und das klappt nicht immer so, wie es soll. Jedes Jahr werden etwa 200.000 Klagen wegen missglückter Operationen eingereicht. Den größten Einbruch erlitt die Industrie 2010, als Wang Bei, eine Finalistin bei der Talentshow *Supergirl*, bei einer vermeintlich einfachen Wangenoperation starb.

*47. Grund*

## *Weil Frauen was zu sagen haben*

Auf den ersten Blick wirkt China wie ein stark männerdominiertes Land, wo die alten Geschlechterrollen noch intakt sind, wo Männer noch Männer und Frauen noch Frauen sind – ein Eindruck, den die vorangegangenen Punkte wohl verstärkt haben. Das Geschlechterverhältnis ist überall kompliziert, in China aber vielleicht sogar noch eine Spur komplexer und widersprüchlicher als anderswo. Hier ein paar Belege.

»Frauen können die Hälfte des Himmels tragen«, meinte einst Mao Zedong und ließ die Gleichberechtigung von Mann und Frau bei der Gründung der Volksrepublik 1949 in der Verfassung festschreiben – zu einer Zeit, als sie in westlichen Ländern noch kaum ein Thema war. Freilich geschah das eher aus einer wirtschaftlichen Notwendigkeit und fußte weniger auf dem Respekt gegenüber dem anderen Geschlecht. Schließlich hat sich der alternde Mao, so liest man in der Biografie seines Leibarztes Li Zhisui, regelmäßig bis zu fünf Mädchen aus Bauernfamilien für seine erotischen Spielereien zuführen lassen.

Dennoch wurden seither mit immer neuen Gesetzen die Rechte der Frauen gestärkt. Sie erhielten das Recht auf eine Scheidung und einen Teil des Vermögens im Falle einer Scheidung. Zwangs- und Kinderheiraten wurden verboten. Vor allem aber erhielten Frauen Zugang zu Bildung und Berufen, die im Westen bis heute als Männerdomäne gelten. Das klingt nicht nach viel, ist aber für ein Land, in dem zwei Generationen zuvor Frauen noch die Füße gebunden wurden, ein gewaltiger Fortschritt.

Im Nationalen Volkskongress, dem mit fast 3000 Abgeordneten größten Parlament der Welt, steigt die Zahl der weiblichen Vertreter in jeder Legislaturperiode leicht an – und liegt derzeit bei etwa einem Viertel, gleichzeitig ist der innere Führungszirkel der Kommunistischen Partei, der siebenköpfige Politbüroausschuss, aber nach wie vor ausschließlich mit Männern besetzt. Im zweitmächtigsten Gremium, dem Politbüro, ist eine einzige Frau unter den 25 Vertretern.

Ein vollkommen anderes Bild zeigt sich in der Wirtschaft. In 95 Prozent aller chinesischen Firmen sitzt mindestens eine Frau in der Geschäftsleitung. Eine Erhebung der Weltbank hat ergeben, dass 64 Prozent aller chinesischen Firmen teilweise oder ganz im Besitz von Frauen sind, womit China einen der Spitzenplätze einnimmt. Die direkte Folge davon ist, dass China auch das Land ist, in dem die meisten Frauen aus eigener Kraft zu Milliardärinnen geworden sind: Mehr als die Hälfte aller Unternehmerinnen mit einem Vermögen von über einer Milliarde Dollar stammt aus dem Reich der Mitte.

Die Wirtschaftswissenschaftlerin Bettina Al-Sadik-Lowinski hat für das kürzlich erschienene Buch *Der Aufstieg der Topmanagerinnen* in verschiedenen Ländern erfolgreiche Frauen dazu befragt, wie sie ihre Chancengleichheit empfinden. Der Vorteil des Ansatzes: Da viele Gesprächspartnerinnen schon im Ausland tätig waren, hatten sie oft einen direkten Vergleich und wussten, wovon sie sprachen. Die Ergebnisse sind aus deutscher Sicht ernüchternd: Auf einer Skala von null (sehr schlecht) bis zehn (sehr gut) erreichte China einen Wert zwischen acht und zehn, während Deutschland zwischen drei und vier blieb.

Dass China bei der Gleichstellung trotzdem oft schlecht abschneidet (auf dem jährlichen Gleichberechtigungsindex des Davoser Wirtschaftsforums erreichte China 2020 gerade einmal Platz 106), hängt auch mit der inzwischen entschärften Ein-Kind-Politik zusammen. Da sich viele Paare für eine Abtreibung entscheiden, wenn sie ein Mädchen erwarten, gibt es in China einen eklatanten Geburtenüberschuss von Jungen. Auf 100 Mädchen werden im Schnitt 115,2 Jungen geboren – so viel wie in keinem anderen Land der Welt. Zumindest offiziell. Chinesische Forscher weisen darauf hin, dass die Statistik fehleranfällig sei, weil viele Eltern neugeborene Mädchen zunächst nicht bei den Behörden anmelden.

Die Praxis der gezielten Abtreibungen hat dazu geführt, dass heute auf dem Heiratsmarkt etwa 34 Millionen Frauen fehlen. Für die Frauen ist das so etwas wie Glück im Unglück. Denn insbesondere in den Großstädten werden Frauen regelrecht hofiert und können sich unter den vielen Verehrern den besten Ehemann aussuchen. Vor allem für arme und weniger gebildete Frauen vom Land hat sich die Ehe so zu einem sozialen Fahrstuhl entwickelt. Dass ausgerechnet in den Städten immer mehr ein Single-Leben bevorzugen, fördert das Ungleichgewicht zusätzlich.

## Kapitel 5

# Kultur

*48. Grund*

### *Weil Bildung großgeschrieben wird*

Wenn Sie im Juni durch China reisen, merken Sie möglicherweise, dass es während zwei Tagen im ganzen Land ein bisschen ruhiger zugeht als sonst: In der Nähe der Universitäten sind dann ganze Straßenzüge abgesperrt. Auf den Baustellen, wo sonst rund um die Uhr gehämmert und gebohrt wird, lassen die Handwerker ihre Arbeit ruhen.

Das alles sind Zeichen dafür, dass in China wieder Zeit ist für das *Gaokao*, die »hohe Prüfung« wie das chinesische Abitur übersetzt heißt. Jedes Jahr setzen sich knapp zehn Millionen Jugendliche in die Prüfungssäle und absolvierten das, was als die weltweit schwerste Aufnahmeprüfung für Hochschulen gilt.

Getestet werden Kenntnisse in chinesischer Philologie, Mathematik und Fremdsprachen. Darüber hinaus können die Schüler wählen, ob sie lieber in eine geisteswissenschaftliche oder naturwissenschaftliche Richtung gehen wollen. Gefürchtet sind vor allem die Essays, bei denen sich die Studenten zu politischen Fragen äußern müssen.

Die Konkurrenz ist groß, denn es gibt deutlich weniger Studienplätze als Prüflinge, und für renommierte Hochschulen ist ein besonders gutes Resultat erforderlich. Auch wenn Schüler, deren Testergebnisse nicht für das gewünschte Studium ausreichen, das *Gaokao* ohne Einschränkungen in den folgenden Jahren wiederholen dürfen (2016 machte ein 49-Jähriger Schlagzeilen, als es ihm nach dem 20. Versuch endlich gelang, das Wunschresultat zu erreichen, das er benötigte, um in seiner Traumschule aufgenommen zu werden), ist dies doch ein Tag, der wie kein zweiter über die Zukunft der jungen Menschen entscheidet.

Bei so viel Druck ist nicht überraschend, dass Kinder schon früh auf gnadenloses Büffeln getrimmt werden. Eine Mutter erzählte mir, dass ihr Sohn bereits im ersten Schuljahr in eine außerschulische Förderklasse ging. »Das tun in seiner Klasse etwa 90 Prozent der Kinder.« Es täte ihr zwar weh, dass ihr Kind so wenig Zeit zum Spielen habe. Aber sie wolle auf keinen Fall, dass es beim harten Wettbewerb auf der Strecke bleibt und ihr später Vorwürfe macht.

Das ist kein Einzelfall. In einem 2018 erschienenen Bericht des 21st Century Education Research Institute heißt es, dass etwa 137 Millionen Schüler an extracurricularem Nachhilfeunterricht teilnehmen. Chinesische Schüler verbringen demnach pro Woche 17 Stunden mit Hausaufgaben nach dem eigentlichen Unterricht. Dies ist viel länger als der internationale Durchschnitt von 7,8 Stunden, so die Autoren weiter. Kein Wunder, dass immer wieder Studenten versuchen, sich durch die Prüfung zu mogeln. Vor einigen Jahren flog ein Ring auf, der mehreren Tausend Schülern mit einem Knopf im Ohr die Antworten eingeflüstert hat. Mittlerweile ist das Spicken jedoch schwer geworden: An den Eingängen zu den Prüfungssälen stehen Metalldetektoren. Die Schüler werden abgetastet. Alles bis auf den Ausweis wird ihnen abgenommen. Sogar Taschentücher.

Für den unwahrscheinlichen Fall, dass doch ein elektronisches Hilfsgerät übersehen wird, werden in allen Prüfungssälen Störsender angebracht. Mit Fingerabdruckscannern und moderner Gesichtserkennung wird sichergestellt, dass auch tatsächlich die richtigen Prüflinge im Examen sitzen. Die Prüfungsbögen werden in gepanzerten Geldtransportern in Begleitung der bewaffneten Polizei in die Schulen gebracht.

Dieser Aufwand mag übertrieben wirken. Viele chinesische Studenten honorieren ihn jedoch. Eine Doktorandin, mit der ich mich während der Niederschrift dieses Kapitels unterhielt, meinte dazu nicht ohne kritischen Unterton: »Das Gaokao ist vermutlich die einzige wirklich faire Prüfung, die es in China gibt.«

Mit der strengen, aber gerechten Prüfung stellt sich das moderne chinesische Schulwesen in eine Jahrtausende alte Tradition: der kaiserlichen Beamtenprüfung oder *Keju*. Seit ihrer Einführung vor 2000 Jahren erlaubte diese jeweils den Besten den Aufstieg in den prestigeträchtigen Staatsdienst, vollkommen unabhängig von ihrem persönlichen Hintergrund.

Das heutige *Gaokao* hatte die kommunistische Regierung 1952 eingeführt. Lange sollte es allerdings nicht bestehen bleiben. Bereits 1966 wurden in den Wirren der Kulturrevolution die meisten Universitäten geschlossen und die als bourgeoise empfundenen *Gaokao*-Prüfungen ausgesetzt. Die wenigen Hochschulen, die es noch gab, wählten die Studenten vorwiegend nach ihrem politischen Hintergrund aus. Erst 1977, ein Jahr nach Maos Tod, wurde das *Gaokao* wieder aufgenommen. Bei der ersten Prüfung konkurrierte eine ganze Generation, der die politischen Irrungen die Chance auf eine höhere Bildung genommen hatten. 5,7 Millionen Menschen stritten sich damals um nur gerade 220.000 Studienplätze. Der chinesische Film *Examination 1977* erzählt eindrücklich davon.

Mittlerweile mehren sich indes auch kritische Stimmen, die das System für nicht mehr zeitgemäß halten. Die Ausbildung sei zu kopflastig, heißt es insbesondere vonseiten der Personalbüros. Die Studenten würden nicht richtig auf die Berufswelt vorbereitet. Auch weil immer mehr Chinesen im Ausland studieren, verliert das *Gaokao* seine Wichtigkeit. Gleichzeitig gewinnt seit Jahren die Berufsausbildung an Ansehen. Und das ist vielleicht auch gut so, denn seit Jahren warnen Psychologen vor den unheilvollen Auswirkungen des allzu strengen Prüfungssystems.

*49. Grund*

## *Weil ein Ehepaar den Denkmalschutz nach China gebracht hat*

Es muss eine beschwerliche Reise gewesen sein: Die schlammigen Pisten erlaubten nur zu Fuß oder auf dem Rücken eines Esels voranzukommen. Hinter jeder Ecke konnten Soldaten, Rebellen oder Banditen lauern. In der Nähe des Berges Wutaishan im Norden von Shanxi stießen sie schließlich in einem abgelegenen Dorf auf einen Tempel. Als sie in sein Inneres kletterten, wurden sie dort von Tausenden Fledermäusen und noch mehr Bettwanzen begrüßt. Doch alle Strapazen waren vergessen, als den beiden Abenteurern klar wurde, welch sensationeller Fund ihnen gerade gelungen war: Der Tempel stammte aus der Tang-Dynastie. Die Haupthalle war, wie man später errechnete, im Jahr 857 errichtet worden. Damit war er zum Zeitpunkt seiner Wiederentdeckung die älteste bekannte Holzkonstruktion im chinesischen Tempelbau.

Die abenteuerliche Mission zum Foguan-Tempel in den 1930er-Jahren lässt sich nachlesen im Buch *Liang und Lin*, das die amerikanische Historikerin Wilma Fairbank über Lin Huiyin und ihren Gatten Liang Sicheng geschrieben hatte. Fairbank, die mit dem Ehepaar persönlich befreundet war, verbrachte die letzten Jahre ihres Lebens damit, ihre Geschichte im Westen bekannter zu machen. In China wäre das nicht nötig gewesen. Dort gehören die beiden nicht nur wegen einer mehrteiligen Fernsehserie und einer kürzlich uraufgeführten Oper zum kulturellen Allgemeingut.

Auch mich hat das schillernde und zugleich tragische Leben des Paares stets bewegt, seit mir vor Jahren auf dem Tiananmen-Platz davon erzählt wurde. Wir standen damals vor dem fast 40 Meter hohen Denkmal für die Helden des Volkes, das das Paar gemeinsam entworfen hatte. Bekannt ist das Werk vor allem wegen der Reliefs im Sockel, die die wichtigsten Aufstände der letzten 200 Jahre zeigen.

Werfen Sie einen Blick drauf, wenn Sie bei Ihrer Pekingreise in der Gegend sind!

Doch was macht das Paar jetzt so erwähnenswert? Nun, Lin gilt als erste Architektin des Landes, Liang als der Mann, der sich für den Denkmalschutz eingesetzt hat wie kein Zweiter. Hätte das Paar nicht vor dem Wüten der Kulturrevolution viele Zeichnungen und Bilder von alten chinesischen Bauwerken angefertigt, wüssten wir heute deutlich weniger über die frühe Architektur. Trotz ihrer immensen Bedeutung für die Kunstgeschichte ist es allerdings vor allem das Liebesleben der selbstbewussten und überaus attraktiven Lin, das die kollektive Fantasie anregt. Sie hatte nämlich in jungen Jahren eine Affäre mit dem bekannten Dichter Xu Zhimo. Aber das ist eine andere Geschichte.

Beide stammten aus wohlhabenden und gut gebildeten chinesischen Familien. Liang kam 1901 in Tokyo zur Welt, Lin drei Jahre später in Hangzhou. Einen Teil ihrer Ausbildung genossen sie im Ausland, unter anderem an der University of Pennsylvania, wo die zwei ein Paar wurden und nach ihrem Hochschulabschluss 1927 heirateten. Liang gründete gemeinsam mit seinen Kollegen in der nordostchinesischen Stadt Shenyang ein Architekturseminar, seine Frau schrieb viel beachtete Gedichte. Gemeinsam unternahmen sie zahlreiche Expeditionen wie die weiter oben beschriebene, um eine Bestandsaufnahme der antiken Bausubstanz zu erreichen.

Der Bürgerkrieg und die japanische Invasion in Nordostchina zwang das Ehepaar in den frühen 1940er-Jahren nach Kunming zu ziehen. Liangs Karriere zeigte weiter steil nach oben. Er erhielt eine Gastprofessur an der Yale-Universität und wirkte als chinesischer Delegierter am Bau des UNO-Gebäudes in Manhattan mit, musste aber seine an Tuberkulose erkrankte Frau in China zurücklassen, deren Gesundheitszustand sich im feuchten Klima von Südchina zusehends verschlechtert hatte.

Nach der kommunistischen Machtübernahme wurden Liang und Lin als bürgerliche Intellektuelle gebrandmarkt und immer stärker zur Zielscheibe für Parteimitglieder, die ihre Loyalität beweisen wollten. Liang wurde als Konterrevolutionär in ein Umerziehungslager gebracht, wo er mehrere Jahre verbringen musste. Lin blieb das Schicksal erspart: Sie erlag 1955 im Alter von 51 Jahren ihrer Lungenkrankheit. Doch auch die Jahre im Lager konnten Liangs Bemühungen um die Architekturgeschichte nicht ersticken. Als er wieder freikam und später rehabilitiert wurde, setzte er sich weiterhin für die Erhaltung historischer Bausubstanz ein, wie etwa der Pekinger Stadtmauer. Leider ohne Erfolg. Er starb 1972 im Alter von 70 Jahren.

Es gehört zur Ironie der Geschichte, dass 2012 in einer Nacht-und-Nebel-Aktion die Bagger in einer Pekinger Seitengasse auffuhren und gegen den Widerstand von Denkmalschützern das Haus abrissen, in dem die beiden in den 30er-Jahren gelebt hatten. Ein Versehen, wie sich später herausstellte.

*50. Grund*

## *Weil aus einer Waffenfabrik eine Kunstfabrik wurde*

Jede Geschichte hat einen Anfang. Die Geschichte vom bekannten Künstlerviertel Dashanzi, die ich heute erzählen möchte, hat jedoch gleich zwei. Für den ersten Handlungsstrang müssen wir in die 50er-Jahre des vergangenen Jahrhunderts zurückreisen. Die frisch gegründete Volksrepublik war gerade dabei, sich eine eigene (Schwer-) Industrie aufzubauen. Mit Unterstützung der Sowjetunion waren bereits weit über 100 gemeinsame Fabrikanlagen realisiert worden. In diesem Umfeld stellte das chinesische Militär fest, dass es für die Kommunikation mehr und vor allem auch bessere Elektrogeräte brauchte und dass man die am besten gleich selber herstellen sollte.

Also wandte sich Peking erneut an Moskau. Doch der Kreml wollte von der Anfrage nichts wissen und verwies stattdessen auf die Verbindungsleute in Ostberlin, von wo die Sowjetunion selbst Teile ihrer Elektronik importierte. So kam es, dass kurz darauf ostdeutsche Ingenieure begannen, auf einem Acker im Nordosten von Peking eine Fabrik zu errichteten, die über Jahrzehnte die Stadt prägen würde: die Joint Factory 718. Bei der Benennung folgte man der Tradition, militärische Fabriken mit einem Code zu versehen, der mit der Ziffer 7 begann.

Auffällig war bereits das Äußere. Anders als die sowjetischen Partner setzten die DDR-Architekten auf den in China noch unbekannten modernistischen Bauhaus-Stil mit geräumigen und lichtgefluteten Hallen. Als 1957 die ersten Elektrogeräte ausgeliefert wurden, dauerte es nicht lange, bis sich die Fabrik 718 zum sozialistischen Vorzeigeprojekt mauserte. Weit über die Grenzen der Hauptstadt hinaus erlangte sie den Ruf, eines der besten Industriewerke im ganzen Land zu sein – was auch mit den vergleichsweise guten Arbeitsbedingungen zu tun hatte: Die 20.000 Arbeiter wohnten in hervorragend ausgestatteten Danweis. Es gab Läden, Unterhaltungsangebote, ein Theater und sogar ein öffentliches Hallenbad. Das angegliederte Krankenhaus galt wegen der medizinischen Geräte aus der DDR als hervorragend.

Der Höhenflug sollte indes nicht lange anhalten. Bereits nach zehn Jahren wurde die Riesenfabrik restrukturiert und in kleine Teilbereiche zerstückelt. Der geschäftigste Betrieb erhielt eine neue Nummer, die heute jedem Pekinger ein Begriff ist: 798. Die größte Herausforderung für das Werk entwuchs allerdings der Reformpolitik der 1980er-Jahre: Sie führte dazu, dass die staatseigenen Betriebe immer weniger Unterstützung bekamen. Arbeiter wurden entlassen, ganze Bereiche stillgelegt. Die einstige Vorzeigefabrik entwickelte sich zu einer Industriebrache, deren Nachlassverwaltung händeringend nach neuen Nutzungsmöglichkeiten suchte.

Hier beginnt der zweite Handlungsstrang. Bis in die 1980er-Jahre hatten sich Künstler – wie alle anderen Arbeiter auch – primär dem Wohl des Volkes unterzuordnen, was gleichbedeutend mit dem

Wohl der Partei war. Erst als die Kontrolle allmählich nachließ und neue Freiräume entstanden, konnte sich eine eigentliche Kunstszene entwickeln. An mehreren Orten entstanden kleine Kolonien mit Avantgarde-Künstlern. Doch auch wenn Künstler nun toleriert wurden: Gern gesehen waren sie deswegen noch lange nicht.

Als die alten Baracken in der Nähe des Alten Sommerpalasts, wo sich zunächst zahlreiche Künstler angesiedelt hatten, der Stadtentwicklung weichen mussten, zog ein Teil von ihnen nach Songzhuang im Vorort Tongzhou und errichtete dort in den ärmlichen Bauerndörfern ihre Studios, während sich der andere Teil in den Anlagen der ehemaligen Fabrik 798 einmietete. Die alten Hallen sind seither immer mal wieder renoviert worden, die alten Propaganda-Sprüche aus der Mao-Zeit zur Motivation der Arbeiter ließen die Künstler jedoch bis heute stehen.

Die gute Arbeitsatmosphäre zog immer mehr Künstler an. Doch mit dem Boom änderte sich auch die Zusammensetzung der Bewohner: Den Ateliers folgten die Galerien, denen die Bars und Restaurants und denen wiederum die Luxusmarken. War das Künstlerviertel von Dashanzi einst ein Ort für mittellose Boheme, wurden diese aufgrund der einsetzenden Gentrifizierung immer mehr verdrängt. Die Avantgarde von einst trifft man längst nicht mehr. Der Konsum hat sich durchgesetzt. Heute gehört die Kunstfabrik 798 zu den wichtigsten Touristenattraktionen der Stadt. Den alten Geist findet man heute eher in der weiter entfernten Künstlerkolonie von Songzhuan, die erstaunlicherweise außerhalb der Szene kaum bekannt ist.

*51. Grund*

## *Weil ein altes Schlachthaus zum Kulturzentrum wurde*

Über das Künstlerviertel Dashanzi in Peking haben wir bereits im vorherigen Grund gesprochen. Häufig unterschätzt, aber nicht weniger interessant ist das Schlachthaus 1933. Anders als in der Pekinger Kunstfabrik steht beim Shanghaier Pendant die Zahl nicht für irgendeinen Geheimcode, sondern schlicht für das Baujahr.

Der Besuch lohnt sich ebenfalls allein aus architekturhistorischen Gründen: Entworfen wurde das Art-déco-Gebäude vom schottischen Architekten Andrew Balfours. Mit einer Fläche von 31.700 Quadratmetern und einer Fleischproduktion von bis zu 130 Tonnen pro Tag war es zu seiner Zeit einer der größten Schlachthöfe der Welt. Schwer zu glauben, dass der Beton für die bis zu 50 Zentimeter dicken Wände zu einem beträchtlichen Teil aus Großbritannien importiert worden war. Ähnliche Bauten sind damals übrigens auch in London und den USA entstanden – und inzwischen wieder abgerissen worden. Das Shanghaier Schlachthaus ist weltweit ziemlich einzigartig.

Als ich das Kreativzentrum kurz nach seiner Eröffnung zum ersten Mal durch den Haupteingang betrat, fühlte ich mich für einen Moment wie in einem modernen Einkaufszentrum. Bald merkte ich zwischen all den Kunsthändlern aber, dass hier ein paar Kleinigkeiten anders waren. Immer wieder musste ich Betonpfeilern ausweichen, die alle an dermaßen ungünstigen Stellen verbaut waren, dass sie selbst dann weniger gestört hätten, wenn sie rein zufällig gesetzt worden wären. Ein paar Sekunden später erfuhr ich auf einem Schild den Grund für die Bauweise: Die Pfeiler dienten nicht nur der Statik, sondern hatten auch den Zweck, die Laufgeschwindigkeit der zur Schlachtbank getriebenen Tiere zu verringern. Während die Säulen im Erdgeschoss ziemlich dick waren und die Form von

Blumen hatten, wurden sie mit jeder weiteren Etage etwas dünner. Über 300 Säulen soll es im ganzen Gebäude geben.

Eine weitere architektonische Besonderheit sind die unterschiedlich breiten Rampen und Brücken, welche von den äußeren Bereichen, wo sich einst die Ställe befanden, in den eigentlichen Schlachtbereich in der Mitte führen. Über ihre Breite wurde der Zustrom der Tiere geregelt. Mehrere dünne Brücken und Ausbuchtungen dienten den Viehtreibern als Fluchtort für den Fall, dass eine Herde in Panik geriet. Die Brücken sind jedoch nicht nur funktional, sondern auch optisch ansprechend und erinnern nicht nur mich an die unmöglichen Bilder von M. C. Escher.

Dass das einzigartige Gebäude überhaupt noch existiert, ist ein Glücksfall. Nachdem in den 1960er-Jahren der Schlachterei-Betrieb eingestellt wurde, diente es zunächst einem medizinischen Unternehmen als Produktions- und später als Lagerstätte, bis das inzwischen baufällige Gebäude aus Sicherheitsgründen geschlossen werden musste und immer weiter verfiel. Erst 2008 wurde das architektonische Juwel für rund 12 Millionen Euro renoviert und in die heutige Kreativzone verwandelt. In den ehemaligen Ställen sind nun vor allem Fotostudios, Gourmet-Restaurants und kleine Theaterbühnen. Für mich eine der spannendsten Ecken von Shanghai.

*52. Grund*

## *Weil die Fotografien von Ran Hang provozieren*

Leuchtend gelb ist der Python, der über die junge Frau hinwegschlängelt. Das Würgetier verdeckt zuerst ihre nackte Brust und schlingt sich dann um ihren Kopf, als wolle sie diesen jeden Augenblick zermalmen. Die Augen der Frau sind weit geöffnet, die Lippen knallrot bemalt. Es ist ein Foto, das mich immer wieder verwirrt zurücklässt, seit ich vor ein paar Jahren zufällig das erste Mal darauf stieß. Nicht die offensichtliche Nacktheit ist es, die den Blick fängt, sondern die Zerbrechlichkeit, die in der ganzen Situation liegt.

Die Bilder von Ren Hang sind nicht leicht einzuordnen. Sie sind provozierend, erotisch, verstörend, ästhetisch und auf bizarre Weise humorvoll – oft auch alles gleichzeitig. Auf einem anderen bekannten Bild sind drei nackte Mädchen zu sehen, die an ihren tiefschwarzen Zöpfen zusammengebunden sind. Auch hier bleibt man als Betrachter etwas ratlos zurück: Symbolisiert das Foto die innere Verbundenheit von Freundinnen, oder handelt es sich doch eher um eine sadistische Fantasie? Eine hohe Bekanntheit hat auch das Foto von einem Mann, der seine eigene Achselhöhle leckt. Ist das ein Spiel mit der Ironie? Da Rens Bilder selten einen Titel tragen, muss das der Betrachter meistens für sich selber entscheiden.

Dass Rens freizügige Fotografien immer wieder in Konflikt mit der Zensurbehörde gerieten, ist in einem Land mit einer staatlich angeordneten Prüderie nicht sonderlich verwunderlich. Mehrmals wurde Ren bei seinen Shootings von der Polizei abgeführt. Ganze Ausstellungen ließen die Behörden wegen »Verdacht auf Sex« schließen. Ren antwortete trotzig darauf und ließ einfach leere Bilderrahmen aufhängen.

Für das Ausloten seiner Grenzen wurde Ren im Westen als Rebell gefeiert. Er selber hat sich allerdings nie als einen solchen gesehen. Sexualität und Nacktheit seien vollkommen natürlich und könnten daher von Grund auf nicht revolutionär sein, sagte er wiederholt in Interviews. Außerdem wolle er in Zeiten, in denen China eine gewaltige sexuelle Revolution durchlaufe, der Welt zeigen, dass sich China weiterentwickelt hat. »Ich möchte nicht, dass der Eindruck entsteht, Chinesen seien Roboter«, verriet er einmal.

Der 1987 geborene Ren gehörte einer jungen Generation an, für die viele Tabus nicht mehr galten, die während der Jugend seiner Eltern unumstößlich waren. Seine analoge Schnappschusskamera kaufte er sich 2007 während des Studiums aus Langeweile und begann schon bald darauf, Freunde und Kommilitonen nackt abzulichten. Sie hätten sich alle nahegestanden und etwas Aufregendes gesucht, sagte er später in einem Interview über die Anfangszeit. Mit zunehmender Bekanntheit meldeten sich auch Fans, die sich von ihm ablichten lassen wollten.

Während Rens Karriere wie am Schnürchen lief, erging es ihm im Privaten weniger gut. Immer wieder litt er unter Depressionen, über die er auf seiner Webseite regelmäßig offen schrieb. 2016 zerbrach der feinfühlige Fotograf am Aufeinanderprallen seiner und der gesellschaftlichen Vorstellungen. Wenige Monate vor seinem 30. Geburtstag nahm er sich das Leben. Hinterlassen hat er ein Werk, das einen einzigartigen Einblick in Chinas sexuelle Revolution erlaubt.

*53. Grund*

## *Weil Liu Cixin der chinesischen Science Fiction ein Gesicht verleiht*

Als Lu Xun 1903 im Vorwort zu seiner Übersetzung des Jules-Verne-Klassikers *Von der Erde zum Mond* schrieb, dass Science Fiction in China »so selten wie Einhörner« sei, ahnte er nicht, dass es genau diese Textgattung sein würde, die sich 100 Jahre später zum wichtigsten Genre der populären Gegenwartsliteratur und zum erfolgreichsten Literaturexport aus dem Reich der Mitte entwickeln sollte. Den Mangel an Science Fiction wertete der Begründer der modernen chinesischen Literatur als ein untrügliches Zeichen für die intellektuelle Armut seiner Zeit.

Tatsächlich sah es lange aus, als behielte Lu mit seinem Kulturpessimismus recht. Die konfliktbehaftete erste Hälfte des 20. Jahrhunderts war in China meist schlicht zu turbulent, um einen fundierten Blick in die Zukunft zu erlauben. Nach der Ausrufung der Volksrepublik und insbesondere während der Kulturrevolution verbot die Kommunistische Partei alle nichtrevolutionären Bücher.

Besonders verhasst war ausgerechnet Science Fiction, die bis in die späten 1980er-Jahre ausdrücklich als »geistige Verschmutzung« galt.

Das Blatt wendete sich erst in den 90ern. Der Grund dürfte die doppelte Funktion von Science Fiction sein. Auf der einen Seite sind Zukunftsutopien zwar immer auch eine Projektionsfläche für die Probleme der Gegenwart. Sie erlauben die unerwünschte Kritik an Politik und Gesellschaft, bleiben dabei aber oft schwer greifbar. Auf der anderen Seite bietet der Blick in die Zukunft eine unerschöpfliche Quelle der Inspiration. Nur eine Gesellschaft, die sich Gedanken über das Morgen und Übermorgen macht, kann die Zukunft aktiv gestalten. In einem besonderen Maß gilt dies natürlich für die Erfinder von Zukunftstechnologien, in denen China führend werden möchte.

Der internationale Siegeszug der chinesischen Science Fiction begann mit dem Autor Liu Cixin, den sogar Barack Obama für seine spannenden Geschichten lobte. Sein Hauptwerk ist die *Trisolaris*-Trilogie, die ich trotz ihrer ausufernden Länge fast in einem Zug durchgelesen habe. Die Geschichte folgt einem Professor für Nano-Technologie, der versucht, eine Reihe von seltsamen Todesfällen unter internationalen Spitzenwissenschaftlern aufzuklären. Während der Recherche stößt er auf ein verstörendes Virtual-Reality-Computerspiel, das in einer Welt mit drei Sonnen angesiedelt ist. Das Problem: Aufgrund der instabilen Gravitation werden Zivilisationen, die sich dort entwickeln, regelmäßig wieder ausgelöscht. Erst mit der Zeit wird klar, dass dies nicht einfach ein Spiel ist, sondern ein reales Szenario für eine Millionen von Lichtjahren entfernte außerirdische Zivilisation und dass diese Zivilisation aufgebrochen ist, um die Erde zu besiedeln. Der Professor schließt sich einer Gruppe an, die den Außerirdischen dabei hilft.

Wer keine Zeit für Tausende von Buchseiten hat, dem sei die Kurzgeschichte *Die Wandernde Erde* empfohlen, die mit vielen Special Effects bildgewaltig verfilmt wurde und wohl auch deswegen eine der erfolgreichsten chinesischen Filmproduktionen wurde. Hintergrund des actiongeladenen Blockbusters: Wissenschaftler finden in der zweiten Hälfte dieses Jahrhunderts heraus, dass die Sonne kurz vor dem Erlöschen steht. Um die Erde zu retten, unternimmt die Vereinte Weltregierung einen gewagten Plan: Gewaltige Triebwerke sollen die Erde in eine andere Galaxie schieben. Doch weil bei der Berechnung etwas schiefgelaufen war, befindet sich die Erde nun auf Kollisionskurs mit dem Jupiter.

Spannend ist auch die Biografie des Starautors. Liu wuchs in Nordchina in einem für chinesische Verhältnisse eher kleinen Städtchen auf. Tagsüber arbeitete er als Ingenieur im lokalen Wasserwerk, abends eignete er sich im Selbststudium die Grundlagen der Himmelsmechanik an. *Die drei Sonnen* veröffentlichte der noch unbekannte Autor ab 2006 in einem Science-Fiction-Magazin. Erst zwei Jahre später erschien die Geschichte in Buchform und ab 2015 in verschiedenen Übersetzungen. 2017 wurde Lius Roman mit dem Hugo-Award ausgezeichnet, dem prestigeträchtigsten Preis für Science Fiction überhaupt.

*54. Grund*

## *Weil Dadawa die chinesische World Music begründete*

Es war ein Zufallsfund. Wie auf vielen anderen Reisen zuvor war ich auch in Peking in den erstbesten Musikladen gegangen und hatte dort nach dem außergewöhnlichsten Künstler des Landes gefragt. Der Verkäufer, ein junger Mann mit langem Pferdeschwanz, zögerte nicht lange und reichte mir eine CD. Auf dem Cover war eine Sängerin zu sehen, die wie ein tibetischer Mönch mit einer roten Robe bekleidet war. Im Hintergrund bäumten sich dunkle Wolken und die schneebedeckten Gipfel des Himalajas auf. Darüber stand in weißen Buchstaben der Albumtitel *Sister Moon*. Das Bild gefiel mir, und ich schlug zu.

»Die Musik klingt ein bisschen wie Enya auf Chinesisch«, hatte der Verkäufer mit Pferdeschwanz gesagt. Tatsächlich: Der New-Age-Sound erinnerte mich an die irische Sängerin. Und genauso wie sich diese aus dem geheimnisvollen keltischen Musikerbe bediente, tat es auch Dadawa mit der Musik der Tibeter. Im Hintergrund dröhnten typische tibetische Trommeln, dazu rezitierten Mönche buddhistische Sutren. Der schwebende Keyboardteppich wurde immer wieder von schallenden Tempelhörern, Trompeten und der chinesischen Erhu-Geige untermalt. Und über allem die glasklare Stimme der Sängerin.

Im echten Leben heißt Dadawa Zhu Zhejin. Geboren wurde sie 1968 in Guangzhou. Dort begann auch ihre Karriere, nachdem sie 1990 bei einer Talentshow im lokalen Fernsehen eine Top-Position als Sängerin erreichte. Doch statt sich auf eine Pop-Karriere zu konzentrieren, reiste die junge Frau in die Randregionen des Landes. Das Ziel: das musikalische Erbe der ethnischen Minderheiten kennenzulernen.

Die Mischung begeisterte die Massen. Als 1995 das oben erwähnte Album *Sister Moon* erschien, konnte Zhu als erste festlandchinesische Künstlerin seit den 40er-Jahren einen internationalen Plattenvertrag ergattern. Bis heute verkaufte es sich in 56 Ländern über drei Millionen Mal und ist damit nach wie vor das erfolgreichste chinesische Album aller Zeiten.

Mit dem Erfolg kam aber auch die Kritik. Exil-Tibeter warfen Dadawa vor, sich die tibetische Kultur anzueignen, zu kommerzialisieren und auf diese Weise letztlich auch abzuwerten. Dadurch, dass sie sowohl auf Mandarin wie auch auf Tibetisch singe, würde sie das Bild eines chinesischen Großraumes schaffen und die Erinnerung an die historischen Grenzen löschen. Als Tibeter nach einer Weile aber feststellten, dass im Hintergrund eine weibliche Stimme den Dalai Lama auf Tibetisch lobte, kam die Kritik auch von Regierungsseite. Die CD wurde zurückgerufen und durfte erst in einem bereinigten Remix wieder in den Handel gebracht werden.

Weitere Alben folgten. An den frühen Erfolg konnte Dadawa aber nie mehr anknüpfen. Längst hat Zhu aber neben ihrer Rolle als Ethno-Pop-Star weitere Aufgaben übernommen. So war sie mehrere Jahre für die Vereinten Nationen als Goodwill-Botschafterin tätig und arbeitet als Kunstdozentin an einer Universität in Shanghai. Ihre jüngeren Scheiben sind selbst in China nur noch schwer zu finden.

Für mich spielt das alles aber keine Rolle. Wenn ich Besuch hatte, der sich über den süßlichen Einheits-Pop echauffierte, dem man in den chinesischen Bars ständig ausgesetzt ist, legte ich meine Dadawa-CD auf und zeigte, dass es in China eben auch anders geht.

*55. Grund*

## *Weil Cui Jian Chinas erster Rockstar ist*

Langsam blendet der schwebende Teppich aus Synthesizerklängen ein, im Hintergrund ist eine metallische Gitarre mit einem verspielten Riff zu hören. Nach wenigen Sekunden ertönt Cui Jians gepresste Stimme. »Einst fragte ich dich, wann wir zusammen abhauen. Doch du hast mich nicht ernst genommen, denn ich besitze überhaupt nichts«, singt er in der ersten Strophe. Und doch, so erfahren wir im weiteren Verlauf des Liedes, gibt es etwas Wertvolles, was er der besungenen Person schenken könne: nämlich sein Suchen und seine Freiheit.

Wir befinden uns im Mai des Jahres 1986. Als noch weitgehend unbekannter Nachwuchskünstler spielt Cui den Song zum ersten Mal in einer Sendung des chinesischen Fernsehens einem größeren Publikum vor. Und das ist begeistert. Denn mit *Yi Wu Suo You* (übersetzt ungefähr: Ich besitze überhaupt nichts) trifft der junge Musiker den Nerv einer ganzen Generation. Mao ist seit zehn Jahren tot. Die rasche wirtschaftliche Liberalisierung seines Nachfolgers Deng Xiaoping nährt die Hoffnung, dass sich bald auch die politische Lage ändern könnte, dass eine stärkere Mitbestimmung möglich wird. Es ist das Jahr, als in Hefei und Shanghai erstmals Massendemonstrationen gegen die Alleinherrschaft der Kommunistischen Partei stattfinden. Bis zu 70.000 Menschen gehen auf die Straße.

Es ist aber auch eine Zeit, die den gewöhnlichen Menschen viel abverlangt. Die Reformen bringen zwar die gewünschte Modernisierung in der Wirtschaft, führen gleichzeitig aber auch dazu, dass die Preise für die Grundnahrungsmittel stark steigen. Es sind dieses Gefühl der sozialen Ungerechtigkeit und der Wunsch nach einem Umbruch, die dazu führen, dass sich so viele Menschen mit Cuis Lied identifizieren. Dazu beigetragen hat wohl auch eine Ambivalenz der chinesischen Sprache: Da chinesische Sätze auch ohne Subjekt funktionieren, wird im ganzen Liedtext nie klar, ob Cui von sich selber oder der Gesellschaft singt, ob es also ein tragisches Liebeslied ist oder ein Protestschrei.

Vieles deutet auf Letzteres hin. Denn Cui wird immer politischer. Er spielt auf Veranstaltungen, nimmt zwei Jahre später *Rock and Roll on the New Long March* auf. Die Scheibe gilt gemeinhin als erstes Rockalbum in der Geschichte Chinas. Er solidarisiert sich mit den Studenten, die 1989 auf dem Platz des Himmlischen Friedens für mehr politische Freiheit und für Demokratie protestierten. 15 Tage vor der blutigen Niederschlagung der Proteste – die Armeeeinheiten standen zu jenem Zeitpunkt bereits vor den Toren der Stadt – unterstützte er die Hungerstreikenden auf dem Platz moralisch mit seinem Auftritt. Die Augen mit einem roten Band bedeckt und nur von der eigenen Gitarre begleitet, sang er unter anderem seine große Hymne der Freiheit: *Yi Wu Suo You*.

Dieses Engagement macht Cui im Westen zum Star. Als chinesischer Bob Dylan wurde er immer wieder bezeichnet, was sicherlich auch eine Reminiszenz an seine durchzogene Gesangsleistung ist. In China hingegen verlief die weitere Karriere zögerlich. Die Zensurbehörden beäugten ihn argwöhnisch. Einige Lieder wurden auf den Index gesetzt. Cui wurde zwar nie mit einem kompletten Berufsverbot belegt, bis 2005 erhielt er aber nie mehr die Genehmigung, in den großen Konzerthallen aufzutreten. Bis heute werden seine Shows kaum öffentlich beworben. Das ist übrigens auch der Grund, wieso ich es nie in eines seiner Konzerte schaffte: Meistens erfuhr ich erst Wochen danach, dass er wieder einmal in einem der kleinen Untergrundclubs einen Auftritt hatte. Und darum hatte er auch einige seiner größten Bühnenmomente im Rahmen von Gastauftritten bei bekannten westlichen Musikern: So rockte er etwa zusammen mit Deep Purple, den Rolling Stones und Public Enemy, als die in China tourten. Immer mit dabei: die rockige Gitarre und die weiße Mütze mit dem roten Stern.

Cui sagte einmal in einem Interview, dass er diese Restriktionen nicht besonders tragisch fände. Irgendwann werde sich China schon noch ändern. Allerdings hat Cui die letzten 30 Jahre mit allem anderen als Warten verbracht. Im ganzen Land wirkte er bei der Organisation von Rock-Festivals mit. Er komponierte Filmmusik und spielte in mehreren Streifen gleich selber mit.

Vor allem aber blieb Cui sich in der ganzen Zeit stets selbst treu. Zuletzt lockerten die Behörden die Restriktionen, und Cui durfte wieder vermehrt vor größerem Publikum in China spielen. 2014 hätte dann der Höhepunkt seiner Rehabilitation sein können: Cui wurde eingeladen zur Neujahrsgala im chinesischen Staatsfernsehen, einem der bekanntesten Fernsehprogramme Chinas mit Millionen von Zuschauern. Die Sendung ist bekannt für ihre patriotischen Lieder und den leicht verdaulichen Humor. Doch bereits bei der Planung kam es zum Eklat

Weil die Zensoren Cui verbieten wollten, seinen großen Hit von damals zu spielen, sagte er die Teilnahme gleich ganz ab. Cui hat seinen Ruf zu wahren.

*56. Grund*

## *Weil sich Chinas Gassenhauer so gut für Karaoke eignen*

Meinen 35. Geburtstag verbrachte ich in Peking. Wie die meisten anderen halbwegs runden Geburtstage wollte ich auch diesen mit Freunden feiern. Ich machte mich also auf die Suche nach einem hübschen Ort für eine kleine Zusammenkunft, verschickte die Einladung an meine 15 engsten Freunde und gab beim Zuckerbäcker um die Ecke eine reichlich dekorierte Torte in Auftrag.

Was folgte, war die vermutlich ödeste Fete meines Lebens. Sie kennen das vielleicht: Die Leute hingen gelangweilt in den Sofas, einer zückte das Handy, um mit seiner Freundin zu chatten. An allen Ecken musste ich mich einbringen, damit die Gäste, die sich untereinander nicht kannten, wenigstens minimal zusammen ins Gespräch kamen. Ich war verzweifelt und fürchtete, als schlechtester Gastgeber aller Zeiten in die Annalen einzugehen. Doch dann kam die Erlösung: Jemand schlug vor, die Party in ein Karaoke-Zentrum zu verlegen.

Eigentlich hätte ich die Wendung vorausahnen können. Karaoke – das Wort bedeutet ursprünglich »leeres Orchester« – hatte seinen Ursprung zwar im Japan der 1970er-Jahre. Doch erst als die Singboxen etwa zehn Jahre später unter dem Namen KTV nach China kamen, setzten sie zu ihrem ungeahnten Siegeszug an. »Leute gehen lieber zum Karaoke als in ein Konzert«, sagte mir einmal ein chinesischer Musikproduzent am Rande einer Medienkonferenz in Guangzhou. An jenem Aprilabend zeigte sich, dass das auch auf Geburtstagsfeste zutrifft.

Der Erfolg von Karaoke lässt sich zum Teil damit begründen, dass im China der 1980er-Jahre die Unterhaltungsmöglichkeiten noch sehr, sehr bescheiden waren. Man darf aber auch nicht vergessen, dass die KTV-Läden oft mehr oder weniger plump dazu dienten, ihre Zweitfunktion als Bordell zu verschleiern. Die Damen, die in den Singhallen arbeiteten, trugen den Namen *Sanpei Xiaojie*, in etwa: Fräulein mit drei Fähigkeiten. Die Bezeichnung spielte darauf an, dass sie Geschäftsmänner und Regierungsvertreter auf drei Weisen unterhielten: mit Trinken, Tanzen und Singen. Dass eine vierte, nicht genannte Weise immer mitschwingt, versteht sich von selbst. Geschäftliche Besprechungen fanden beim gemeinsamen Essen und Singen statt, und die anschließenden Sex-Geschenke erwiesen sich als eine erfolgreiche Art der Bestechung. Auch wenn Karaoke-Hallen mittlerweile diskret und familientauglich operieren, haben sie ihre Anrüchigkeit bis heute nicht komplett verloren.

Interessant ist auch, dass sich Karaoke in den Jahren ständig weiterentwickelt hat. Zu Beginn sang man vor allem in Kneipen vor allen anwesenden Gästen. Auf dem Tisch lag an diesen Orten neben der Getränke- und Speisekarte ein zweites Büchlein, aus dem man sich seine Lieder aussuchen konnte. Später entstanden regelrechte Karaoke-Zentren mit Hunderten von kleinen Räumen, in die sich Freunde und Geschäftspartner einmieten konnten. Häufig gehört zum Arrangement noch ein Buffet, an dem sich die Singwütigen bedienen können. Der neuste Trend sind Böxchen in der Größe einer Telefonkabine, in denen man alleine oder zu zweit sein Liedchen trällern kann.

Am Phänomen KTV finde ich jedoch etwas ganz anderes faszinierend: nämlich seine Auswirkung auf die chinesische Musik. Natürlich ist dieser Einfluss zu vielfältig, um ihn in wenigen Sätzen zu beschreiben. Aber zwei Dinge sind mir immer wieder aufgefallen: Erstens haben viele der ganz großen Stars wie etwa Faye Wong, die an keinem Karaoke-Abend fehlen darf, zwar durchaus schöne Stimmen, anders aber als westliche Stars wie etwa Michael Jackson, Tina Turner oder Joe Cocker sind chinesische Sänger relativ leicht imitierbar. Zweitens haben chinesische Popsongs vergleichsweise selten ungewöhnliche Harmonien und Intervalle; die Melodien sind kaum synkopiert, sondern bestehen aus geraden Rhythmen, die sich meistens aus aneinandergereihten Vierteltakten zusammensetzen.

Das ist kein Zufall, wie mir der oben bereits erwähnte Musikproduzent aus Guangzhou erklärte. Da Karaoke-Bars einerseits eine wichtige Funktion bei der Verbreitung der Musik einnehmen und da sich andrerseits durch die Copyright-Abgaben in den Karaoke-Bars langfristig Geld verdienen lässt, achten chinesische Produzenten von Beginn an darauf, dass ein Song »karaokeable« ist. Für mich als Ausländer ist das eine dankbare Ausgangslage, denn sobald man das Problem mit den Texten gemeistert hat, lassen sich chinesische Lieder ziemlich leicht mitsingen.

*57. Grund*

## *Weil ein chinesischer Prinz die Grundlage unserer Tonleitern schuf*

Musik birgt in ihrem Innersten immer einen mehr oder weniger faulen Kompromiss. Lassen Sie mich etwas ausholen, um das zu erklären: Musik besteht bekanntlich aus Klängen mit bestimmten Tonhöhen. Der Kammerton A beispielsweise hat laut der internationalen Stimmtonkonferenz 440 Hertz. Er entsteht also, wenn eine Membran genau 440 Mal pro Sekunde schwingt. Multiplizieren oder dividieren Sie diese Zahl nun mit bestimmten Quotienten, erhalten Sie Intervalle. Je einfacher der mathematische Zusammenhang, desto wohlklingender ist ein Intervall. Mit 4/5 oder 2/3 bekommt man eine Quinte beziehungsweise eine Terz, was zusammen einen ziemlich harmonisch klingenden Dur-Akkord ergibt.

So weit, so gut. Das Problem ist aber, dass diese Schwingungsverhältnisse einen unlösbaren mathematischen Fehler eingebaut haben, der es uns verunmöglicht, Instrumente auf eine Weise zu stimmen, bei der alle Intervalle absolut sauber klingen. Das hängt damit zusammen, dass zwölf aufeinandergetürmte Quinten oder drei Terzen nicht wieder zum Ausgangston zurückführen, sondern knapp danebenliegen. In der Musiktheorie ist das Phänomen bekannt als pythagoreisches oder syntonisches Komma.

Hier kommt nun der erwähnte Kompromiss ins Spiel: Während man in Europa bis in die frühe Neuzeit vorwiegend auf die akustische Reinheit der wichtigsten Intervalle setzte, begannen sich ab dem 17. Jahrhundert allmählich die temperierten Stimmungen zu etablieren. Die Idee dahinter: Wenn man den mathematischen Fehler gleichmäßig über die Tonleiter verteilt, sind zwar alle Intervalle ein bisschen krumm (allerdings bloß in einem Umfang, den wir nicht als störend empfinden), dafür können aber auf fest gestimmten Instrumenten wie einem Klavier oder einer Orgel verschiedene Tonarten gleich gut gespielt werden. Wenn Sie heute ein modernes Instrument in die Hand nehmen, wird es vermutlich gleichstufig gestimmt sein. Bei dieser Sonderform der Temperierung sind die Tonabstände zwischen den zwölf Halbtönen exakt gleich groß.

Gleichstufige Tonleitern waren zwar schon in der Antike bekannt. Der griechische Philosoph Aristoxenos erwähnte sie vor über 2000 Jahren. Eine exakte Berechnung gelang jedoch erst dem französischen Theologen und Musiktheoretiker Marin Mersenne, der sie im Jahr 1636 in seiner *Harmonie Universelle* mathematisch herleitete und so gemeinsam mit anderen Musikern die Grundlage für ein neues Stimmsystem schuf, ohne das sich unsere zeitgenössische Harmonik kaum hätte entwickeln können.

Zumindest war das lange die vorherrschende Meinung. Mittlerweile ist aber bekannt, dass ein chinesischer Prinz bei seinen musiktheoretischen Berechnungen bereits ein halbes Jahrhundert zuvor auf ähnlich genaue Ergebnisse kam. Im Jahr 1584 beschrieb Prinz Zhu Zaiyu seine Erkenntnisse in einem Buch. Das große Rätsel, das vor allem chinesische Forscher interessiert, ist nun: Gab es eine Verbindung zu seinen europäischen Kollegen, oder wurde tatsächlich unabhängig voneinander an zwei Orten das Gleiche entdeckt?

Der chinesische Musikhistoriker Gene J. Cho ging dieser Frage nach und suchte nach Hinweisen, die belegen, dass die Berechnungen von Mersenne und Co. auf der Grundlage der Erkenntnisse von Prinz Zhu beruhen. In Briefen, die der Jesuiten-Missionar Matteo Ricci an den Papst schickte und in denen er einige Forschungen von Zhu erwähnte, glaubte Cho fündig geworden zu sein. Es sei wahrscheinlich, schreibt er, dass Ricci auch die musiktheoretischen Erkenntnisse weitergeleitet habe. Keiner der europäischen Musiktheoretiker jener Zeit nannte aber jemals Zhu als Quelle. Auch dafür hat Cho eine Erklärung: Die antiwissenschaftliche Stimmung nach den Prozessen gegen Galileo Galilei habe Gelehrte in allen Disziplinen vorsichtig werden lassen und dazu geführt, dass Verweise auf andere Wissenschaftler nur noch selten explizit erfolgten. Den endgültigen Beweis bleibt Cho so zwar schuldig, aber mir gefällt die Theorie.

## Kapitel 6

# Reisen

*58. Grund*

### *Weil Reisen kinderleicht und trotzdem eine Herausforderung ist*

Aus einem mir unerklärlichen Grund haftet China der Ruf an, eines der schwierigsten Reiseziele der Welt zu sein. Das ist natürlich vollkommener Unsinn, den aber leider noch immer manche Reisebüros verbreiten, um ihre Angebote besser zu verkaufen. Damit wir uns nicht missverstehen: Natürlich ist China weder Mallorca noch Kreta, und selbstverständlich ist es in Ordnung, die Organisation einer Reise einem Profi zu überlassen. Schließlich hat nicht jeder Lust, sich im verdienten Urlaub mit praktischen Herausforderungen auseinanderzusetzen. Tatsache ist aber auch: Wer sich auf eigene Faust durch Indien, Mittelamerika oder Indonesien geschlagen hat, der wird auch in China zurechtkommen. Dürfte ich in diesem Buch nur gerade einen einzigen Grund nennen, wieso ich gerne in China unterwegs bin, dann würden Sie hier darüber lesen, wie unkompliziert und komfortabel das Reisen in China ist. Wie kommt das?

Erstens ist China sehr sicher. Körperliche Übergriffe auf ausländische Besucher sind weitestgehend unbekannt. Frauen können auch nachts unbehelligt durch die Städte laufen und brauchen sich keinerlei Sorgen zu machen, dass sie versehentlich den Fuß in ein schlechtes Quartier setzen. Denn so etwas gibt es im ganzen Land schlicht nicht. Auch Eigentumsdelikte sind extrem selten. In all den Jahren in China habe ich nie jemanden getroffen, dem etwas abhandengekommen ist. Viele Sicherheitsmaßnahmen, die Reisen in anderen Ländern so mühsam machen, kann man in China getrost vergessen.

Zweitens ist die Infrastruktur hervorragend. Die meisten größeren Städte sind an das rasant wachsende Hochgeschwindigkeitseisenbahnnetz angeschlossen. Die Züge sind schnell, komfortabel und auch extrem pünktlich. Da sich die Fahrkarten lange im Voraus über das Internet reservieren lassen, kommt es auch kaum noch vor, dass man auf überlasteten Linien stecken bleibt. Wo keine Bahn hinfährt, da gibt es in der Regel mehrere tägliche Busverbindungen. Taxis lassen sich bequem über die App Didi bestellen, die mittlerweile eine englischsprachige Oberfläche hat und nun auch für Touristen sehr bequem zu bedienen ist. Einfacher geht es kaum.

Drittens werden westliche Besucher generell warm aufgenommen. Gespräche mit den wenigen Touristen, die auf eigene Faust durchs Land tingeln, gehören für viele Chinesen zu den seltenen Möglichkeiten, mit dem Rest der Welt in Kontakt zu kommen – man darf nicht vergessen, dass gerade einmal zehn Prozent der Einwohner einen Reisepass haben. Egal, ob im Starbucks, der Untergrundbahn oder beim Lesen einer Straßenkarte vor der Ampel: Mir fällt kein Ort ein, wo ich nicht schon einmal mit jemandem ins Gespräch gekommen bin. Nicht selten endet so ein Austausch sogar mit einem gemeinsamen Abendessen mit Freunden und Bekannten. Wer auf der Suche nach einer authentischen Kulturerfahrung ist, findet nirgendwo leichter Anschluss als in China.

Dass sich der Ruf des schwierigen Reiselands trotzdem so hartnäckig hält, hängt mit einer Reihe von Herausforderungen zusammen wie der bereits besprochenen Sprachhürde, aber auch damit, dass bei gesetzlichen Regulierungen ausländische Touristen oft vergessen werden. Das führt beispielsweise dazu, dass man mit nichtchinesischen Pässen manchmal in Hotels abgewiesen wird (gerade in günstigen Unterkünften geschieht dies recht häufig) oder Zugtickets ausschließlich persönlich am Bahnschalter abholen kann. Mit der wohl bald anstehenden Abschaffung des Bargelds dürften noch zahlreiche weitere Hürden für ausländische Besucher entstehen. Die meisten sind aber eher Ärgernisse, die sich leicht meistern lassen, sobald man weiß, wie alles funktioniert. Die aus meiner Erfahrung größte Herausforderung bleibt weiterhin, belastbare Informationen über das Land zu finden. Denn schöne Orte zu entdecken, die noch nicht völlig vom inländischen Massentourismus überrannt worden sind, ist leichter gesagt als getan.

*59. Grund*

## *Weil die Zeit wie im Flug vergeht*

Nichts verdeutlicht den rasanten Wandel, den China in den letzten Jahren durchlaufen hat, so stark wie die Eisenbahn. 2008, kurz vor Beginn der Olympischen Spiele in Peking, wurde der erste Hochgeschwindigkeitszug des Landes in Betrieb genommen. Es war ein vergleichsweise bescheidener Streckenabschnitt, der von der Hauptstadt in die nahe gelegene Hafenstadt Tianjin führte. Genau 30 Minuten dauerte die Fahrt zwischen den beiden Metropolen.

Und doch war es der Auftakt zu etwas Großem. Bereits zehn Jahre später verfügte China über ein Hochgeschwindigkeitsnetz von sage und schreibe 25.000 Kilometern. Das ist ein deutlicher Weltrekord. Spanien und Deutschland, die bei der Größe des Hochgeschwindigkeitsnetzes an zweiter und dritter Stelle stehen, haben je 3000 Schienenkilometer, also gerade einmal knapp ein Zehntel! Und Chinas Ausbau ist noch lange nicht zu Ende: Weitere 15.000 Kilometer befinden sich entweder in der Planung oder werden bereits gebaut.

Chinas modernes Bahnwesen ist eine Freude. Das beginnt bei den Bahnhöfen, die in ihrer Bauweise eher einem Flughafen gleichen. Ankunftshallen und Abfahrt-Gates befinden sich jeweils auf unterschiedlichen Ebenen. Unter den modernen Stahl- und Glaskonstruktionen glänzt der polierte Granit. Die meisten Bahnhöfe haben mehr als 20 Gleise. Der derzeit größte befindet sich in Xian. Er verfügt über 34.

Für westliche Besucher birgt das Bahnfahren in China ein paar Überraschungen. Dazu gehört zum Beispiel, dass Bahnsteige erst betreten werden dürfen, nachdem der Zug eingefahren ist und die aussteigenden Personen die Plattform verlassen haben. Dafür sorgen moderne Schranken, welche die Wartehallen von den Gleisen trennen. Erst wenn auf dem Perron alles in Ordnung ist, akzeptieren die Maschinen die Fahrkarten. Das anschließende Geschubse und Gedränge ist sowohl Grund wie auch Resultat dieser Regelung. Ein Gedrängel übrigens, das sich rational kaum nachvollziehen lässt, schließlich hat jeder Fahrgast einen reservierten Sitzplatz.

Immer wieder hat mich überrascht, wie pünktlich die chinesische Eisenbahn ist. Auf all meinen Fahrten erlebte ich keine einzige Verspätung. Selbst als ich auf der über 2000 Kilometer langen Strecke von Peking nach Guangzhou von einem Ende des Landes zum anderen fuhr, kam ich auf die Minute genau nach acht Stunden und fünf Minuten an.

Dafür ist zweifellos Disziplin nötig. Und die wird auch im Innern der Waggons durchgesetzt. Zugestiegene Passagiere werden auf Schildern und mit Durchsagen daran erinnert, die Abfalleimer zu nutzen und auf andere Reisende Rücksicht zu nehmen. Alle paar Minuten patrouilliert eine Schaffnerin durch die Abteile. In der Regel junge Frauen, denen man ansieht, dass beim Vorstellungsgespräch physische Attraktivität zu den Kernkompetenzen gezählt wurde. Sobald die Damen entdecken, dass ein Gepäckstück auch bloß einen Zentimeter über die Ablage hinauslugt oder gar eine Schnalle eines

Rucksacks runterhängt, fordern sie den Besitzer unverzüglich auf, das in Ordnung zu bringen.

*60. Grund*

## *Weil die Bahn ein sozialer Treffpunkt ist*

Komfortabel wie sie sind, ist die Verlockung groß, auf einer Chinareise ausschließlich mit Hochgeschwindigkeitszügen durchs Land zu rasen. (Hochgeschwindigkeitszüge erkennen Sie übrigens an den Zugnummern: G steht für die superschnellen *Gaotie*, D für die etwas langsameren, aber immer noch rasanten *Dongche.*) Doch wenn Sie das tun, verpassen Sie etwas, was für mich einen Teil des Charmes am Reisen in China ausmacht.

Während es im chinesischen ICE wie oben erwähnt zwischen ordentlich bis pedantisch zugeht, sind die Hardseater-Abteile der alten Züge einiges herzhafter. Die Einheimischen, die sich für den gewöhnlichen Zug entscheiden, tun dies in der Regel nicht, weil sie bloß eine kurze Strecke zurückzulegen haben, sondern weil ihnen das Geld für die teure Alternative fehlt. Die kurzen Reisezeiten in den Schienenflitzern haben nämlich ihren Preis: Bis zu fünf Mal mehr können die Tickets für die Hochgeschwindigkeitszüge kosten. Und so sitzen in den Waggons dann auch zu einem beträchtlichen Teil Wanderarbeiter oder Rentner, die zu ihren Familien fahren. Während der Semesterferien stößt man auch auf viele Studenten, die ihr eigenes Land zu einem erschwinglichen Preis erkunden wollen.

Den ersten Unterschied zu den Hochgeschwindigkeitszügen werden Sie vermutlich bereits auf dem Bahnsteig erkennen: Ihre Mitreisenden haben eine unglaubliche Menge an Gepäck dabei. Und mindestens eine der vielen Taschen ist von unten bis oben mit Lebensmitteln gefüllt: Instant-Nudeln und in Plastikfolie eingeschweißte Würste gehören zur Standardausrüstung, aber auch Teigtaschen, Kekse oder Früchte. Als Ausländer können Sie sich darauf verlassen, dass Ihnen alle diese Dinge während der stundenlangen Fahrten angeboten werden.

Auf jeder Reise in einem dieser herkömmlichen Züge gibt es einen magischen Augenblick. Er liegt in der Regel wenige Sekunden nachdem sich die Türen geschlossen haben und sich die Bahn langsam in Bewegung setzt. Blieb es bis dahin in den Großraumwagen relativ ruhig, kommt nun Bewegung in die Passagiere. Leute, die sich nie zuvor gesehen haben, beginnen miteinander zu plaudern. In der Regel beginnt es mit einer schüchternen Frage nach dem Reiseziel, bald werden erste Witze gerissen, und spätestens nach ein paar Stunden zieht jemand einen Satz Spielkarten hervor und schlägt vor, die Zeit mit einer (oder mehreren) Runden zu überbrücken. Während sich meist vier Männer in ihrem spielstrategischen Können messen, bildet sich eine Traube um sie, die noch größer wird, wenn sich ein Ausländer am Spiel beteiligt.

Eine weitere Besonderheit ist, dass für die langsamen Züge oft mehr Fahrkarten verkauft werden, als es Sitzplätze gibt. Ein Teil der Passagiere muss also im Gang stehen oder es sich auf dem eigenen Gepäck bequem machen. Immer wieder hat mich in der billigen Klasse die große Solidarität unter den Passagieren berührt. Auch wenn die Leute beim Einsteigen noch so sehr rempeln: Niemand lässt andere über Stunden stehen. Früher oder später bietet der eine dem anderen seinen Platz an. Junge den Alten, aber auch Alte den Jungen.

Immer wieder setzt sich jemand anderes zu Ihnen, bietet Ihnen eine Birne oder Sonnenblumenkerne an und versucht Ihnen die eine Frage zu stellen, welche die Leute stets am brennendsten zu interessieren scheint: Aus welchem Land Sie kommen. Zum Ende des Kapitels deswegen noch eine kleine Hilfe für den Fall, dass Sie dieses Buch in den Zug mitgenommen haben und gerade rätseln, was Sie gefragt wurden. Die Antwort lautet höchstwahrscheinlich:

德国 (Deutschland), 奥地利 (Österreich) oder 瑞士 (Schweiz). Zeigen Sie einfach auf das passende Wort und erhalten Sie ein paar wohlwollende Worte.

*61. Grund*

## *Weil Sie immer auch fliegen können*

In den beiden vorangegangenen Gründen haben wir über das großartige Eisenbahnnetz in China gesprochen. In den meisten Fällen ist der Zug das Verkehrsmittel der Wahl, nicht zuletzt auch deshalb, weil die Fortbewegung auf der Schiene vergleichsweise umweltschonend ist. Doch trotz aller Zuneigung zu Slow Travel kann es im Riesenreich China schon einmal vorkommen, dass man mit der Bahn tagelang unterwegs wäre. In solchen Momenten schlägt die Stunde des Flugzeugs.

Nicht nur mir geht das so. Mit Ausnahme des Corona-Jahrs wurden in China jährlich etwa eine Milliarde Flugreisen unternommen – und die Zahl war bis dato kontinuierlich gewachsen: Seit 20 Jahren nahm das Passagieraufkommen jedes Jahr um zehn Prozent zu. Um mit diesem Wahnsinnswachstum mitzukommen (und wohl auch, um es noch weiter zu befeuern), wird an zahlreichen neuen Flugplätzen gewerkelt. Über die vergangenen zehn Jahre wurden im Schnitt jedes Jahr sieben neue eröffnet, oft auch in den hintersten Winkeln des Landes. Mittlerweile hat das Land etwa 240 Flugplätze. Und der Trend dürfte so bald nicht abflachen, denn für die kommenden zehn Jahre sind nochmals rund 200 Neubauten geplant.

Bei diesem Tempo könnte man der Annahme unterliegen, dass die Flughäfen einfach hingerotzt werden. Für ein paar kleine Projekte in der Provinz mag das zutreffen, aber in den wichtigeren Städten wird viel dafür investiert, dass die Megabauten nicht nur logistisch einwandfrei funktionieren, sondern auch architektonisch interessant sind. Um dies zu erreichen, werden häufig internationale Stararchitekten mit der Planung und der Konstruktion beauftragt.

Der neuste Zugang in das Pantheon der Flughäfen ist der Daxing International Airport in Peking, der nach einer Bauzeit von gerade einmal fünf Jahren rechtzeitig vor dem 70. Gründungstag der Volksrepublik im Oktober 2019 aufging. Entworfen hat ihn die irakische Stararchitektin Zaha Hadid. Wenn er einmal vollständig ausgebaut ist, hat er bei einer Vollauslastung mit jährlich 130 Millionen Passagieren gute Aussichten darauf, der größte Flughafen der Welt zu werden. Allerdings ist er nicht nur gigantisch groß, sondern auch unglaublich praktisch: Da seine fünf Terminals wie ein überdimensionierter Seestern angelegt wurden, sind die Wege generell kurz. Jedes Terminal ist 600 Meter lang, was es erlaubt, alle Gates in weniger als zehn Minuten zu erreichen. Noch schneller soll alles dank eines KI-unterstützten Security-Checks gehen, bei dem das lästige Prozedere künftig nur Sekunden dauert.

Dabei war bereits der »alte« Pekinger Flughafen ein Vorzeigemodell. Zumindest das Terminal 3, welches 2008 für die Olympischen Sommerspiele eröffnet worden war. Der Entwurf stammt aus der Feder des britischen Stararchitekten Norman Foster und ist nicht nur wegen der eleganten Deckenkonstruktion ein Hingucker für alle Passagiere. Als weiteres Prachtexemplar gilt der Bao'an Flughafen von Shenzhen. Sein Grundriss wurde der Form eines Mantas nachempfunden, also jenes Riesenfischs, der in den Weltmeeren fliegt. Das geschwungene Dach hat die Struktur von Bienenwaben und wirkt auf Grund der sich ständig verändernden Höhe wie ein natürlich gewachsenes Konstrukt. Falls Sie jemals in Shenzhen landen, lohnt es sich, etwas genauer hinzuschauen.

Aviatik-Nerds dürften vor allem die Flughäfen im Himalaja faszinierend finden, allen voran derjenige von Yading. Seine Piste liegt auf einer unglaublichen Höhe von 4411 Metern über Meer. Somit war er zum Zeitpunkt der Recherche der höchstgelegene zivile Flughafen der Welt. Das Interessante ist allerdings nicht der Rekord an sich und auch nicht der atemberaubende Anflug durch das Hochgebirge, sondern die Tatsache, dass in solchen Höhenlagen einiges anders läuft.

Da wegen der dünnen Luft die Start- und Landegeschwindigkeiten höher liegen und sich der Runway bei winterlichen Temperaturen von minus 30 Grad in eine gefährliche Eisbahn verwandeln kann, müssen die Pisten entsprechend länger sein. Manche Landebahnen bringen es auf bis zu 5,5 Kilometer. Das ist fast das Doppelte eines normalen Runways. Auch für die Piloten ist die Landung auf den Himalaja-Flughäfen wegen des Sicherheitsprotokolls etwas Besonderes. So ist beispielsweise vorgeschrieben, dass beide Piloten den Grad eines Kapitäns haben. Außerdem müssen sie als Vorsichtsmaßnahme bei Start und Landung eine Sauerstoffmaske tragen. Trotz der schwierigen Bedingungen gab es bisher keine Unfälle.

*62. Grund*

## *Weil chinesische Reisegruppen immer für Überraschungen gut sind*

Kaum hat unser Reisebus die Autobahn erreicht, beginnt die Reiseleiterin die Passagiere umzusetzen. Die ältere Dame neben mir muss zwei Reihen nach hinten, dafür darf sich ein Mädchen aus Wuhan neben mich setzen. »Ich heiße Vivi und ich bin die Einzige hier im Bus, die gut englisch spricht«, erklärt die 17-Jährige. Die Fahrt sei lange und ich der einzige Ausländer auf unserer Tour. »Ohne mich würdest du vor Langeweile sterben.«

Tatsächlich bin ich froh, neben jemandem zu sitzen, mit dem ich mich unterhalten kann. Ich hatte am Vortag zum ersten Mal eine geführte Rundreise mit einer chinesischen Reisegruppe gebucht und hatte keine Ahnung, was mich erwarten würde. Langweilig wäre es im Bus auch ohne Vivi nicht geworden. Kaum ist unsere

Reiseführerin mit der neuen Sitzordnung zufrieden, beginnt sie für Unterhaltung zu sorgen. Sie gibt einem Mann in der ersten Reihe eine leere PET-Flasche. Die Passagiere auf der einen Seite des Busses sollen sie so schnell wie möglich nach hinten und auf der anderen Seite wieder nach vorne durchreichen. Sobald die Musik abbricht, muss der Passagier, der die Flasche zuletzt hatte, etwas darbieten.

Natürlich hoffen alle, dass der Ausländer vor die Gruppe treten muss. Je länger es mich nicht erwischt, desto mehr beginnen sich die anderen Passagiere gegen mich zu verbünden. Immer häufiger nimmt die Flasche eine Reihe vor oder hinter mir die nicht ganz regelkonforme Abkürzung über den Gang. Am Anfang haben mir die Sitznachbarn die Flasche noch in die Hand gedrückt, doch mit jeder Minute, die wir auf der Autobahn fahren, verwandelt sich das in ein Anwerfen. Ich kann noch so schnell reagieren: Nach einer Weile ist es doch an mir, mich vor die Gruppe zu stellen und eine Darbietung zu erbringen. Ich stimme mehr schlecht als recht »Röte Röslein im Garten« an. Beifall erhalte ich trotzdem.

Chinesische Reisegruppen genießen in den europäischen Touristenhochburgen einen durchwachsenen Ruf. Sie gelten als lärmig und ungehobelt, aber dennoch als anspruchsvoll. Christoph Rehage hat das in seinem lesenswerten Buch *Neuschweinstein* hervorragend beschrieben. Fast zwei Wochen lang war der deutsche Buchautor mit einer chinesischen Gruppe auf einer Rundreise durch Europa unterwegs und fühlte seinen Mitreisenden auf den Zahn. Er schildert, wie seine Reisegefährten Europa erleben, und befragt sie, wieso sie sich ausgerechnet für eine »Massenreise« entschieden hatten. Der Begriff bezeichnet eine Tour, bei der in kurzer Zeit so viele Städte und Länder abgehakt werden, wie gerade noch geht. Als mir Rehages Buch vor ein paar Jahre in die Hände fiel, fühlte ich mich exakt an meine Tour durch Xinjiang erinnert.

Ein anderes Mal schloss ich mich einer Tour an, die mich nach Wutaishan bringen sollte. Das ist eine buddhistische Klosteranlage in Nordchina, eingebettet in eine staubige Berglandschaft zwischen Datong und Taiyuan. Auch diese Tour begann damit, dass wir uns immer wieder umsetzen mussten. Doch diesmal erhielt ich keine charmante junge Dame mit Englischkenntnissen zur Seite. Stattdessen hielten wir unverhofft an einer sichtgeschützten Stelle am Straßenrand. Ich konnte hören, wie der Kofferraum unseres Busses auf- und zuging, und wunderte mich, wieso um alles in der Welt so viele Leute mitten in der Einöde ausstiegen.

Nach zwei Kurven wurde mir klar, was sich abgespielt hat: Wir hatten die Kassenhäuschen erreicht und mussten alle das Eintrittsticket für das Schutzgebiet kaufen. Wirklich alle? Sobald die Straßensperre wieder außer Sichtweite war, hielt der Bus erneut. Der Fahrer öffnete den Kofferraum, und alle Passagiere, die vorhin auf offenerer Strecke ausgestiegen waren, drängten nun wieder in die Kabine.

Was mir an dieser kleinen Geschichte gefiel: Der kleine Betrug schien niemanden so recht zu stören. Keiner schnalzte verächtlich mit der Zunge oder rollte mit den Augen, wie das zweifellos zu Hause in der Schweiz geschehen wäre. Niemand verpetzte den Fahrer oder die Passagiere. Eher schien es, als würden die meisten der Gerissenheit Respekt zollen, mit der die Passagiere die rund 20 Euro Eintritt gespart hatten. Manchmal erlebt man auf geführten Touren mehr, als auf dem Programm steht.

*63. Grund*

## *Weil man in chinesischen Hostels spannende Menschen kennenlernt*

Falls Sie bei Jugendherbergen an Massenschlafsäle und Käsefüße denken, wenn Sie glauben, dass es sich ausschließlich in finanzieller Hinsicht lohne, ein Hostel aufzusuchen, dann muss ich Sie heute eines Besseren belehren. Natürlich bieten die preiswerten Übernachtungsmöglichkeiten neben gewöhnlichen Doppelzimmern auch Mehrbettsäle. Doch schmuddelig sind sie längst nicht mehr. Im Gegenteil: Die Zimmer sind in der Regel blitzsauber und stilvoll eingerichtet. Die Betten haben bequeme Matratzen, Leselampen, und in den Dormitorien gibt es meistens einen Vorhang am Bett, der ein gewisses Maß an Privatsphäre erlaubt. Wenn ich in China unterwegs bin, wähle ich gerne Hostels. Und zwar aus folgenden drei Gründen:

Erstens wegen der spannenden Architektur. Chinas Hostels sind nämlich häufig in außergewöhnlichen Gebäuden untergebracht. Als ich beispielsweise Harbin besuchte, kam ich in einer Jugendherberge unter, die sich in einer ehemaligen Synagoge befand. Zum Unglück der Backpacker wurde das Gotteshaus inzwischen komplett renoviert und in den Originalzustand von 1909 zurückversetzt, weswegen die Unterkunft ausziehen musste. Das Gebäude ist aber noch immer zugänglich. In ihm finden regelmäßig Konzerte statt.

Die Jugendherberge, in der ich in Qingdao unterkam, gibt es noch. Sie thront hoch über der Altstadt, die für ihre deutschen Kolonialbauten bekannt ist, im Innern einer früheren Sternwarte. Wenn Sie möchten, können Sie die Frühstücksbaozi direkt unter dem Teleskop einnehmen. In Peking befinden sich mehrere Hostels in Siheyuan, den traditionellen Pekinger Wohnhäusern. Auf der Insel Gulangyu wurden alte Kolonialbauten einschließlich ihrer teilweise großzügigen Gartenanlagen in Hostels verwandelt. Und in der Jugendherberge von Pingyao, die in einem ehemaligen Herrschaftshaus untergebracht ist, finden Sie die für die Stadt typischen Betten, die vom einen Ende des Zimmers zum anderen reichen.

Zweitens sind Hostels hervorragende Treffpunkte. Das mag zunächst nicht besonders klingen, schließlich zeichnen sich Jugendherbergen auf der ganzen Welt dadurch aus, dass man leicht mit anderen ins Gespräch kommt. Man hängt sich gemeinsam in die Sofas und erzählt sich Reiseanekdoten. Das ist auch in China so – und geht dort vielleicht sogar ein bisschen besser, denn viele Unterkünfte verfügen über einen Billardtisch oder eine Pingpongplatte, oft gibt es auch Bücherregale und gar nicht selten ein Fernsehzimmer mit einer ausladenden Sammlung an raubkopierten DVDs.

Das Besondere aber ist: Während man andernorts auf Touristen aus aller Welt trifft, sind in den chinesischen Hostels vorwiegend einheimische Reisende unterwegs. Immer wieder habe ich Leute getroffen, die aus genau jener Stadt kamen, die als Nächstes auf meiner Route lag, und die bereit waren, mich dort herumzuführen. Mehrmals begegnete ich sehr spannenden Personen: Ein Umweltschützer erzählte mir, wie er sich dafür einsetzt, eine Region im Norden von Yunnan in ein Schutzgebiet zu verwandeln. Eine Filmkomponistin lud mich in Taiyuan in ihr Aufnahmestudio zu einer kleinen Jamsession ein. Und dann war da noch der Student, der als erster Chinese jedes Land der Welt bereisen wollte, es bisher jedoch gerade einmal auf eine Handvoll gebracht hatte. Bis heute habe ich nie erfahren, ob er den Plan umgesetzt hat.

Drittens – und das ist einmal kein Grund, das Land zu lieben – stellt China seine Besucher bei der Hotelsuche immer wieder vor logistische Schwierigkeiten. Das Problem: Vor Jahren war in den Hotels ein System eingeführt worden, das es erlaubt, Identitätsausweise über einen Chip auszulesen und die Gäste direkt übers Internet zu registrieren. Für Hotelpersonal und einheimische Besucher beschleunigte sich dadurch der Prozess ungemein, nicht aber für Ausländer, mit deren Pässen das nicht funktioniert. Die Folge ist, dass Ausländer in vielen Hotels abgewiesen werden. Die besten Aussichten auf ein Zimmer haben internationale Besucher in Luxushotels oder eben den Hostels. Davon gibt es zum Glück genug: 137 Unterkünfte haben sich in der offiziellen Youth Hostel Association China (YHA China) zusammengeschlossen. Dazu kommen viele weitere Hostels in allen wichtigen Städten. Alleine für Peking spuckt das Buchungsportal Hostelworld nicht weniger als 23 Angebote aus.

*64. Grund*

## *Weil überall ein Mietfahrrad in Griffweite steht*

Auf meiner letzten Reise habe ich die Chinesen, mit denen ich ins Gespräch gekommen bin, danach gefragt, was denn für sie der wichtigste Grund sei, ihr Land zu lieben. Die meisten Antworten fielen aus, wie ich es erwartet hatte: Die 5000 Jahre alte Geschichte, das leckere Essen und die zunehmende internationale Bedeutung des Landes.

Überrascht hat mich allerdings die Antwort einer jungen Mutter, die sich in Shenzhen in einem Café an meinen Tisch setzte, ihrem Kleinen ein Schokolademuffin verfütterte und darauf bestand, mir auch einen zu kaufen, nachdem ich eine Sekunde zu lange auf das Gebäck gestarrt hatte. »Das Beste an China ist, wie praktisch hier alles ist«, erzählte sie mir. Als Mutter sei für sie wichtig, möglichst rasch nach Hause zu kommen. »Mit den Mietfahrerrädern, die es überall gibt, gelingt das hervorragend.« So etwas gebe es in Europa sicherlich nicht.

Tatsächlich sind die chinesischen Bürgersteige vollgeparkt mit Fahrrädern in unterschiedlichen Leuchtfarben, die für das jeweilige Unternehmen stehen. Wer ein kleines Depot hinterlegt hat, kann die Drahtesel praktisch mit dem Handy entsperren und an jedem beliebigen Ort stehen lassen. Die Preispolitik unterscheidet sich bei den einzelnen Firmen. In der Regel sind die Fahrten aber sehr erschwinglich. Das beginnt bei einem Yuan, kann aber auch komplett kostenlos sein.

Wie die Firmen ihr Geld verdienen, ist etwas undurchsichtig, interessiert die junge Mutter aber nicht. Böse Zungen behaupten, dass die Firmen ihre Einnahmen vor allem mit dem Verkauf von Nutzerdaten und den Bewegungsprofilen generieren. In einem Land, in dem Datenschutz kein Thema ist, lässt sich das nicht ausschließen. Es würde auch erklären, wieso ausgerechnet Internet-Giganten wie

Alibaba in etwas derart Analoges wie Fahrräder investieren. Allerdings ist fraglich, wie überlebensfähig das Business-Model langfristig ist. Nach einem anfänglichen Boom gingen die ersten Player schon bald unter. Überlebt haben nur die Unternehmen mit einem starken Partner. Für die Revolution des Nahverkehrs spielt das aber keine Rolle.

*65. Grund*

## *Weil Wandern in den heiligen Bergen wie Fahren auf der Autobahn ist*

Jeder leidenschaftliche Wanderer weiß: Die schönsten Orte der Welt erreicht man auf Schusters Rappen. Natürlich hängt dieses Empfinden nicht ausschließlich mit der objektiven Schönheit der Umwelt zusammen, sondern auch mit persönlichen Faktoren. Etwa den schmerzenden Füßen oder dem Gefühl der völligen Erschöpfung, wenn man nach all den abenteuerlichen Wanderwegen endlich am Ziel angelangt ist. Dass wir einen Ort besonders genießen, nachdem wir ihn uns Schritt für Schritt erkämpft haben, ist kein Geheimnis.

Die Sache ist nur die: In China gilt das nicht. Ich erinnere mich, wie ich vor ein paar Jahren das erste Mal in den chinesischen Bergen wandern ging. Ich plante einen Wochenendausflug auf den Taishan in der nahe gelegenen Provinz Shandong. Von allen Seiten wurde ich gewarnt. Der Taishan sei zwar kein besonders hoher Berg, trotzdem dürfe ich ihn nicht unterschätzen. Die Besteigung gehe gewaltig in die Beine und Knie. Ein chinesischer Arbeitskollege, der sich auf seinem WeChat-Profilbild mit Outdoor-Kleidern zeigt, empfahl mir sogar, gleich die Seilbahn zu benutzen. Noch einen Tipp erhielt ich von ihm: Auf dem 1.545 Meter hohen Gipfel könne ich den schönsten Sonnenaufgang der Welt beobachten. Falls ich trotz seiner Warnung zu Fuß rauf möchte, dann sollte ich am besten im Dunkeln mit einer Taschenlampe hochsteigen, damit ich gerade rechtzeitig zum Sonnenaufgang oben ankomme.

Ich entschließe mich, beide Ratschläge zu ignorieren und irgendwann am Vormittag loszumarschieren. Was ich nun sehe, überrascht mich nach all den Warnungen doch etwas. In die Höhe führt nämlich nicht etwa ein schmaler Weg voller Stolpersteine, kein abenteuerlicher Pfad, auf dem man am Abgrund vorbeibalancieren muss. Nein, es ist eine breite Treppe, deren 6.293 regelmäßige Stufen fast wie eine Autobahn Richtung Gipfel weisen. Alle Hundert Meter stehen links und rechts alte Bauten, in denen Souvenirs und Getränke angeboten werden und die eher den Anflug von Raststätten als von Tempeln haben. Weil ich in einem tiefen Seitental wandere, habe ich nur dann einen Fernblick, wenn ich mich komplett umdrehe und dorthin schaue, wo ich hergekommen bin. Durch die gleichmäßigen Treppenstufen wird die Wanderung nach einer Weile meditativ.

Für die Mega-Treppe brauche ich fünf Stunden. Kaum bin ich oben durch das »Südhimmelstor« geschritten, begrüßt mich eine grelle Leuchtreklame. Hier kann ich mich über Unterkünfte, preiswertes Frühstück und die Miete von alten Militärmänteln informieren. Zumindest Letzteres erweist sich später als eine ziemlich gute Idee: Denn sobald die Sonne untergeht, wird es hier oben empfindlich kühl. Nun gilt es nur noch, eine Unterkunft zu finden, den einzigartigen Sonnenaufgang zu beobachten und schließlich mit der Seilbahn wieder runterzufahren. Meinen Wanderurlaub hatte ich mir anders vorgestellt.

Tatsächlich ist das, was ich am Taishan erlebte, für viele chinesische Wandergebiete typisch. Auch neben den leuchtend blauen Seen von Jiuzhaigou führen breite, leicht erhöhte Holzwege durch das Naturschutzgebiet. Ähnlich sieht es in Zhangjiajie aus, den in Grund 89 erwähnten Hallelujah-Bergen aus dem Film *Avatar*. An einer besonders beliebten Ecke bin ich sogar einmal auf einen Abschnitt gestoßen, wo alle Hundert Meter Wachen mit Megafonen standen. Sie achteten darauf, dass keiner vom rechten Weg abkam und es wagte, durch die sensible Natur zu trampeln. Andacht kommt so nicht auf, aber bei den vielen Besuchern ist das für die Natur vielleicht auch besser so.

*66. Grund*

## *Weil Sie beim Essen auf den Preis schauen können*

In der Nähe meines Büros gab es ein ziemlich teures Restaurant. Keiner von uns hat es je von innen gesehen. Als mein Arbeitskollege und ich an einem trüben Wintertag nicht wussten, wo wir fürs Mittagessen hingehen sollten, kam nach einer Weile genau jenes Restaurant zur Sprache. So teuer kann es ja nicht sein, sagten wir uns. Immerhin hatten wir als Ausländer einen vergleichsweise soliden Lohn, und hin und wieder soll man sich bekanntlich etwas Gutes gönnen.

Als wir eintraten, sahen wir einen großen Saal mit vielleicht 20 runden Tischen, die jeweils mit einem goldgelbem Tischtuch und einer sich drehenden Glasplatte bedeckt waren. An beiden Seiten des Raums waren Türen zu erkennen, die in Separees führten. In gehobenen Restaurants sind solche privaten Essbereiche nicht unüblich. Wer sich verpflichtet, für einen Mindestbetrag zu konsumieren, kann in den abgeschirmten Räumen in Ruhe seinen Geschäften nachgehen.

An jenem Mittag schien im Restaurant wenig los zu sein. Weder in den Privaträumen noch im Mittelbereich war ein einziger Gast zu sehen. Etwas skeptisch baten wir um die Speisekarte. Was wir sahen, erschreckte uns gleich auf zweierlei Weise. Zunächst einmal wegen der angebotenen Gerichte: Als Erstes fielen uns Schildkröten- und Haifischsuppen auf, was beides nicht unbedingt zu den Speisen gehört, die ich mir mit gutem Gewissen gönnen könnte. Auf den nächsten Seiten ging es ähnlich weiter. Der zweite Schreck kam, als wir auf die Preise schauten. Kleinere Sachen begannen bei vielleicht 100 Euro, das teuerste Gericht lag bei fast 2000 Euro. Wer hierher kommt, tut dies vornehmlich, um den Reichtum zur Schau zu stellen.

Wieso erzähle ich diese Geschichte? Nun, etwa zur gleichen Zeit besuchte mich meine Schwester. Da sie kein einziges chinesisches Zeichen kannte und deswegen die Speisekarten nicht lesen konnte, fürchtete sie, dass sie versehentlich etwas bestellt, was dem westeuropäischen Essbarkeitsempfinden nicht zuträglich ist. Ich gab ihr daraufhin einen Tipp, den ich seither den meisten Besuchern gegeben habe: Wenn ihr die Speisekarte nicht versteht, dann achtet einfach auf den Preis.

Die Sache ist die: Gerichte, die Nichtchinesen niemals freiwillig bestellen würden, sind fast immer hochpreisig. Das aus Vogelspucke bestehende Schwalbennest, die kaum verzehrbaren Seegurken und die gummigen Haifischflossen: sie alle gibt es zwar auch in gewöhnlichen Restaurants, sind aber meistens deutlich teurer als die gewöhnlichen Gerichte. Umgekehrt habe ich am anderen Ende des Preisspektrums die Erfahrung gemacht, dass man auch in China das bekommt, was man bezahlt. Am »sichersten« ist alles im mittleren Preisspektrum.

Interessanterweise gilt das Gesagte aber nicht für die Wahl des Restaurants. Auch hier ist auf den Preis zu achten. Doch nicht das mittlere Preisspektrum ist am besten. Zu bevorzugen sind entweder die günstigen Straßenkneipen oder die hochspezialisierten Gourmettempel. In all den Jahren hatte ich nur zwei Magenverstimmungen, beide Male nach dem Besuch von durchschnittlichen Restaurants in Einkaufszentren. Auch diese Empfehlung hat eine innere Logik: Die Top-Restaurants haben einen Ruf zu verlieren, während die günstigen Etablissements einen so hohen Warenumsatz haben, dass Sie davon ausgehen können, dass die Zutaten frisch sind. Und das ist das Wichtigste, denn lecker ist es überall.

*67. Grund*

## *Weil Sie von der Steckdose angelächelt werden*

Preisfrage: In welchem Land finden Sie die freundlichsten Steckdosen der Welt? Die Antwort lautet: in China. Sehen Sie sie sich auf Ihrer nächsten Reise einmal etwas genauer an. Es braucht nicht viel Fantasie, um hinter den Öffnungen ein lächelndes Gesicht zu erkennen: Oben sind die beiden Kulleraugen, darunter eine schmale Nase, und dann kommen die hochgezogenen Mundwinkel. Wenn es je eine Steckdose gab, die allein mit ihrem Gesichtsausdruck die Erlaubnis zur Benutzung gab, dann muss es eine chinesische gewesen sein.

Natürlich wurde die Anordnung nicht allein aus ästhetischen Gründen gewählt, und schon gar nicht ging es darum, in den Wohnungen eine bessere Stimmung zu verbreiten. Vielmehr stecken praktische Überlegungen dahinter. China produziert einen beträchtlichen Teil der elektronischen Geräte für den Weltmarkt, und einige davon gehen – kaum überraschend –auch auf den Elektromärkten von Peking bis Shenzhen über den Ladentisch. Und dort herrscht unter den angebotenen Geräten ein gewaltiges Stecker-Chaos.

Sicherlich wäre es möglich gewesen, einen fürs ganze Land verbindlichen Stecker durchzusetzen. Das hätte nicht einmal sonderlich überrascht, zumal China in vielen Bereichen Wert auf die technische Harmonisierung legt. In diesem Fall hat sich die Regierung aber zu einem pragmatischeren Weg entschlossen und gleich drei unterschiedliche Steckertypen zum Standard erklärt. Seither werden in Wohnungen und Hotels Kombistecker verbaut, die ähnlich international ausgerichtet sind wie die Adapter, die Reisende kurz vor Abflug verzweifelt auf den Flughäfen suchen.

In die »Augen« der chinesischen Steckdosen passen Eurostecker wie auch die amerikanischen Flachstecker. In den »Mund« hingegen gehören Geräte aus Australien oder Neuseeland. Oder um es etwas professioneller auszudrücken: In China nehmen die Kombinationssteckdosen die Stecker der Typen A, C und I auf. Von den insgesamt 14 Typen, die es weltweit gibt, sind das immerhin einige der am weitverbreitetsten. Da die Spannung in China (220V) ungefähr der in Mitteleuropa (230V) entspricht, sind auch keine Spannungswandler nötig. Die Steckdosen sind also nicht nur freundlich, sondern auch praktisch und ein gutes Vorbild für Europa.

*68. Grund*

## *Weil zum Frühlingsfest die größte Völkerwanderung der Welt einsetzt*

Dass in China der Frühling ansteht, merkt man allein daran, dass die Schlangen vor den Verkaufsstellen für Zugfahrkarten länger werden. Das chinesische Neujahr, das seit der Einführung des gregorianischen Kalenders 1912 offiziell Frühlingsfest heißt, ist der wichtigste Feiertag im chinesischen Kalender. Ähnlich wie bei uns Weihnachten ist in China das Frühlingsfest die Zeit, die man gemeinsam mit der Familie verbringt.

Da Millionen Chinesen weitab von zu Hause in anderen Städten arbeiten, bedeutet ein Familienbesuch vor allem eines: ein Verkehrswesen am Rande des Kollaps. Während der 40 Tage, die gemeinhin als Hauptreisezeit gelten, werden über 400 Millionen Zugreisen unternommen. Noch mehr Menschen sind auf der Straße unterwegs. Das chinesische Fernsehen sprach neulich von bis zu drei Milliarden Fahrten und zeigte dabei Bilder von überquellenden Bahnhöfen und kilometerlangen Staus auf der Autobahn. Das Frühlingsfest, hieß es in der Sendung nicht ohne Stolz, sei die größte Völkerwanderung der Welt. Und Jahr für Jahr sind mehr Menschen unterwegs.

Die staatlichen Verkehrsbetriebe haben in den letzten Jahren viel unternommen, um der Nachfrage Herr zu werden. So werden auf beliebten Strecken zahlreiche Sonderzüge eingesetzt. Um den Kauf von Fahrkarten einfacher zu gestalten, lassen sie sich nun schon lange im Voraus über das Internet reservieren. Um den Schwarzmarkt auszutrocknen (und wohl auch, um die Bewegungen der Bürger besser zu überwachen), werden Zugfahrkarten seit Jahren mit dem Namen und der Passnummer personalisiert.

Noch etwas hat sich verändert: Immer häufiger kommt es vor, dass nicht mehr die Kinder in ihre Heimat zurückkehren, sondern dass die Eltern die Feiertage beim Nachwuchs in den Städten verbringen – ein Trend, der nur dank der Ein-Kind-Politik überhaupt möglich wurde. Für die Eltern bringt das den Vorteil mit sich, dass sie mehr Zeit mit den Kindern verbringen können, die oft nur wenige Tage Jahresurlaub haben. Für die jungen und unverheirateten Kinder ist es eine Möglichkeit, der Verwandtschaft aus dem Weg zu gehen, die sich ständig danach erkundigt, ob sie schon unter der Haube sind und wann denn endlich der Nachwuchs auf dem Weg ist.

Und wann findet das Ganze nun statt? Das Datum beruht auf dem traditionellen chinesischen Mondkalender. Als Faustregel gilt: Es findet jeweils während des zweiten Neumonds nach der Wintersonnenwende statt. Da zwölf Mondmonate kürzer sind als ein Sonnenjahr, verschiebt sich der Neujahrstag jeweils um elf Tage nach vorne. Mit einem Schaltmonat wird das regelmäßig wieder synchronisiert. Das Jahr des Tigers am 1. Februar 2022 und das Jahr des Hasen am 22. Januar 2023.

Wenn Sie mit dem Gedanken spielen, China während des Frühlingsfests zu besuchen, weil das ein einzigartiges kulturelles Ereignis ist, dann empfehle ich Ihnen, diesen Gedanken so schnell wie möglich zu vergessen. Die oben genannten Daten waren nicht als Empfehlung, sondern als Warnung gedacht. Reisen während des Frühlingsfests ist nicht nur wegen der überfüllten Züge, der vielen geschlossenen Geschäfte und der überteuerten Unterkünfte beschwerlich. Es ist auch die Zeit, in der die Menschen mit der Familie beschäftigt sind und kaum Zeit haben, sich mit ausländischen Besuchern abzugeben. Persönlich am meisten stört mich jedoch, dass zwei Wochen lang ununterbrochen Feuerwerk abgebrannt wird. Glauben Sie ja nicht, dass es jemanden kümmert, dass Sie um drei Uhr früh schlafen wollen.

## Kapitel 7

# Urbanes

*69. Grund*

## *Weil der Hukou immer weniger zählt*

Vor dem Eingang zum Block, in dem ich vor etwa zehn Jahren wohnte, gab es eine Rampe, die mit einem eleganten Schwung ins Untergeschoss führte. Sie war so breit, dass sie selbst von einem Lastwagen hätte befahren werden können. Aber unten war kein Garagentor, sondern eine simple Tür, die fast immer weit offen stand. Egal, ob ich am Morgen zur Arbeit ging oder abends heimkam: Immer sah ich dort unten Leute rein- und rausgehen. Meistens waren sie jung und auf eine Art und Weise aufgebrezelt, die verriet, dass sie erst vor Kurzem in die Stadt gezogen waren.

Eines Tages schlich ich mich hinab und wagte einen verstohlenen Blick durch die Tür. Was ich sah, wirkte wie ein Zivilschutzbunker, der notdürftig in kleine Räume unterteilt worden war. An der Wand hinter dem Eingang hing ein Whiteboard, an dem Flugblätter befestigt waren. Davor stand ein Stuhl. Einige Päckchen lagen auf dem Boden verstreut. Zu sehen war niemand. Unauffällig trat ich ein und schlich mich den Gang entlang. Ich war erst wenige Meter gekommen, als sich neben mir geräuschvoll die Tür öffnete. Erschrocken blickte ich auf die Frau, die aus einem engen Raum trat. Hinter ihr war gerade Platz genug für ein Bett und einen Schreibtisch, auf dem sich Lebensmittel stapelten. An der Wand klebte ein Poster mit einem kitschigen Sonnenuntergang. Ich konnte leicht erkennen, dass die Frau hier lebte. Sie schaute mich einen Augenblick überrascht an, lächelte dann kurz und lief an mir vorbei.

Etwas später erfuhr ich, dass sich vielleicht 40 Personen in unseren Keller eingemietet hatten. Doch während ich mich ein paar Stockwerke weiter oben auf luxuriösen 80 Quadratmetern ausbreiten konnte, hatten sie nicht einmal ein Zehntel meines Platzes. Trotz der Enge sind solche preiswerten Wohnmöglichkeiten bei Zuzüglern, die ihr Glück in den prosperierenden Städten suchen, sehr beliebt.

Wie viele Menschen heute in solchen Bunkern leben, ist unbekannt, denn das Vermieten von unterirdischen Wohnungen ist seit 2010 verboten und wird deswegen auch nicht statistisch erfasst. Eine amerikanische Wissenschaftlerin errechnete aber 2014 anhand von Zeitungsannoncen, dass alleine in Peking bis zu einer Million Menschen so gehaust haben könnten. Seither schloss die Polizei viele dieser Wohnungen. Ganz verschwunden sind sie nicht.

Erstaunlicherweise haben sich in Chinas Vorstädten nie sichtbare Slums gebildet – obwohl es ein gewaltiges Wohlstandsgefälle zwischen Stadt und Land gibt und sich die Schere zwischen Arm und Reich immer weiter öffnet. Zum einen hängt das sicherlich damit zusammen, dass die Armenviertel weitgehend unsichtbar unter dem Boden verschwanden, wie etwa unter meiner Wohnung. Mindestens so wichtig ist aber auch das chinesische Haushaltsregistrierungssystem.

Den Machthabern wurde nämlich schon früh klar, dass es die Grundversorgung des Landes gefährden könnte, wenn die Bauern plötzlich in Scharen ihre Schollen verließen und in die Städte zögen. Um dies zu verhindern, wurde Ende der 1950er-Jahre ein System mit zwei unterschiedlichen Niederlassungsbewilligungen eingeführt: Ein ländliches *Hukou* brachte Nutzungsrechte an Grund und Boden mit sich, während Stadtbewohnern der Zugang zu Bildung und Jobs in der Verwaltung gewährt wurden. Außerdem erhielten Letztere schon früh eine minimale soziale Absicherung. Diese systematische Ungleichbehandlung hängt vermutlich mit der Annahme zusammen, dass Städter schneller aufbegehren als Landbewohner.

Die Trennung funktionierte in den ersten Jahren gut, und solange die Binnenmigration in geordneten Bahnen verlief, war an ihr wenig auszusetzen. Doch spätestens ab Ende der 1970er-Jahre begannen die Industrieregionen im Süden und entlang der Küste, immer mehr Landbewohner anzuziehen. Um weiterhin eine Balance zu halten, trat 1982 eine drastische Maßnahme in Kraft: Menschen ohne festen Wohnsitz, ohne Lebensgrundlage und ohne Wohnerlaubnis sollten alsbald gewaltsam rückgeführt werden. Vordergründig ging es darum, zu verhindern, dass sich Bettler und Obdachlose in den Städten herumtreiben. Doch die Zahl derer, die in Camps statt in ihrer Heimat landeten, wuchs ständig an. Für das Jahr 2002 sprach Amnesty International von einer Million Menschen, die in Lagern untergebracht waren. Darunter auch Minderjährige.

Wellen schlug schließlich der Fall des 27-jährigen Wanderarbeiters Sun Zhigang. Er war im März 2003 ohne Papiere in Guangzhou aufgegriffen worden und starb drei Tage später an den Folgen der Misshandlungen, die ihm während der Inhaftierung zugefügt worden waren. Suns Familie informierte Enthüllungsreporter, die die tragische Geschichte im ganzen Land bekannt machten – die Zensur war glücklicherweise wegen des gleichzeitigen SARS-Ausbruchs zu beschäftigt, um die Brisanz des Falles zu erkennen. Chinesische Juristen, die für mehr Bürgerrechte kämpften, wandten sich ans Parlament und stellten die Verfassungsmäßigkeit der Rückschaffungen infrage. Wenige Monate später musste die Regierung nachgeben und die Praxis aufheben. Ein seltener Erfolg für Chinas Menschenrechtsanwälte.

Doch auch wenn Landbewohner nun nicht mehr so leicht aus den Städten geworfen werden konnten, blieb das System ungerecht. Zuzügler mit dem falschen *Hukou* wurden behandelt wie in anderen Ländern illegale Flüchtlinge. Wanderarbeiter erhielten keine Sozialleistungen und konnten ihre Kinder nicht in Schulen registrieren. Als ich bei einem chinesischen Verlag arbeitete, hatten wir eine Mitarbeiterin aus dem ländlichen Shandong. Sie hatte sich verpflichtet, mehrere Jahre für einen Hungerlohn zu arbeiten, wenn der Verlag ihr im Gegenzug das attraktive Peking-*Hukou* verschaffte. Selbst die hitzigsten Patrioten gestehen mittlerweile ein, dass das *Hukou*-System seine Schwächen hat.

Die Tür zu den Kellerabteilen unter meiner Wohnung ist mittlerweile zu, und auch die Benachteiligung von Ortsfremden nimmt kontinuierlich ab. Kleinere Städte vergeben die Niederlassungsbewilligung ohne Umschweife, und auch in den Metropolen mit dem größten Migrationsdruck wurden die Regeln gelockert. Seit Jahren wird darüber gesprochen, das ungerechte System vollständig aufzugeben. Ein Verlust wäre das nicht, denn letztlich würde nur das legalisiert, was mittlerweile sowieso politisch erwünscht ist: eine starke Urbanisierung.

*70. Grund*

## *Weil der Tod eines Soldaten die Städte sauberer machte*

Das Schicksal meinte es nicht gut mit Lei Feng. Er war gerade einmal 21 Jahre alt, als er bei einem tragischen Unfall ums Leben kam. Das Unglück ereignete sich an einem Herbsttag im Jahr 1962. Der junge Soldat war gerade dabei, einen rückwärts rangierenden Truppentransporter der Volksbefreiungsarmee einzuweisen, als dieser einen Telefonmast rammte und zu Fall brachte. Der Mast stürzte auf Lei und tötete ihn auf der Stelle.

Vermutlich wäre in jenen unruhigen Zeiten niemand auf sein Schicksal aufmerksam geworden, wenn nicht auf mysteriöse Weise neun Tagebücher, die Lei heimlich geführt hatte, sowie rund

300 Fotos aufgetaucht wären. Im Text, der kurz darauf veröffentlicht wurde, ist zu lesen, wie ungeheuerlich selbstlos der junge Mann seinen Mitmenschen diente. Man erfährt, dass Lei gerne in den frühen Morgenstunden aufstand, um seinen Armeekameraden die schmutzige Bettwäsche zu waschen, und wie er sich schelmisch darüber freute, wenn sie nicht erraten konnten, wer ihnen diese unangenehme Arbeit abgenommen hatte. An einer anderen Stelle beschrieb er, wie er alten Leuten beim Überqueren der Straße half. Und immer wieder sind kleine Lobreden über die weisen Worte des Großen Vorsitzenden eingeflochten. »Die Eltern sind den Kindern wichtig. Aber sie lassen sich nicht vergleichen mit dem Vorsitzenden Mao«, schrieb Lei an einer Stelle. Er selber hatte seine Eltern schon in der frühen Kindheit verloren.

Die Geschichte vom aufopfernden Soldaten landete nach ein paar Monaten bei Mao Zedong höchstpersönlich. Am 5. März 1963 kalligrafierte dieser die Zeile »Lernen vom Genossen Lei Feng« und legte damit den Grundstein für einen eigenwilligen Personenkult um den gefallenen Kameraden. Für die Propaganda erwies sich die Geschichte nämlich als regelrechter Glückstreffer: Die Mischung aus unverbesserlichem Altruismus und unerschütterlichem Glauben an die Partei, die wohl selbst in jener Frühphase der Volksrepublik höchst selten anzutreffen war, entsprach genau jenem neuen Menschen, zu dem die Machthaber das Volk formen wollten.

Freilich ist auch fast 60 Jahre nach seinem Tod völlig unklar, welche Teile seiner Biografie wahr und welche frei erfunden sind. Die meisten Historiker halten Lei für eine echte Person, glauben aber, dass sein Tagebuch zumindest stellenweise eine Fälschung ist. Denn tatsächlich gibt es eine Menge offene Fragen. Wie kam es beispielsweise, dass Teile des vorgeblich geheimen Tagebuchs schon zu seinen Lebzeiten veröffentlicht wurden? Oder wieso wurden in Zeiten des Mangels so viele Fotos von einem einfachen Soldaten angefertigt, der bei seinen guten Taten angeblich darauf erpicht war, keinem die Identität zu verraten? Hinzu kommt, dass das Tagebuch bisher immer nur in Ausschnitten veröffentlicht wurde und dass diese Textstellen seltsamerweise immer gerade dem vorherrschenden Zeitgeist entsprachen, ja sich über die Jahre sogar zu widersprechen begannen.

Der Beliebtheit von Lei Feng schadeten diese Ungereimtheiten allerdings kaum. Immer wieder wird seine Geschichte neu erzählt. Vor ein paar Jahren lief sie abendfüllend auf den Leinwänden der Kinos – was übrigens auch der Grund ist, wieso ich überhaupt von dem Mythos erfuhr. Eine befreundete Englischlehrerin hatte mir nämlich verraten, dass das Rektorat von ihr verlangt hatte, den Film mit einer Klasse anzuschauen.

In einer Gesellschaft, in der sich viele über die Ellenbogenmentalität ihrer Mitmenschen beklagen, findet die Figur des vollkommenen Altruisten verständlicherweise großen Anklang, obwohl sie längst aus der Zeit gefallen ist. Noch immer wird jedes Jahr am 5. März der Geist von Lei Feng beschworen. An jenem Tag ziehen dann Schulklassen und Nachbarschaftskomitees mit Müllzangen durch die Straßen und Parks und sammeln alles ein, was da herumliegt. An solchen Tagen ist es tatsächlich schwer, Lei Feng nicht zu mögen.

*71. Grund*

## Weil chinesische Ampeln zählen können

3, 2, 1, neue Farbe. Wenn chinesische Verkehrsampeln von Rot auf Grün und wieder zurück auf Rot springen, wird das lange im Voraus mit einem Countdown angekündigt. Und zwar nahezu ausnahmslos im ganzen Land und an jeder Kreuzung. 90 Sekunden, 120 Sekunden: So lange müssen Fußgänger und Autofahrer maximal warten, bis sie sich wieder in Bewegung setzen dürfen.

Der Vorteil des Systems liegt auf der Hand: Verkehrsteilnehmer, denen auf einem Display angezeigt wird, dass sie nur noch wenige Sekunden zu warten haben, übertreten ein Rotlicht mit einer geringeren Wahrscheinlichkeit als jene, die nicht wissen, wie lange sie sich noch gedulden müssen. Dass das die Verkehrssicherheit erhöht, versteht sich von selbst. Eine Untersuchung vom deutschen ADAC hat vor einigen Jahren gezeigt, in welchem Umfang: Mit Countdown-Ampeln lassen sich laut der Studie die Rotlicht-Verstöße von Fußgängern um ein Drittel reduzieren. Aber auch die Sicherheit von Autofahrern verbessert sich. Die Zahl von Auffahrunfällen, die durch abrupte Bremsmanöver verursacht werden, verringert sich ebenfalls signifikant, wenn Fahrer frühzeitig wissen, wann eine Ampel umschaltet.

Kein Wunder, dass es auch im deutschsprachigen Raum immer wieder Initiativen gibt, Countdown-Ampeln einzuführen. So hat zum Beispiel die Schweizer Nationalrätin Margret Kiener Nellen im Jahr 2015 im Parlament ein Postulat eingereicht, in dem sie den Bundesrat aufforderte, deren etwaige Einführung zu prüfen. Auch sie habe die Countdown-Ampeln in China zu schätzen gelernt, schrieb mir die Politikerin auf meine Anfrage. In Deutschland setzen sich ebenfalls verschiedene Politiker für zählende Rotlichter ein.

Dass trotz der deutlichen Vorteile für die Verkehrssicherheit solche Systeme bei uns bislang nur in einigen wenigen Versuchsprojekten realisiert wurden, liegt hauptsächlich an technischen Hürden. Während in China die Rot- und Grünphasen über eine Festzeitsteuerung geregelt werden, reagieren unsere Ampeln auf das tatsächliche Verkehrsaufkommen. Hinzu kommt, dass Busse und Straßenbahnen in der Regel bevorzugt behandelt werden. Die Folge wäre, dass die Zahl auf dem Display ständig hin und her spränge, was wohl bei den wenigsten Verkehrsteilnehmern auf Gegenliebe stoßen würde.

Countdown-Ampeln reichen den zuständigen Behörden allerdings längst nicht mehr aus. Um noch mehr Leute daran zu hindern, über Rot zu laufen, und um die Sicherheit noch weiter zu erhöhen, haben sie sich einiges einfallen lassen. Teilweise mit abstrusen Resultaten. In einer kleinen Stadt in Zentralchina beispielsweise sind an wichtigen Übergängen Düsen installiert worden, die alle mit Wasser bespritzen, die nicht auf das grüne Ampelmännchen warten.

Andernorts soll mithilfe sozialer Ausgrenzung für Ordnung gesorgt werden: Kameras mit Gesichtserkennung identifizieren die Sünder und veröffentlichen ihr Foto mit Namen und ID auf großen Bildschirmen. Gerade Letzteres kann allerdings auch einmal schief gehen. Vor einiger Zeit sorgte der Fall von Dong Mingzhu in den chinesischen Social Media für Spott und Häme. Die in China bekannte Industrielle wurde in der Hafenstadt Ningbo auf einem Bildschirm an den Pranger gestellt, obwohl sie nicht einmal in der Nähe des besagten Fußgängerübergangs war. Es stellte sich heraus, dass die automatische Gesichtserkennung ihr Gesicht auf einer Werbung registrierte, die auf einem vorbeifahrenden Busses angebracht war.

*72. Grund*

## Weil man überall ein Fitnessstudio findet

»Die Volksgesundheit geht vor«, das oder zumindest so etwas Ähnliches muss sich die Regierung gedacht haben, als sie Ende der 1990er-Jahre in einem landesweiten Programm Zehn- oder gar Hunderttausende Sportgeräte in den Städten aufstellen ließ. Seither reihen sich an manchen Orten bis zu 30 einfach hergestellte und meist bunt bemalte Fitness-Maschinen aneinander. Wer mag, kann unter freiem Himmel kostenlos Klimmzüge üben, sein eigenes Gewicht stemmen oder etwas tun, was ein wenig an Langlaufen erinnert.

Die meisten Trainingsstätten stehen im Grünen oder wurden im Innern von Wohnsiedlungen installiert. Die Zielgruppe sind Senioren, die sich die schicken Fitnessstudios für die neue Mittelklasse nicht leisten können oder wollen. Und die nutzen sie rege, wenn auch nicht immer wie vorgesehen. Sie bringen die Enkel zum Spielen mit oder tauschen sich mit den Nachbarn über den aktuellen Klatsch aus. Auf den Geräten wird mehr geplaudert als geschwitzt, das Soziale ist wichtiger als der Sport. Bei mir um die Ecke hat ein Nachbar die Geräte an sonnigen Tagen auch gerne genutzt, um die Bettwäsche zu trocknen.

Wie groß der Effekt der Anlagen ist, lässt sich schwer messen. Denn gleichzeitig mit ihrem flächendeckenden Aufbau sorgten ein immer westlicherer Lebensstil mit vielen Süßigkeiten und Fast Food und ein genereller Bewegungsmangel dafür, dass Übergewicht und Fettleibigkeit zu einem zunehmenden Problem geworden sind. Das *Journal of the American Medical Association* meldete kürzlich, dass die Zahl der Diabetiker in China in den vergangenen 30 Jahren von unter einem Prozent auf inzwischen zwölf Prozent angestiegen sei. Fast 100 Millionen Chinesen sind zuckerkrank. Die frühere Ein-Kind-Politik sorgte zudem dafür, dass viele Einzelkinder von ihren Eltern überfüttert werden.

Entsprechend wächst vor allem bei der städtischen Bevölkerung das Gesundheitsbewusstsein, was einen Trend zu Fitnessstudios mit sich bringt. Landesweit gibt es etwas über 50.000 Fitnessklubs mit 21 Millionen Mitgliedern. Tendenz: rasch steigend. Der Regierung reicht das aber noch längst nicht. Im ganzen Land sollen bis 2030 zusätzliche Sportanlagen entstehen, sodass schließlich auf jeden Bewohner 2,3 Quadratmeter Sportfläche kommen.

Der neuste Trend sind Micro-Pods, kleinste Fitness-Zellen von vier bis zehn Quadratmetern und einer spartanischen Einrichtung: Klimaanlage, Flachbildfernseher und wahlweise Laufband, Tretmühle oder Rudermaschine sowie teilweise kleine Duschkabinen. Ihr Vorteil ist, dass sie einfach am Straßenrand stehen und so zum schnellen Work-out zwischendurch animieren. Niederschwellig ist auch der günstige Preis: Er wird in der Regel frei von Abo-Gebühren auf Minutenbasis abgerechnet.

Aus sportlicher Sicht sind die Micro-Pods und auch die vielen Fitnessstudios zweifellos eine unvergleichlich bessere Wahl. Und dennoch mag ich die einfachen Geräte unter freiem Himmel lieber, wo man mit den Nachbarn ins Gespräch kommt und das Training alles andere als verbissen ist.

*73. Grund*

## *Weil es in den Bibliotheken Schlafkabinen gibt*

Dass es chinesische Studenten nicht leicht haben, das besprachen wir bereits weiter oben. Eine Sache macht ihnen das Leben aber besonders schwer: der zentrale Lichtschalter. In den meisten Unis heißt es nämlich zu einer festgelegten Zeit Lichterlöschen. In der Regel gegen elf Uhr abends. Gemeint ist nicht etwa die schwache Funzel draußen auf dem Gang – die brennt die ganze Nacht –, sondern tatsächlich das Licht in den Schlafzimmern, die sich meist zwei bis vier Studierende teilen.

Was nach einem Übrigbleibsel aus dem Frühkommunismus klingt, hat allerdings bis heute seine Berechtigung. Das findet zumindest Frau Li, die an einer Shanghaier Hochschule in leitender Funktion arbeitet. »Wir wollen nicht, dass jemand die ganze Nacht Computerspiele zockt und die anderen im Zimmer stört«, erklärt sie mir. Eine klare Schlafzeit helfe allen. Um die Nachtruhe rigoros durchzusetzen, seien früher sogar die Steckdosen ausgeschaltet worden. Heute haben die meisten Betten jedoch kleine Leseleuchten, sodass man auch spätabends im Bett das eine oder andere repetieren kann, versichert Frau Li.

In der Realität scheint das eigene Zimmer aber trotzdem für viele keine attraktive Lernumgebung zu sein. Wenn ich gelegentlich spätabends nach dem Ausgang noch etwas Hunger verspürte und mir was Kleines im Fast-Food-Tempel mit dem gelben M holen wollte, war dieser oft rappelvoll mit Studenten. Die meisten hatten allerdings nicht wie ich einen fetten Burger vor sich, sondern einen Stapel Bücher und einen aufgeklappten Laptop. Viele saßen alleine dort, blätterten schwere Ordner durch und machten sich Notizen. Manchmal sah ich aber auch kleine Gruppen, die sich angeregt über ein bevorstehendes Projekt unterhielten.

Einen besseren Ort zum Pauken könne es gar nicht geben, hatte mir einmal ein Student erklärt. Die Fast-Food-Kette sei rund um die Uhr geöffnet, und zwischen all den Kommilitonen komme eine angenehme Stimmung zum Lernen auf. Ein anderer Punkt ist aber möglicherweise für die Wahl des Lokals entscheidender: Hier wird keiner rausgeworfen, nur weil er zu wenig konsumiert. Wer jede Nacht zum Lernen kommt, hat möglicherweise nicht genügend Geld, um sich jedes Mal etwas zu kaufen – und selbst wenn die Ausgaben kein Problem wären, vergeht nach einer Weile jedem die Lust auf die limitierte Speisekarte.

Glücklicherweise ist die Auswahl an Orten zum Lernen in den vergangenen Jahren größer geworden. Immer mehr Bibliotheken und Buchhandlungen richten Angebote für all jene ein, die noch spätabends büffeln wollen oder müssen. Entsprechend werden die Öffnungszeiten immer weiter in die Nacht verschoben. In vielen Städten gibt es mittlerweile Buchhandlungen, die rund um die Uhr geöffnet sind. Tische, Steckdosen und die Möglichkeit, sich den für späte Lernstunden notwendigen Kaffee zu ziehen, gehören ohnehin längst überall zur Standardausstattung.

Einige Orte gehen noch einen Schritt weiter. Eine Leihbücherei in Fuzhou hat beispielsweise spezielle Schlafecken eingerichtet, in denen sich müde Lernende ein paar Minuten aufs Ohr hauen können – einschließlich bequemer Kissen, nur das Licht lässt sich nicht dimmen. In Guangzhou wartet eine Bibliothek mit einem Yoga-Raum auf alle, bei denen plötzlich das Bedürfnis nach Entspannung aufkommt. Mit dem Verkauf von Büchern alleine funktioniert eine Buchhandlung längst nicht mehr.

## Weil Einkaufszentren alles sein können, sogar Museen

Wenn der chinesischen Schickeria der Sinn nach einem exquisiten Einkaufsbummel steht, dann steuert sie gerne Paris, Mailand oder New York an. Dafür gibt es zwei Gründe: Zum einen nehmen regelmäßige Auslandsreisen auf der nach oben offenen Gesichtsgewinnskala fast eine gleich hohe Position ein wie die dort erworbenen Prada-Taschen und Hermes-Geldbeutel. Zum anderen führt die chinesische Steuerpolitik mit ihren hohen Prozentsätzen für Luxuswaren dazu, dass solche Produkte in Europa oder Amerika oft deutlich günstiger zu haben sind.

Mich hat das immer wieder überrascht. Denn ich kenne kein Land mit grandioseren Einkaufsmöglichkeiten als China. Grundsätzlich bin ich ein Mensch, der sich nicht länger als nötig in Läden aufhält. Schnell rein und noch schneller raus. Doch in China faszinieren mich die Konsumtempel, weil das Einkaufen hier eine zusätzliche Ebene erhält. Es ist nicht bloß eine lästige Notwendigkeit, sondern mit den zahlreichen Freizeitangeboten ein regelrechtes Ereignis. Restaurants und Kinos kann jeder. Aber Eiskunstbahnen, ausufernde Kletterburgen für Kinder und eine faszinierende Architektur: Das bin ich sonst nicht gewohnt. Und weil die Konkurrenz so viel bietet, müssen neue Einkaufszentren mit immer spannenderen Konzepten um ihre Kunden buhlen.

In Peking konnte ich diese Entwicklung gewissermaßen vor der Haustür mitverfolgen. Als ich frisch in die Hauptstadt zog, war das Einkaufserlebnis zwar nicht mehr so dürftig wie in den frühen 1990er-Jahren, als Ausländer ausschließlich in grimmigen Freundschaftsläden einkaufen durften und eine Parallelwährung, die Foreign Exchange Certificates FEC, dafür sorgte, dass sie überhöhte Preise bezahlten. Aber es war noch immer alles andere als berauschend. Doch dann gingen jedes Jahr neue Malls auf, die sich mit immer neuen Weltrekorden übertrumpften.

Das Joy City im Stadtteil Xidan erhielt die bis dato längste freistehende Rolltreppe, mit der man direkt zu den Restaurants im siebten Stock gelangte. Eine andere Mall, The Place, wurde mit einem 250 Meter langen und 30 Meter breiten LED-Bildschirm überdacht, der es sogar ins *Guinness Buch der Rekorde* schaffte. Die Golden Resources Mall war bei ihrer Eröffnung mit einer Verkaufsfläche von 560.000 Quadratmetern das größte Einkaufszentrum der Welt. Vom Thron verdrängt wurde sie übrigens von der New South China Mall im südchinesischen Dongguan. Beides sind halbe Stadtteile, in deren endlosen Passagen man alles kaufen kann, wenn man es denn nur finden könnte.

Weil Weltrekorde als Konzept etwas dürftig sind, wurden die Einkaufszentren immer mehr zu kleinen Dörfern. Das Solana liegt am nördlichen Ende des Chaoyang Parks und ist einer europäischen Kleinstadt nachempfunden, einschließlich westlichen Restaurants am Ufer eines künstlichen Sees. Das Sanlitun Village wirkt mit seinen modernistischen Glasbauten eher wie eine Stadt aus der Zukunft. Und die südlich des Platzes des Himmlischen Friedens gelegene Qianmen-Straße erweckt den Eindruck, sie sei mit ihrer traditionellen Architektur ein historisch gewachsenes Stück der Altstadt, wurde aber von einem einzigen Investor geplant und gebaut und ist letztlich nichts anderes als ein überdimensioniertes Einkaufszentrum. Daran ändert auch die historische Straßenbahn nichts, die alle halbe Stunden durch die historistische Kulisse tuckert.

Der jüngste Trend ist jedoch, Einkaufen mit Kunst zu verbinden. Begonnen hat dies vor ein paar Jahren mit einer futuristischen Glaspyramide am Rande des Zentralen Business Distrikts. Beim Entwurf von Fangcaodi haben die Investoren nach eigenen Angaben vor allem auf Umweltfreundlichkeit und Nachhaltigkeit geachtet. Dazu gehöre auch, Kunst auszustellen. An allen freien Ecken sind deswegen Bilder und Skulpturen zu finden. Lokalen Künstlern bietet sich so die Möglichkeit, ihre Werke einer breiteren Öffentlichkeit zu präsentieren.

Noch stärker auf Kunst und Kultur setzt das SKP South, die südliche Erweiterung des Shinkong Place, das ich kurz nach der Eröffnung im Januar 2020 besuchte. Dass hier etwas anders ist, fällt bereits am Eingang auf, der eher eine begehbare Kunstinstallation ist. Zur einen Seite ist der Nachbau eines herkömmlichen Schafstalls zu sehen, auf der anderen reihen sich hochtechnologisch aussehende Schafsroboter vor einer unerklärlichen Maschine. Ähnliche Installationen sind im ganzen Einkaufszentrum zu finden. Ein paar Etagen höher spaziere ich durch eine Marslandschaft, die wohl gerade frisch von Menschen besiedelt wird. Kein völlig unrealistisches Szenario, zumal China im nächsten Jahrzehnt tatsächlich bemannte Raumflüge zum Roten Planeten durchführen will. Große und kleine Kunstinstallationen, Skulpturen: Als ich das SKP South nach ein paar Stunden wieder verließ, hatte ich nichts gekauft, aber ich war um ein paar Eindrücke reicher.

*75. Grund*

## *Weil Mao jedes Jahr einen neuen Anstrich bekommt*

Es ist das vermutlich bekannteste Gemälde des Landes: Das Porträt von Mao Zedong, das hoch über dem Tor des Himmlischen Friedens hängt – dort, wo der Große Vorsitzende am 1. Oktober 1949 von einem Balkon die Volksrepublik ausrief und damit ein neues Kapitel der chinesischen Geschichte aufschlug.

Das Porträt vereint zwei interessante Superlative auf sich: Erstens ist es mit seinen sechs Metern Höhe und seinen 1,5 Tonnen Gewicht das größte Herrscherporträt der Welt. Zweitens ist es mit hoher Wahrscheinlichkeit das am häufigsten reproduzierten Bild überhaupt. Die kanadische Kunsthistorikerin Francesca Dal Lago

Die Wehrtürme von Kaiping.

Die Verbotene Stadt in Peking war lange das Machtzentrum Chinas.

Unten: Das Labrang-Kloster in Xiahe.

Unten: Der Himmelstempel in Peking.

**Oben:** Die Große Mauer ist nicht überall so leicht zu finden wie in den Bergen um Peking.
**Unten:** Die buddhistischen Yungang-Grotten bei Datong sind rund 1500 Jahre alt.

Oben: Suzhou ist landesweit für seine klassischen Gärten bekannt.
Unten: Alt und neu: China ist das Land der Kontraste.

Pandas verschlingen bis zu 20 Kilo Bambus pro Tag.

Die Insel Gulangyu ist für den Architekturstil Amoy Deco bekannt – eine einzigartige Mischung aus westlichen und chinesischen Elementen.

Der Huangpu ist die Lebensader von Shanghai.

Minderheitendorf in den Bergen von Guangxi.

Oben: Kaum zu glauben: Das historische Fenghuang ist der Ballermann Chinas.
Unten: Die Yao-Frauen schneiden sich nur einmal im Leben das Haar.

**Oben:** Alte Holzhäuser in Lijiang.
**Unten:** In den Tulou-Rundbauten in der Provinz Fujian leben Großfamilien mit bis zu 800 Mitgliedern.

**Oben:** Historische Altstadt.
**Unten:** Die aufwändig dekorierten Türen sind der einzige Luxus in den nordchinesischen Wohnhöhlen.

Oben: Stupa in einem tibetischen Tempel.
Unten: Die Terrakottaarmee von Xian.

**Oben:** Shanghai 1933: einst Schlachtbetrieb, heute Kulturzentrum. **Unten:** Innerhalb von zehn Jahren baute China das größte Netz an Hochgeschwindigkeitszügen der Welt auf.

geht davon aus, dass es allein während der Kulturrevolution etwa 2,2 Milliarden Mal vervielfältigt wurde, hauptsächlich im *Roten Buch*, der sogenannten Mao-Bibel, aber auch in Drucken, die in Amtsstuben, Schulen und vielen privaten Haushalten hingen und teilweise noch immer hängen.

Da ich eine Weile in der Nähe wohnte, fuhr ich auf dem Weg zur Arbeit regelmäßig über den Platz des Himmlischen Friedens. Dabei sah ich das Porträt so oft aus dem Augenwinkel, dass ich mir irgendwann gar nicht mehr vorstellen konnte, dass diese Ecke jemals anders ausgesehen hat. Das Bild verschmolz mit der Umgebung. Es gehörte einfach dorthin. Unverrückbar.

Umso größer war meine Überraschung, als ich einmal für einen Artikel historische Fotografien von Peking durchstöberte. Anstelle des bekannten Revolutionärs mit Stirnglatze hing auf den alten Bildern ein deutlich jüngerer Mao mit Mütze. Der Schnappschuss war bei der Staatsgründung aufgehängt worden, damit die jubelnden Massen in Zeiten, als es noch keine Großbildschirme gab, mehr vom Gründungsvater sehen konnten als bloß einen winzigen Punkt in der Ferne.

Das heutige Bild geht auf ein Gemälde von 1952 zurück. Dauerhaft hängt das Porträt allerdings erst seit 1966 an seiner Stelle. Zuvor war es wie ein Heiligenbild zwei Mal pro Jahr für jeweils zehn Tage gezeigt worden: rund um den Arbeitertag am 1. Mai sowie rund um den Nationalfeiertag am 1. Oktober. Dies erklärt auch, wieso auf den ältesten Banknoten das bekannte Gemälde über dem Tor fehlt.

Noch etwas ist bemerkenswert: Das Porträt wurde über die Jahre immer wieder leicht überarbeitet. Während Mao auf frühen Versionen den Blick in die Ferne schweifen ließ, schaut er heute dem Betrachter mit festem Blick in die Augen. Mit der Drehung des Kopfs wurde auch das zuvor verdeckte Ohr sichtbar. Angeblich ist das eine Reaktion auf die Kritik, dass Mao nur mit einem Ohr auf das Volk hört. Gleichzeitig wirkt es nun aber so, als würde er die Menschen genauer beobachten.

Dass das Porträt nur wenige Meter von einer der meistbefahrenen Verkehrsadern entfernt hängt (die Chang'an-Straße hat hier bis zu zwölf Spuren), fordert seinen Tribut. Abgase, Staub und Hitze machen dem Bild zu schaffen. Damit es jeweils zum Nationalfeiertag in vollem Glanz erstrahlt, wird es jedes Jahr ein paar Wochen vor den Feierlichkeiten ausgetauscht. Gleich hinter dem Eingang befindet sich eine Werkstatt, wo das Bild – streng bewacht vom Militär – vom Hauskünstler jedes Jahr übermalt wird. Mao erhält, wenn man so will, einen neuen Anstrich.

Im übertragenen Sinn hat das Gemälde diesen längst erhalten. Sein Porträt ist nicht zuletzt auch wegen der bekannten Mao-Lithografien von Andy Warhol in China zu einer Popikone geworden. In der bereits erwähnten Kunstfabrik 798 findet man beispielsweise T-Shirts, Briefbeschwerer oder Mausmatten mit seinem Antlitz. Im Taxi klebt er als Talisman an der Scheibe oder auf dem Armaturenbrett, und im Aufenthaltsraum meiner Lieblingsjugendherberge sorgt das Porträt für das nötige Lokalkolorit unter den Touristen. Eines ist klar: So schnell wird kein anderes Bild häufiger reproduziert werden.

*76. Grund*

## *Weil die Pekinger Metro mehr ist als eine U-Bahn*

Auf ihre Untergrundbahn lassen die Pekinger nichts kommen. Jegliche Kritik prallt ab. Wenn die Waggons so voll sind, dass das Personal am Bahnsteig die Passagiere mit beiden Händen ins Abteil schieben muss, ist das für viele Hauptstädter nichts weiter als ein Zeichen für die Beliebtheit ihrer Metro. Auch dass man auf langen Strecken vier oder fünf Mal umsteigen muss, hängt für viele keinesfalls mit einer ungeschickten Linienführung zusammen, sondern mit der Weitläufigkeit der Stadt. Und sowieso: Umsteigen muss man nur deswegen so häufig, weil es eben mittlerweile so viele Linien gibt.

Die Pekinger Metro ist die älteste im Land. Als sie 1971 in Betrieb ging, stand sie nur für Funktionäre und Bürger zu Verfügung, die sich um ihr Land verdient gemacht hatten. Anfänglich diente sie vorwiegend militärischen Zwecken, was sich auch auf die Streckenführung niederschlug: Die erste Linie führte nämlich direkt vom Stadtzentrum zu den Kasernen in den Westbergen – die vormals geheimen Stationen im Militärsperrgebiet hinter »Pingguoyuan« werden nicht mehr angefahren. Es wird allerdings gemunkelt, dass die Soldaten im Juni 1989 die Tunnel nutzten, um unter den Barrikaden der Demonstranten hindurch ins Stadtzentrum zu gelangen und die Demokratiebewegung blutig niederzuschlagen.

Dennoch verstehe ich den Stolz, den viele Pekinger auf ihre U-Bahn hegen. Lange spielte sie im Verkehrsmix der Hauptstadt keine wichtige Rolle. Doch kurz vor Olympia setzte schließlich eine beispiellose Entwicklung ein: Jahr für Jahr gingen mehrere neue Linien auf. Innerhalb von zehn Jahren wurde aus einem bescheidenen Transportmittel das größte U-Bahn-Netzwerk der Welt. Während ich diese Zeilen schreibe, gibt es unter Peking fast 700 Schienenkilometer, die sich auf 24 Linien und nicht weniger als 405 Stationen verteilen. Wenn Sie den Text lesen, sind es aber möglicherweise schon einige mehr. Eine Erweiterung auf fast 1000 Kilometer ist genehmigt und befindet sich teilweise bereits im Bau. Das ist zweifellos beeindruckend.

Mit dem Ausbau steigen natürlich auch die Passagierzahlen. Inzwischen werden täglich bis zu 13,7 Millionen Fahrten unternommen, was nur dank eines extrem engen Taktfahrplans möglich ist: Teilweise fahren die Züge in Abständen von gerade einmal 93 Sekunden. Trotzdem sind viele Züge heillos überfüllt. Das ist auch der Grund für eine spezielle Sitte der Passagiere. Wer in der Nähe der Türe steht, wird häufig gefragt, ob er oder sie an der nächsten Station aussteigen will. »Xia ma?«, heißt das auf Chinesisch. Darauf sollte man entweder zu erkennen geben, dass man auszusteigen gedenkt, oder Platz machen. Wer nicht reagiert, wird erbarmungslos aus dem Wagen gedrückt, sobald sich die Türen öffnen. Am besten eignen Sie sich die Frage gleich selber an. In den ersten Monaten in China habe ich mehr als einmal die Station verpasst, weil es mir im Gedrängel nicht gelang, rechtzeitig die Tür zu erreichen.

Es gibt einen zweiten Engpass, den Sie kennen sollten. Vor den Eingängen bilden sich oft lange Schlangen. Der Grund dafür sind die rigorosen Sicherheitschecks. Jeder Passagier muss zunächst das Gepäck durchleuchten lassen und anschließend wie auf dem Flughafen durch einen Metalldetektor. Moderne Technologie soll den Prozess nun beschleunigen: In der zentralchinesischen Stadt Zhengzhou wurden Kameras mit Gesichtserkennung installiert. Bürger mit einem hohem Social Credit Score werden durchgewinkt, Menschen mit einem niedrigen Status müssen sich hingegen genauer untersuchen lassen. Das System soll allmählich auf ganz China angewandt werden. Orwell würde sich im Grab umdrehen, aber in Peking freut man sich, dass das Einsteigen bald schneller gehen könnte. Wie eingangs gesagt: Auf ihre U-Bahn lassen die Pekinger nichts kommen.

*77. Grund*

## *Weil Shenzhen ein unauffälliges kulturelles Potpourri ist*

Wieso viele Chinesen Shenzhen lieben, ist leicht zu verstehen: Die Lebensqualität ist hoch, die Jobs sind gut bezahlt und oft auch interessant. Während meiner Zeit in China sind gleich mehrere Bekannte in die hyperurbane Metropole am Perlflussdelta gezogen. Überrascht hat mich das nie. Denn obwohl die Stadt aus touristischer Sicht wenig zu bieten hat, hat sie auch mein Herz im Sturm erobert. Allerdings aus einem komplett anderen Grund. Meine Faszination für Shenzhen hat mit der Geschichte der Stadt zu tun. Dort, wo heute einige der höchsten Wolkenkratzer des Landes in den Himmel ragen und mindestens 20 Millionen Menschen leben, gab es vor einer Generation nichts außer Palmen und ein paar einsamen Fischerhütten. Im Zeitraum von 1980 bis 2010 war Shenzhen die am schnellsten wachsende Stadt in der Menschheitsgeschichte, hieß es kürzlich in einem UN-Bericht zur weltweiten Urbanisierung.

Den Grundstein für die Entwicklung hat der damalige Staatschef Deng Xiaoping gelegt. Er erklärte vor etwa 40 Jahren den schmalen Landstreifen vor den Toren Hongkongs zur ersten Sonderwirtschaftszone des Landes. Hier wurde wieder möglich, was im Rest des Landes seit der Gründung der Volksrepublik undenkbar war: Weitgehend freies Unternehmertum und ausländische Direktinvestitionen.

Der Plan ging auf. Die Wirtschaft entwickelte sich rasant. Der Erfolg beruhte zunächst auf der Produktion billiger Massenware für den Rest der Welt. Doch Shenzhen hat den Status als Werkbank der Welt rasch hinter sich gelassen und sich in ein chinesisches Silicon Valley mit einem gewaltigen kreativen Potenzial entwickelt. Die Hälfte aller in China eingereichten internationalen Patente geht auf Firmen zurück, die hier angesiedelt sind. Produziert wird vor allem Hightech. Etwa 80 Prozent der weltweit verkauften Handys werden in den Fabrikhallen am Stadtrand zusammengeschraubt. Mittlerweile ist der Hafen von Shenzhen größer als der des benachbarten Hongkong.

Eine Folge von Shenzhens kurzer Geschichte ist, dass es kaum Einheimische gibt. Wer heute in der Stadt lebt, ist mit hoher Wahrscheinlichkeit im Erwachsenenalter aus einer anderen Ecke des Landes zugewandert. Auf den Straßen sieht man kaum Kinder und noch weniger Senioren. Die Stadt wird von berufstätigen Singles bewohnt, hauptsächlich jungen Frauen. Shenzhen ist ein großstädtisches Haifischbecken, in dem jeder versucht, ein kleines Stück vom Glück zu finden. Es ist die Stadt der Entwurzelten. Das spürt man auch als Besucher: Ausländer werden in China überall warm aufgenommen, aber in Shenzhen eine Spur schneller.

Die Bevölkerung setzt sich aus Menschen aus allen Landesteilen zusammen. Es gibt vermutlich keine Minderheit, die nicht vertreten wäre. Auf den Straßen wird deswegen nicht wie in der Provinz Guangdong üblich Kantonesisch gesprochen, sondern Mandarin in all seinen Dialekten. Diese Zusammensetzung wirkt sich auch auf die Gastronomie aus: An jeder Ecke gibt es Spezialitäten, die man andernorts kaum findet. Wer sich durch die Vielfalt der chinesischen Küche kosten will, kann dies nirgendwo mit weniger Aufwand tun als in Shenzhen.

*78. Grund*

## *Weil chinesische Städte einen Plan haben*

Planstädte werden oft an den Bedürfnissen der Menschen vorbei gebaut. Darin unterscheidet sich China nicht von anderen Ländern. In die für eine Million Einwohner ausgelegte Stadt Ordos beispielsweise zogen nur ein paar Zehntausend Menschen und machten sie zum Inbegriff chinesischer Geisterstädte. Nicht nur das harsche Klima hielt die Menschen davon ab, in die mongolische Steppe zu ziehen, sondern auch die mangelnden Arbeitsplätze.

Auch wenn es ähnliche Beispiele zuhauf gibt, sollte man sich trotzdem nicht täuschen lassen. In vielen Fällen gehen die Entwicklungsprojekte nämlich auf. Das hängt möglicherweise damit zusammen, dass Planstädte in China eine jahrtausendealte Tradition aufweisen. Einige der ältesten bekannten Städte, die einem zentralen Plan folgten, liegen in China. Ausgrabungen zeigen beispielsweise, dass in der Shang-Hauptstadt Xibo (1548–1399 v. Chr.) die Straßen bereits schachbrettartig und in Übereinstimmung mit den Himmelsrichtungen angelegt worden waren.

Ein bekannteres Beispiel ist Chang'an, das heutige Xi'an. Der erste Kaiser Qin Shihuangdi (247–210 v. Chr.) ließ seine neue und prunkvolle Hauptstadt nach einem strengen Bauplan mit einem Schachbrettmuster anlegen. Sie diente später vielen anderen ostasiatischen Städten wie dem damaligen Kyoto, dem koreanischen Gyeonggyu oder Peking als Vorbild. Aber auch viele andere antike Städtchen, die man heute außerhalb von China kaum noch kennt, folgten der Bauweise. Typisch für all diese Städte ist zudem, dass sie von einem starken Schutzwall umgeben waren. Es ist bestimmt kein Zufall, dass das chinesische Wort für »Stadt« (Chengshi) ausgerechnet mit dem Schriftzeichen für »Mauer« beginnt.

Das zentrale Ordnungsprinzip war Feng-Shui, die Lehre von Wind und Wasser. Während in Europa und den meisten anderen Weltregionen mittelalterliche Städte ein Wirrwarr an verwinkelten Gassen und versteckten Plätzen sind, sorgte die Harmonielehre für ein ausgeglichenes Stadtbild. Dazu gehört etwa, dass Eingänge nach Süden ausgerichtet sind. Das betrifft Stadttore genauso wie die Eingänge zu Palästen und Wohnhäusern. Der Süden gilt als Quelle des Lebens, während aus dem Norden das Böse kommt. Es ist nicht selten, dass für eine wichtige Stadt Flüsse umgeleitet, Seen angelegt oder Hügel aufgeschüttet wurden. Feng-Shui gilt in China offiziell als Aberglauben, doch viele der Prinzipien wirken bis heute nach.

Für Besucher sind die vielen klar strukturierten Städte vor allem eines: praktisch. In den vorwiegend rechtwinklig verlaufenden Straßenzügen fällt es auch Menschen mit mittelmäßigem Orientierungssinn leicht, sich zurechtzufinden. Wenn Sie sich folgende vier chinesische Schriftzeichen merken, werden Sie sich ganz bestimmt nie mehr verlaufen.

北 = Norden
南 = Süden
西 = Westen
东 = Ost

Die vier Himmelsrichtungen sind nämlich landesweit an so gut wie jedem offiziellen Straßenschild ausgewiesen: In der Mitte finden Sie den Namen der Straße, und an beiden Enden stehen jeweils die Himmelsrichtung und bisweilen auch die Hausnummern.

*79. Grund*

## *Weil gleich drei Mal Valentinstag gefeiert wird*

China ist das romantischste Land der Welt. Das könnte zumindest meinen, wer die Zahl der Valentinstage zusammenzählt. Nicht einen oder zwei Tage der Liebe gibt es, sondern gleich drei. Da ist zunächst der internationale Valentinstag, der wie bei uns am 14. Februar begangen wird. Liebespaare schenken sich Blumensträuße, Pralinen oder andere kleine Aufmerksamkeiten. Allerdings gilt es auch nicht als verkehrt, guten Freunden einen Valentinsgruß zukommen zu lassen.

Der zweite Valentinstag beruht auf der Legende vom Kuhhirten und der Weberin. Es kursieren verschiedene Versionen der Geschichte. Am verbreitetsten ist die folgende: Die Tochter des mächtigen Himmelskaisers war ein hübsches und fleißiges Mädchen, das jeden Tag von früh bis spät am himmlischen Fluss als Weberin arbeitete. Als sie ins Alter kam, in dem sie heiraten sollte, beschloss der Vater, sie einem Kuhhirten an die Hand zu geben, der auf der anderen Seite des Gewässers lebte.

Bald nach der Hochzeit verliebten sich die beiden so innig ineinander, dass sie begannen, ihre Pflichten zu vernachlässigen. Der Webstuhl blieb leer, die Kühe verwahrlosten. Der enttäuschte Vater schickte daraufhin dem jungen Paar ein paar Elstern mit der Anweisung, sich fortan nur noch einmal im Monat zu treffen. Die dümmlichen Vögel brachten die Botschaft aber durcheinander, und sie setzten stattdessen ein jährliches Treffen fest. Jeweils am 7. Tag des 7. Monats im Mondkalender durften sich die beiden Liebenden fortan sehen. Darauf bezieht sich auch der Name des chinesischen Valentinstags: Qixi, die Nacht der Siebenen.

Nebenbei: Wenn Sie an einem klaren Tag an den Himmel schauen, können Sie leicht die Orte finden, an denen die Legende handelt: Die Weberin ist der Stern Wega, der Hirte ist der Stern Altair und der Fluss, der die beiden trennt, ist die Milchstraße.

Der dritte Tag der Liebe fällt auf den 20. Mai. Anders als der westliche und der chinesische Valentinstag ist er jedoch kein Anlass, um die Liebe mit kleinen Aufmerksamkeiten zu nähren. Der Tag gilt vielmehr als ideal, um sich das Jawort zu geben. Der Grund: Das Datum wird ähnlich ausgesprochen wie »Ich liebe dich«. Bei einem so symbolträchtigen Hochzeitstag kann nicht viel schiefgehen.

Die 200 Millionen Singles im Land gehen übrigens nicht leer aus. Auch für sie gibt es einen Tag: den 11. November. Das Datum wurde gewählt, weil es ausschließlich aus Einsen besteht. Der Singles Day hat seinen Ursprung in den 1990er-Jahren im studentischen Milieu von Nanjing, breitete sich aber bald im ganzen Land aus. Zu Beginn fanden hauptsächlich Single-Partys, Karaoke-Anlässe und Blind Dates statt. Es dauerte aber nicht lange, bis findige Geschäftsleute entdeckten, dass sich der Frust der Alleinstehenden in Form von Einkaufsorgien in Bares verwandeln lässt. Heute ist der Singles Day, ähnlich wie der amerikanische Black Friday, zum bedeutendsten Online-Shopping-Event des Landes geworden. Die Alibaba-Gruppe, der die wichtigsten chinesischen E-Commerce-Plattformen gehören, generierte zuletzt etwa 17,8 Milliarden Dollar pro Jahr.

# Kapitel 8

# Ländliches

*80. Grund*

## *Weil die Regierung beim Tourismus »rot« sieht*

Es ist ein einfaches Bauerngut: gelbe Tonziegel, graues Dach, davor ein Teich mit Seerosen, in der Ferne bewaldete Hügel. Die Gegend wirkt ausgesprochen idyllisch. Doch der Schein trügt. Insbesondere an Wochenenden und an Feiertagen ist im Dorf der Teufel los: Vor dem Tor zum Bauernhof bilden sich an solchen Tagen ausgedehnte Schlangen, teilweise müssen Besucher stundenlang anstehen. Der Grund für den Ansturm: Hier in Shaoshan steht das Geburtshaus von Mao Zedong. Jahr für Jahr kommen Hunderttausende Touristen, um sich anzusehen, wo der Große Vorsitzende seine Kindheit verbracht hat.

Sehenswürdigkeiten, die für die Geschichte der Kommunistischen Partei oder der Revolution eine Rolle gespielt haben, boomen in China. Offiziellen Statistiken zufolge werden jährlich 800 Millionen »rote« Reisen veranstaltet. Maos Geburtsort ist zwar die bekannteste Pilgerstätte, aber bei Weitem nicht die einzige. Laut der staatlichen Nachrichtenagentur Xinhua befinden sich in der Volksrepublik nicht weniger als 33.315 revolutionäre Stätten und Orte. Sie alle zu besuchen, dafür reicht ein einziges Leben nicht aus.

Der Boom kommt nicht von ungefähr. Seit Jahren wird der rote Tourismus staatlich gefördert und nicht zuletzt durch außergewöhnlich niedrige Eintrittspreise begünstigt. Das primäre Ziel ist zwar, den Besuchern das Geschichtsverständnis der Partei und letztlich auch Nationalstolz einzubläuen. Doch darüber hinaus gibt es einen nützlichen Nebeneffekt: Viele revolutionäre Stätten befinden sich in strukturschwachen Regionen auf dem Land, wo es kaum Verdienstmöglichkeiten gibt und wo der Tourismus Arbeitsplätze schafft. Bauern können den Besuchern Zimmer vermieten, sie bekochen oder ihnen Fahrdienstleistungen anbieten. Die Revolution startete einst mit dem Ziel, die Lebensbedingungen der Landbevölkerung zu verbessern. Über den Umweg des Kapitalismus ist ihr das gelungen.

Vor einigen Jahren wurde ich selbst zum roten Touristen. Ich hatte gerade das Buch *Roter Stern über China* gelesen, in dem der amerikanische Journalist Edgar Snow eindringlich schildert, wie er im Jahr 1936 politische Schwergewichte wie Mao Zedong in ihrer militärischen Kommandozentrale bei Yan'an besuchte. Die beschriebenen Orte im Norden der Provinz Shaanxi wollte ich daraufhin unbedingt mit eigenen Augen sehen.

Kurz zur geschichtlichen Einordnung: Nachdem die Nationalisten unter Chiang Kai-shek die kommunistischen Widersacher in deren Hochburg in der Provinz Jiangxi eingekesselt hatten, entschlossen sich Mao und seine Mitstreiter im Oktober 1934, den Ort fluchtartig zu verlassen. Was darauf folgte, ging als »Langer Marsch« in die Geschichte ein. 370 Tage und 12.500 Kilometer waren die Kämpfer unterwegs. Hunger, Kälte und Erschöpfung aber auch militärische Konflikte und unzählige Fälle von Fahnenflucht dezimierten die Rote Armee gewaltig: Von anfänglich 90.000 Soldaten kamen gerade 7000 am Ziel an.

Ich stehe also vor dem Eingang zur Revolutionsstätte Yangjialing. Hier in einem malerischen Seitental etwa zwei Kilometer außerhalb des Stadtzentrums befand sich von 1938 bis 1947 die Führungszentrale der Partei. Die Basis war damals für die angeschlagene Armee ideal, um wieder Kräfte zu sammeln: Yan'an lag nämlich nicht nur weit abseits der wichtigen Routen, sondern bot wegen der in der Region weit verbreiteten Wohnhöhlen auch optimalen Schutz vor feindlichen Luftangriffen.

Wer sich Yangjialing ansehen will, muss dies im Rahmen einer geführten Tour machen. Wir werden von einer Reiseführerin in einer eng geschnittenen grünen Uniform über das Gelände geführt. Der erste Stopp ist das Backsteinhaus, in dem Mao zum Parteivorsitzenden gewählt wurde. Vor allem aber habe Mao hier, so versichert die uniformierte Schönheit, einige seiner besten und klügsten Gedichte geschrieben. Als Nächstes steht die Wohnhöhle auf dem Programm, in der Mao hauste. An keinem Ort habe er länger gelebt, erfahren wir. Und dann macht die Führerin uns wenig dezent darauf aufmerksam, wie bescheiden der Große Führer doch gewesen sei. Tatsächlich: Die Einrichtung besteht lediglich aus einem Bett, einem Schreibtisch und einem Foto von Mao mit seiner Frau, das allerdings erst später angebracht wurde. Ich kann mir nicht verkneifen, zustimmend zu nicken. Nach dem Rundgang können sich die Besucher in alten Militäruniformen vor den historischen Stätten ablichten lassen.

Noch einen Schritt weiter geht ein Vergnügungspark in Wuxiang in der Nachbarprovinz Shanxi. Er ist dem Kampf der chinesischen Armee gegen die japanischen Besatzer vor und während des Zweiten Weltkriegs gewidmet. Auch hier dürfen sich Möchtegern-Soldaten in die grauen Uniformen der Volksbefreiungsarmee zwängen. Zusätzlich können sie aber auch durch Schützengräben robben und die kriegerischen Auseinandersetzungen mit laut knallenden Gewehren nachspielen. Rote Geschichte, das weiß man in Peking nur zu genau, soll schließlich auch etwas Spaß machen.

## *Weil Menschen noch in Höhlen leben*

Über die Wohnhöhlen in und um Yan'an haben wir bereits im vorherigen Grund gesprochen. Fast 90 Jahre nach dem Langen Marsch ist diese traditionelle Wohnform noch immer weit verbreitet. Schätzungen zufolge leben in Nordchina etwa 40 Millionen Menschen in so genannten *Yaodongs*. Meistens in abgelegenen, ländlichen Regionen.

Die Bauart hat eine lange Geschichte. Erste Vorläufer lassen sich bis in die Bronzezeit zurückverfolgen. Doch erst während der Han-Dynastie (206 v. bis 220 n. Chr.) begannen sich die Wohnhöhlen allmählich stärker auszubreiten. Die größte Beliebtheit erreichten sie in den letzten 600 Jahren während der Ming- und der Qing-Dynastie.

Im Wesentlichen gibt es zwei Bauformen: Meistens werden mehrere Stollen parallel in den Hang getrieben. In flachen Regionen kommt es aber auch vor, dass die Häuser gleich ganz in den Boden gebuddelt werden, sodass sich mehrere Wohnräume um einen versunkenen Innenhof gruppieren. Wände, Decken und Böden bestehen in der Regel aus blankem Lehm, werden inzwischen aber zunehmend mit Farbe überstrichenen. Obwohl sich meistens mehrere Räume direkt nebeneinander befinden, sind die Stollen intern nur selten verbunden. Wer von einem Raum in den nächsten will, muss über den Innenhof gehen.

Obwohl *Yaodongs* grundsätzlich eher einfach gebaut sind, wird der Gestaltung der von außen sichtbaren Frontpartie höchste Aufmerksamkeit beigemessen. Hier befindet sich nicht nur der Eingang in die privaten Räume, sondern auch das einzige Fenster. Die Front besteht in der Regel aus einer filigranen Holzkonstruktion, die mit dünnem Reispapier (in ärmeren Gegenden auch mit alten Zeitungen) abgeklebt ist. Auf diese Weise kann Tageslicht eindringen, ohne dass übermäßig viel Wärme verloren geht. Dies ist übrigens auch einer der Gründe für die anhaltende Beliebtheit von *Yaodongs*: Im

Sommer sind die Innenräume angenehm kühl, im Winter lassen sie sich mit wenig Energie aufheizen.

Weil mich *Yaodongs* schon lange faszinieren, entschließe ich mich eines Tages, nach Qikouzhen zu fahren. Die ehemalige Garnisonsstadt im Westen der Provinz Shanxi ist für ihre zahlreichen Wohnhöhlen bekannt, die oft noch im unrenovierten Originalzustand sind. Während ich vom Busbahnhof den Gelben Fluss entlang zum Zentrum von Qikouzhen spaziere, spricht mich Frau Huang an. Die quirlige 60-Jährige bewohnt hier im Dorf ein Haus im alten Stil und vermietet die Räume an die wenigen Touristen, die sich in die verlassene Gegend verirren.

Das Haus sei vor etwa 300 Jahren von einem reichen Grundbesitzer errichtet worden, erzählt sie, während wir den geräumigen Innenhof überqueren, um den sich nicht weniger als 16 Höhlen drapieren. In einer davon habe ich mich eingemietet. Als die Kommunisten an die Macht kamen, enteigneten sie den wohlhabenden Besitzer und wiesen die frei gewordenen Wohnräume armen Familien zu. Jeweils eine Höhle pro Familie. Gemeinsam mit den Kindern durften sie nun auf der zugewiesenen Wohnfläche von rund 15 Quadratmetern leben. Für viele ein Fortschritt.

Familie Huang gehörte zu den Nutznießern der damaligen Politik. Auch ihre Eltern seien so ins Haus gelangt. Als Jahre später der wirtschaftliche Aufschwung einsetzte, zogen immer mehr Familien aus den ärmlichen Randgebieten wie Qikouzhen in die prosperierenden Städte. Jahr für Jahr wurde das Haus leerer, bis zuletzt zwei ältere Ehepaare übrig blieben, die sich die vielen Höhlen teilten. Ruhig und entspannt, wie es heute zugeht, fällt einem schwer, sich das bunte Treiben vorzustellen, das auf dem Innenhof geherrscht haben muss, als noch über 20 Kinder herumtollten.

*82. Grund*

## *Weil beim Skifahren nicht nur sportliches Können zählt*

~~Chinesen sind keine Wintersportler.~~ Diesen Satz können Sie getrost aus dem Repertoire Ihres Chinawissens streichen. Oder nein, lassen Sie ihn mich gleich für Sie durchstreichen. Ja, vor ein paar Jahren hätte er noch zugetroffen. Doch seither hat eine gewaltige Entwicklung stattgefunden. Und über die wollen wir heute reden.

Wie in China so oft war es auch diesmal eine Direktive von ganz oben, die die Entwicklung angestoßen hat. Nachdem der sportverliebte Präsident Xi Jinping bereits das Fußballspiel populärer (und ein bisschen erfolgreicher) gemacht hat, kam in ihm plötzlich der Wunsch auf, sein Land zur weltgrößten Wintersportnation aufsteigen zu lassen. Ein ambitioniertes Ziel, wenn man bedenkt, dass der älteste Skiverband erst vor Kurzem seinen 30. Geburtstag gefeiert hat und dass um die Jahrtausendwende gerade einmal 200.000 Chinesen überhaupt erst auf Skiern gestanden haben.

Und doch: Bis 2030 soll in 300 Millionen Chinesen die Leidenschaft entzündet werden, auf Brettern einen Hang herabzufahren. Damit das klappt, wurde kurzerhand in vielen Schulen Ski-Unterricht auf den Lehrplan gesetzt. Erste Erfolge lassen sich auf den Pisten bereits erkennen: Anders als bei uns in Europa sind die chinesischen Hänge unter der Woche genauso voll wie an Wochenenden. Dann allerdings mit Schulkindern.

Als das Olympische Komitee im Sommer 2015 Peking den Zuschlag für die Olympischen Winterspiele 2022 gab, war die Infrastruktur für den Wintersport noch vollkommen unzureichend. Es gab zwar einige Hundert Skigebiete, aber nur ein Dutzend davon erreichte einen Höhenunterschied von mehr als 300 Metern. Das war zwar nett für die vielen Anfänger, aber den gewünschten Nachschub an Spitzensportlern züchtet man auf solchen Pisten natürlich nicht heran. Aus diesem Grund sind im ganzen Land die Bagger aufgefahren. Neue Skigebiete auf internationalem Niveau wurden im Jahrestakt in die Berge gepflanzt: 2014 Songhua Lake, 2015 Thaiwoo, 2016 Fulong, 2017 Cuiyunshan. Für Bescheidenheit war bei den Planungen indes kein Platz: Thaiwoo soll nicht nur das größte Gebiet ganz Chinas werden, sondern auch die Nummer eins der Welt. Wenn die letzten Bauarbeiten abgeschlossen sind, wird es dort 200 Pisten und 45 Lifte geben.

Die meisten dieser neuen Skigebiete werden in Regionen gebaut, in denen es kaum Niederschlag gibt. Gleichzeitig mit den Liften werden deswegen auch gleich Hunderte Schneekanonen installiert. Skifahren in China, das heißt fast immer Spaß im Kunstschnee. Für die meisten Skifahrer spielt das allerdings ohnehin keine so große Rolle. Denn beim Wintersport zählt vor allem eins: das Lebensgefühl. Was es für glückliche Skifahrer braucht, sind nicht perfekte Schneebedingungen, sondern gute Angebote abseits der Piste: Gourmet-Restaurants, Luxusläden und Karaoke-Schuppen.

Skifahren, so liest man dieser Tage häufig in chinesischen Zeitungen, habe Golf längst den Rang abgelaufen. Wintersport begeistert vor allem die neuen Reichen des Landes – und die, die dafür gehalten werden wollen. Dazu beigetragen hat bestimmt auch, dass sich in den letzten Jahren gleich mehrere superreiche Tech-Unternehmer als Ski-Fans outeten: Lei Jun (Xiaomi), Robin Li (Baidu) und Gary Wang (Tudou) zeigten sich alle beim Wintersport.

*83. Grund*

## *Weil in Harbin das Eisfestival gefeiert wird*

Wer nicht gerade Wintersport betreibt, hat wenig Grund, sich dem beißend kalten Winter Nordchinas auszusetzen. Doch eine Sache gibt es, die selbst der größte Wintermuffel nicht verpassen sollte: das Schnee- und Eisfestival in Harbin.

Sobald in Chinas nördlichster Provinzhauptstadt die Temperaturen unter den Gefrierpunkt fallen, beginnen die Arbeiter damit, Eisblöcke aus dem gefrorenen Songhua-Fluss zu fräsen und auf das Festivalgelände auf der Sonneninsel zu transportieren. Etwa 300 Menschen und jede Menge Kräne, Bagger und Lastwagen braucht es, um im Laufe eines Monats 200.000 Kubikmeter gefrorenes Wasser in den weltgrößten Eisskulpturenpark zu verwandeln.

Jeweils in der ersten Januarwoche ist alles fertig. Auf dem weitläufigen Festivalgelände stehen dann fantasievolle Eispaläste mit langen Eisrutschen, die vor allem den Kindern viel Spaß bereiten, sowie Nachbauten historischer Gebäude. Etwa das Kolosseum in Rom oder die Verbotene Stadt in Peking. Dazwischen finden sich liebevoll geschnitzte Eisfiguren und gewaltige Reliefs aus Schnee. Und natürlich kommen auch die Sponsoren nicht zu kurz: Bei meinem Besuch begrüßte mich gleich am Eingang eine zehn Meter hohe Bierflasche aus Eis. Auf Bildern von Freunden sah ich im folgenden Jahr einen überdimensionierten Softdrink-Automaten, der mit dem Sortiment eines amerikanischen Herstellers bestückt war.

So schön die Kunstwerke bei Tageslicht auch aussehen: Ihren wirklichen Charme beginnen die Eispaläste und Skulpturen erst nach Einbruch der Dunkelheit zu versprühen. Dann nämlich werden die Tausenden Leuchtröhren eingeschaltet, die in den Eisblöcken verbaut worden sind. Sie tauchen das ganze Gelände in eine unbeschreibliche Atmosphäre ein.

Allerdings sinken nachts auch die Temperaturen noch einmal ein ganzes Stück. Minusgrade zwischen 20 und 30 Grad sind keine Seltenheit. Dass bei dieser Kälte nur wenige Besucher länger im Freien bleiben, wissen natürlich auch die Veranstalter. Deswegen haben sie alle Hundert Meter ein Café platziert. Bei einem Eisfestival wahrhaft kein übertriebener Luxus.

Falls Sie übrigens wie ich auf die Idee kommen, das Eisfestival kurz vor Ende zu besuchen, werden Sie möglicherweise daran verzweifeln, dass Sie nirgendwo nachlesen können, bis wann die Ausstellung offen bleibt. Das hat seinen Grund, denn das Ende ist wortwörtlich »fließend«. Spätestens ab Mitte Februar wird es zu warm, und die Skulpturen beginnen allmählich zu schmelzen. Jeden Tag überprüfen dann die Mitarbeiter die Tragfestigkeit der einzelnen Gebäude und Skulpturen. Sobald die Gefahr besteht, dass eines einstürzen könnte, wird es gesperrt. Je später Sie kommen, desto mehr Brücken oder Balkone können Sie sich nur noch aus sicherer Distanz ansehen. Für Menschen, die Kälte nicht so mögen, ist das aber ein guter Deal.

*84. Grund*

## *Weil der Kanas-See sein eigenes Seeungeheuer hat*

Nur wenige Kilometer vor der Grenze zu Kasachstan befindet sich der Kanas-See. Bei uns im Westen kennt kaum jemand das rund 25 Kilometer lange Gewässer, das sich wie ein hellblau eingefärbter Schlauch zwischen den steilen Abhängen des Altai-Gebirges hindurchschlängelt. In China hingegen ist er vielen als heimische Version des schottischen Loch Ness bekannt.

Der Vergleich kommt nicht von ungefähr. Beide Seen entstanden während einer Eiszeit und wurden von einem Gletscher ausgeschürft. Sie haben ungefähr die gleiche Oberfläche, sind ähnlich schmal und ungewöhnlich tief. Sowohl der Kanas-See wie auch der Loch Ness befinden sich weit abseits im spärlich besiedelten Hinterland. Der wichtigste Grund, wieso die beiden Seen häufig in einem Atemzug genannt werden, ist allerdings ein anderer: Immer wieder wurden im Kanas-See gewaltige Seeungeheuer gesichtet.

Anfangs war es bloß ein loser Verdacht. So zum Beispiel als Mitglieder des Fischereibüros in den frühen 1980er-Jahren mit einem riesigen Schleppnetz fischten und am folgenden Morgen mit großem Überraschen feststellten, dass es spurlos verschwunden war. Eine erste Forschungsgruppe der Xinjiang- Universität, die dem Phänomen ein paar Jahre später auf die Spur gehen wollte, sprach von zehn bis 15 Meter langen Fischen, die die Wissenschaftler gesehen haben wollen. Die anschließende, zwei Jahre dauernde Suche mit Tauchern sowie eine weitere Expedition 2005 konnten die Existenz der Riesenfische jedoch nicht belegen.

Trotzdem hörten die Meldungen nicht auf. Anwohner berichteten im September 2003 von riesigen Objekten, die während eines Erdbebens aus dem See sprangen und sich in Sicherheit brachten. Auch Urlauber meldeten immer wieder ungewöhnliche Sichtungen. So zum Beispiel sieben Touristen aus Peking, die im Sommer 2005 von einem Ausflugsboot zusahen, wie sich ein gewaltiger Fisch unter der Wasseroberfläche bewegte. Die dabei entstandenen Filmaufnahmen waren zwar zu unscharf, um weitere Erkenntnisse zu gewinnen, sie halfen aber, den abgelegenen See mit viel Nachdruck auf die touristische Landkarte zu hieven.

Zunächst hielt ich die Geschichte für einen gelungenen Marketing-Coup der Parkverwaltung, die sich an der Legende vom schottischen Schwesternsee orientierte. Tatsächlich ist aber genau das eine der wenigen Annahmen, die sich mit Sicherheit ausschließen lassen. Die Tuwiner, eine buddhistische Minderheit, die in der Region eine nomadische Lebensweise pflegt, erzählen sich nämlich seit Jahrhunderten Geschichten von gefährlichen Seeungeheuern, die Pferde und Schafe reißen. Die Unwesen leben auf dem Boden des Sees, wo sie den Abfluss schützen und so verhindern, dass die lebensnotwendige Wasserquelle abfließt. Eine Aufgabe, die offenbar so wichtig war, dass sie vor 800 Jahren Dschingis Khan davon überzeugen konnten, 126 Soldaten am See zu stationieren. Sie hatten die Aufgabe, das Monster zu beschützen.

Professor Yuan Guoying von der Xinjiang-Universität und Leiter der Landesanstalt für Umweltforschung von Xinjiang, der mehrere Suchexpeditionen geleitet hat, hält eine andere Erklärung bereit. Das Monster sei vermutlich eine Lachsart, die im kalten Wasser besonders groß werden kann, sagt er. Dafür sprechen die Wellenmuster, die auf den erwähnten Videoaufnahmen zu sehen sind. Denn der seltene Taimen-Fisch erzeugt bei der Jagd ähnliche Muster. 15 Meter lang wird die Art zwar nicht, aber immerhin drei bis vier Meter sind auch schon ziemlich beeindruckend.

*85. Grund*

## Weil ausgerechnet Geldmangel Chinas alte Wall Street rettete

Noch heute erinnere ich mich an den ersten chinesischen Film, den ich mir bewusst ansah. Er hieß *Rote Laterne*. Das in den 1920er-Jahren spielende Drama erzählt die Geschichte einer Frau, die in eine wohlhabende traditionelle Familie einheiratet und dort mit allerhand Intrigen und Liebeleien ihres Mannes konfrontiert wird. Was mir allerdings stärker als die tragische Geschichte in Erinnerung blieb, war das hervorragend in Szene gesetzte Herrenhaus, in dem die Geschichte spielte. Erst viel später erfuhr ich, dass Regisseur Zhang Yimou die Szenen in einem echten Haus in Pingyao hat drehen lassen.

An einem Freitagabend nach der Arbeit setze ich mich in den Zug, um mich von der Schönheit dieser Bilderbuchstadt selbst zu überzeugen. Als ich ankomme, ist es bereits dunkel. Die Souvenirläden sind mit dicken Brettern verriegelt, die Straßenbeleuchtung ausgeschaltet. Kein Mensch befindet sich nach Mitternacht noch auf der Straße. Während ich im Licht meines Handys in den stockdunklen Gassen nach meinem Hotel suche, fühle ich mich gleich noch mehr in den Film versetzt, der mich überhaupt erst auf das Städtchen aufmerksam gemacht hat.

Pingyao besteht fast vollständig aus den typischen Holz- und Ziegelbauten der Ming-Zeit. Aus dem grauen Dächermeer ragen immer wieder Wehrtürme, Tempel und die Wohnhäuser der Reichen hervor. Die Innenstadt wird von einer rund sechs Kilometer langen Stadtmauer aus dem 14. Jahrhundert eingefriedet, welche die Form einer riesigen Schildkröte hat. Die sechs Stadttore symbolisieren Kopf, Beine und Schwanz des Tiers. Die Form ist natürlich kein Zufall: In der traditionellen chinesischen Kultur gilt die Schildkröte als Symbol der Langlebigkeit.

Dass die Stadt heute noch so gut erhalten ist, verdankt sie jedoch nicht ihrem gepanzerten Schutzpatron. Als mit dem Beginn der kommunistischen Herrschaft fast alle chinesischen Städte begannen, die Stadtmauern und engen Gassen abzureißen, um dem Verkehr Platz zu machen, war Pingyao schlicht zu arm, um dem Beispiel zu folgen.

Dies ist indes eine Ironie der Geschichte. Denn in Pingyao war einst die erste moderne Bank Chinas gegründet worden. Auch Papiergeld, Schecks und Überweisungen sollen zuerst hier eingeführt worden sein, bevor sie den Siegeszug durch das Land antraten. In der Blütephase gab es 22 Geldinstitute – die Hälfte aller Banken im Land. Lange galt Pingyao als eine der wohlhabendsten Städte Chinas, als eine Art historische Wall Street. Der Abstieg begann erst Ende des 19. Jahrhunderts, als sich durch die Industrialisierung die Handelswege verlagerten und die Stadt an Bedeutung verlor.

Für Pingyao war der Strukturwandel ein Glücksfall. Denn der wirtschaftliche Erfolg ist längst in das charmante Städtchen zurückgekehrt. Freilich nicht wegen der längst verschwundenen Finanzinstitute, sondern aufgrund seiner touristischen Bedeutung. Geholfen hat die Anerkennung als UNESCO-Weltkulturerbe. Und das Kino: Denn seit Jahren findet innerhalb der alten Stadtmauern eines der renommiertesten Filmfestivals Chinas statt.

## *Weil Strände auch knallrot sein können*

Wie sieht Ihr Traumstrand aus? Lassen Sie mich raten: Sie sehen vor dem geistigen Auge weißen Pulversand und ein leuchtend blaues Meer? Oder mögen Sie lieber schwarze Strände, wie sie häufig auf Vulkaninseln zu finden sind? Ziemlich sicher ist Ihnen bei der Frage aber nicht die Farbe Rot in den Sinn gekommen. Und doch hat die nördlichste Küste Chinas genau diese Farbe. Rot, Rot, Rot – so weit das Auge reicht. Es ist ein leuchtendes Zinnoberrot. 30 Kilometer lang und rund einen Kilometer breit ist der Red Beach in der nordostchinesischen Provinz Liaoning, nur ein paar Kilometer außerhalb der Stadt Panjin.

Tatsächlich ist die Bezeichnung »Strand« etwas irreführend. Vielmehr handelt es sich beim Delta des Liao-Flusses (nach dem übrigens die Provinz Liaoning benannt ist) um einen schlammigen und sumpfigen Küstenabschnitt, der von zahlreichen kleinen Wasseradern durchzogen ist. Und die namensgebende rote Farbe stammt nicht etwa von farbigen Sandkörnern, sondern von einer Pflanze.

Die Strand-Sode (auch Meerstrand-Gänsefüßchen genannt) ist ein einjähriges krautiges Gewächs, das den ganzen Boden überzieht und jeweils ab April aus dem Boden schießt. Das Besondere an der Pflanze ist, dass sie ihre Farbe ändert, je mehr Salz sie aus dem Boden aufnimmt. Zunächst sind die Sträucher grün, verwandeln sich aber im Verlaufe des Sommers in einen derart intensiven Rotton (siehe Bilderstrecke im Mittelteil), dass Sie glauben, Sie hätten sich auf einen fernen Planeten verirrt.

Ende der 1980er-Jahre stellten die chinesischen Behörden das Gebiet unter Naturschutz, und das einzigartige Ökosystem, das in offiziellen Publikationen etwas blasiert als das größte und am besten erhaltene Feuchtgebiet der Welt angepriesen wird, erhielt einen

Rundweg. Heute kann man auf erhöhten Holzstegen durch das Gebiet wandern, ohne dabei die zarten Pflanzen zu zertrampeln.

Die wunderschöne Landschaft lockt nicht nur Touristen an (derzeit jährlich rund zwei Millionen Menschen), sondern auch zahlreiche Vogelarten, die hier brüten. Darunter sind auch einige gefährdete Arten wie die Saunders-Möwe und der Mandschuren-Kranich. Unter Vogelbeobachtern ist Panjin deswegen längst ein heißer Tipp.

*87. Grund*

## *Weil aus einer ehemaligen Verbannungsinsel ein beliebter Ferienort wurde*

Wer in Sanya, ganz im Süden der Insel Hainan, aus dem Flugzeug steigt, spürt gleich mit dem ersten Atemzug, dass hier etwas anders ist. Während der Rest des Landes immer wieder in dickem Smog versinkt, macht die Stadt am leuchtend blauen Meer regelmäßig mit ihrer sauberen Luft Schlagzeilen.

Noch etwas wird schnell klar: Auf Hainan ticken die Uhren langsamer. An den mit Palmen gesäumten Uferwegen treffen sich jeden Vormittag alte Männer, um gemeinsam Karten oder Mae Jong zu spielen. Abends verwandeln sich die öffentlichen Plätze in kleine Tanzpaläste – mit bis am Anschlag krächzenden Lautsprechern. Gemütlichkeit trifft tropische Lebensfreude.

Dass sich die Insel mit ihren 300 Sonnentagen und dem entspannten Lebensstil in einen beispiellosen Touristenmagneten verwandelt hat, überrascht daher nicht. Sanya hat heute fast gleich viele 5-Sterne-Hotels wie Peking oder Shanghai. Mindestens 300 Hotelkomplexe aller Preisklassen säumen die Traumbuchten rund um die Insel.

Dass Menschen freiwillig nach Hainan reisen, ist allerdings eine vergleichsweise junge Entwicklung. Jahrhundertelang war die Insel ein Verbannungsort für in Ungnade gefallene Beamte. Ein chinesisches St. Helena sozusagen. Wer einst hier landete, hatte kaum Chancen, jemals wieder den Weg zurück in die Zivilisation zu finden. Angst und Schrecken verbreitete auch die Tatsache, dass Hainan mit Malaria und anderen Tropenkrankheiten verseucht war.

Wie viele andere Städte in China hat auch Sanya in kürzester Zeit eine gewaltige Entwicklung durchlaufen. Dort, wo heute eine halbe Million Menschen leben, waren noch in den 1980er-Jahren nur kleine Fischerdörfer zu finden. Die Gegend war so arm, dass sich damals eine Delegation des Staatsrats öffentlich wunderte, dass Hainan »noch weniger entwickelt als die Dörfer in Afrika« sei.

Die Wende setzte ein, nachdem die Insel 1988 aus der Nachbarprovinz Guangdong ausgegliedert und in eine eigene Provinz mit dem Status einer Sonderwirtschaftszone verwandelt worden war. Dadurch wurden Investitionen aus dem Ausland zu Vorzugskonditionen möglich. Dennoch dauerte es nochmals über zehn Jahre, bis kurz vor der Jahrtausendwende das erste Luxushotel seine Pforten öffnete.

Angetrieben wurde dieser Boom vor allem durch die zunehmende Kaufkraft der chinesischen Mittelklasse. Dass die meisten Chinesen keine Fremdsprachen sprechen und für viele Reiseziele mühsame Visa-Prozeduren durchlaufen müssen, hat sicherlich auch dazu beigetragen, Hainan zu einer attraktiven Alternative im Inland zu machen.

Die lokalen Behörden wollen die Insel touristisch nun noch weiter entwickeln. Davon zeugt etwa der neue Flughafen, der in ein paar Jahren vor den Toren von Sanya aufgehen soll. Er ist auf eine Kapazität von jährlich 60 Millionen Passagieren ausgelegt. Da auf ganz Hainan gerade einmal neun Millionen Menschen leben, ist allerdings fraglich, ob der Massentourismus nicht bald aus dem Ruder zu laufen droht.

So unschön das alles auch klingen mag: Der Ansturm fällt erstaunlich wenig auf. Obwohl der Massentourismus längst eingesetzt hat, ist selbst die Yalong-Bucht – der bekannteste Strand der Insel

–praktisch leer. Kaum jemand planscht im Wasser. Unter den Strohsonnenschirmen ist jede Menge Platz.

Niemand bezahle ein Vermögen für eine Reise, um danach braun gebrannt wie ein Bauarbeiter nach Hause zu kommen, hat mir bei meinem letzten Besuch ein chinesischer Reiseleiter erzählt. In einem Land, in dem noch immer Millionen von Bauern an der Armutsgrenze leben, ist sonnengebräunte Haut eben kein Statussymbol.

Aber wer braucht schon einen Strand, wenn das Unterhaltungsprogramm stimmt? In der Nähe der Hotels sind mehrere große klimatisierte Shoppingmalls entstanden. Wem Einkaufen zu wenig elitär ist, der begibt sich in eines der luxuriösen Seafood-Restaurants oder versucht sich auf einem der rund 20 Golfplätze.

Ein beliebtes Ausflugsziel ist auch der Nanshan-Tempel, 40 Kilometer westlich von Sanya. Die 108 Meter hohe Guanyin-Statue ist das inoffizielle Wahrzeichen von Hainan. Sie ist ein bisschen größer als die Freiheitsstatue vor New York, was die lokalen Reiseführer gerne betonen. Dass bei ihrem Bau 2005 aber viel modernere Technologien verwendet wurden, erwähnen sie hingegen selten. Genauso wenig, dass bei der Planung darüber debattiert worden war, ob man im Kopf der Göttin des Mitgefühls eine Besucherplattform einschließlich Restaurant einrichten soll.

Ein paar Kilometer weiter liegt das Südkap der Insel. Der feinsandige Strand ist hier mit Felsbrocken durchzogen, die an die Seychellen erinnern. Zwei dieser Felsen werden in ganz China mit einer romantischen Geschichte in Verbindung gebracht. So soll vor langer Zeit ein junges Paar vor den Eltern geflohen sein, weil diese ihrer Ehe nicht zustimmten. Als sie am Kap ankamen, warteten dort schon die Agenten ihrer Eltern. Verzweifelt sprangen die beiden Liebenden ins Wasser, wo sie sich von einem Blitz getroffen in zwei Felsen verwandelten.

*88. Grund*

## *Weil einem auf Gulangyu das Klavierspielen Türen öffnet*

»Könnt ihr vielleicht Klavier spielen?« Die Frau hinter der Rezeption schaut mich etwas schräg an. »Wir haben hier auf der Insel eine Regel: Wer etwas Schönes auf dem Piano vorspielt, der bekommt in unserem Hotel einen Rabatt.« Ich habe Glück: Erst vor Tagen hatte ich den Klavierteil der *Bohemian Rhasody* aufgefrischt und konnte ihn noch auswendig. Ich wage mich also hinter die Tasten. Die Frau hört es sich gelangweilt an und ist von meiner Einlage sichtlich wenig beeindruckt. Das Stück kennt sie nicht. Aber immerhin: Einen Preisnachlass von 20 Prozent bekommen wir trotzdem – vielleicht auch, weil gerade Nebensaison ist.

Die Insel Gulangyu liegt einen Steinwurf von Xiamen, dem früheren Amoy, entfernt. Wörtlich bedeutet ihr Name Trommelwellen-Insel, was auf das Tosen der Wellen verweist. In den Gassen sind jedoch vor allem andere Klänge zu hören. Gulangyu ist bekannt dafür, dass es die höchste Klavierdichte von ganz China hat. Auf die rund 20.000 Bewohner der Insel kommen angeblich 620 Pianos. Darauf ist man in meiner Unterkunft offensichtlich stolz. Auf jeder Tür ist vor der Zimmernummer ein großer Notenschlüssel.

Dass Gulangyu zur Piano-Insel wurde, ist zu einem beträchtlichen Teil das Verdienst des inzwischen verstorbenen Pianisten Hu Youyi. Als er sich in den 1960er-Jahren in Brüssel am Konservatorium zum Profi-Musiker ausbilden ließ, besuchte er dort immer wieder das Museum für Musikinstrumente. Die Ausstellung hat den jungen Mann so beeindruckt, dass er selber begann, Instrumente zu sammeln. Pianos, Orgeln, Handorgeln: hauptsächlich Instrumente mit Tasten. Kurz nach der Jahrtausendwende war die Sammlung genug angewachsen, um ihr ein eigenes Museum zu widmen. Obwohl Hu mittlerweile in Australien lebte, entschloss er sich, seine

Sammelstücke auf der Insel auszustellen, auf der er geboren wurde. So entstand das Piano-Museum, das mit seinen rund 100 teilweise sehr exotischen Tasteninstrumenten weit über die Grenzen der Stadt bekannt ist.

Doch Hu war damit längst nicht zufrieden. Er hatte noch nicht alles erreicht, was er wollte. Mehr und vor allem immer größer sollten seine Exponate werden. Pianos waren ihm irgendwann zu bescheiden. Also begann er, Orgeln aus aller Welt zusammenzutragen, und gründete ein zweites Museum. Seine bekannteste Orgel war zuvor in einer Kirche in Boston installiert und ist so groß, dass sie sich sogar innen begehen lässt. »Ich hoffe, dass Gulangyu ein Pilgerort für Orgelliebhaber aus der ganzen Welt wird«, hatte Hu einmal gesagt. Mit der weiterhin anwachsenden Sammlung ist das nicht ganz unwahrscheinlich. Zumal Gulangyu auch ohne sein musikalisches Erbe einen Besuch wert wäre.

Wieso eigentlich? Als China 1843 nach dem Ende des Opiumkrieges gezwungen wurde, fünf seiner Häfen einschließlich Xiamen für ausländische Händler zu öffnen, begann sich für die kleine Nachbarinsel Gulangyu alles zu ändern. Dorthin, wo zuvor nur wenige Fischer lebten, zogen immer mehr Ausländer. Die Wahl der Insel erfolgte aus strategischen Überlegungen: Sie lag zwar nur wenige Bootsminuten vom Hafen von Xiamen entfernt, war aber trotzdem weit genug weg, um sich vor möglichen Übergriffen der wenig freundlich gesinnten Einheimischen zu schützen.

Die Ausländer begannen neben ihren prächtigen Wohnhäusern auch Kirchen, Krankenhäuser und Schulen zu bauen. Die Insel blieb zwar offiziell unter chinesischer Souveränität, wurde aber ab 1903 auf einer lokalen Ebene gemeinsam von 13 Ländern verwaltet, die jeweils eigene Konsulate errichteten und für ihre Bürger auch selber Recht sprechen konnten. Das funktionierte so gut, dass die gerade einmal zwei Quadratkilometer große Insel zunehmend wohlhabende Chinesen anzog, die ebenfalls ihre Prachtvillen errichteten. Dabei vermischten sie traditionelle chinesische mit kolonialen Baustilen –

eine einzigartige Architekturströmung, die als Amoy Deco bekannt ist.

2017 wurde die Insel von der UNESCO als Weltkulturerbe ausgezeichnet. Seither leidet Gulangyu unter großen Besuchermassen. Weit über zehn Millionen Touristen schauen sich jedes Jahr die engen Gassen an, klappern die Sehenswürdigkeiten ab und genießen die lockere Atmosphäre in den zahlreichen Cafés und Restaurants, die in den alten Gebäuden entstanden sind. Zu viele, finden immer mehr Einheimische und kehren der Insel den Rücken. Auch wenn sie die schweren Klaviere nicht mitnehmen, sinkt seit Jahren die Zahl der Menschen, die sie spielen können. Vielleicht ist dies der wahre Grund, wieso Besucher günstiger wohnen können, wenn sie in die Tasten hauen.

*89. Grund*

## *Weil es die Halleluja-Berge tatsächlich gibt*

Für das Volk der Na'vi sind die Hallelujah-Berge eine heilige Region. Hierher zieht es die heranwachsenden Jünglinge, um bei einem Übergangsritual einen Banshee, eine Art Flugsaurier, zu fangen und anschließend zu domestizieren. Als eines Tages überraschend eine Mission von der Erde auftaucht, droht dem auf einem fernen Mond liegenden Paradies Gefahr: Das Ziel der Menschen ist nämlich, die blauhäutigen Einheimischen aus der idyllischen Bergwelt zu vertreiben, um Zugang zu Ressourcen zu erhalten.

Vermutlich haben Sie die Geschichte erkannt. Sie stammt aus dem Film *Avatar*, dem Kassenschlager des kanadischen Regisseurs James Cameron. Und wahrscheinlich sind vor Ihrem geistigen Auge längst die Bilder der nadelförmigen Gesteinsformationen aufgetaucht, die hoch über der Mondoberfläche schweben und über eine üppige Vegetation verbunden sind. Die bizarren Hallelujah-Berge sind eine Region, die bestimmt jeder Zuschauer gerne in echt sehen würde.

Nun, mit Abstrichen ist das tatsächlich möglich. So unwirklich die Landschaft im Film auch wirkt: In China gibt es sie, sogar mehrmals. Cameron gab einmal in einem Interview an, dass er sich vom bekannten Huangshan-Gebirge habe inspirieren lassen, während die Zeichnungen seines Bühnenbildners angeblich auf den nicht weniger bekannten Karstformationen rund um Guilin beruhen. Die frappierendste Ähnlichkeit haben die Halleluja-Berge jedoch mit Wulingyuan, einem Naturschutzgebiet, in dem sich der Zhangjiajie-Nationalpark befindet, ein regelrechtes Wahrzeichen Chinas.

Weil nie restlos klar wurde, welches Gebirge tatsächlich das Vorbild war, nutzen nun mehrere Parks den Streifen für ihr Marketing. Am weitesten geht dabei Zhangjiajie, wo einem die blauen Außerirdischen schon weit vor dem Eingang begegnen. »Pandora ist weit weg, aber Zhangjiajie liegt in der Nähe«, heißt es in den Werbebroschüren. Kurz nach dem Erscheinen des Films hatte das Fremdenverkehrsbüro zudem eine Felsformation, die seit Jahrhunderten als »Himmel-Erd-Säule« bekannt war, kurzerhand in Halleluja-Berge umbenannt, was in den sozialen Medien die Empörung der Nationalisten hochkochen ließ. Sie fanden beschämend, dass der traditionelle Name ausgerechnet einem kommerziellen Produkt aus den USA weichen musste. Die Proteste gegen den Ausverkauf der chinesischen Kultur wurden so heftig, dass die Parkverantwortlichen die Neutaufe schließlich rückgängig machten.

Dass sich Avatar in China zu einem cineastischen Großereignis entwickelte, mag zum Teil damit zusammenhängen, dass sich die Zuschauer über die vertraute Umgebung freuten. Kritiker wiesen jedoch darauf hin, dass die Geschichte vom Kampf gegen skrupellose Geschäftemacher, die in lokale Gemeinschaften eindringen und sie zerstören, für viele Chinesen allzu vertraut ist. Der politisch sensitive Inhalt, der den Zensoren offenbar zunächst nicht aufgefallen ist, dürfte der Grund dafür gewesen sein, wieso der Film in der günstigeren 2-D-Version trotz anhaltenden Erfolgs verdächtig schnell aus den Kinosälen verschwand.

Übrigens: Es gibt noch eine Parallele zwischen Zhangjiajie und Pandora. Nicht nur in den ausgedachten Bergen wohnen skurrile Lesewesen, sondern auch in den echten Bergen. Sie heißen Wawayu und gelten als die größten Riesensalamander der Welt. Bis zu zwei Meter lang und 60 Kilogramm schwer sollen sie werden. In einer Zuchtstation kann man einige der vom Aussterben bedrohten Tiere sehen. Mit ihrem flachen Kopf, der abgerundeten Schnauze und der fleckigen Haut könnten sie selber die Hauptdarsteller in einem Film über Außerirdische mimen.

*90. Grund*

## *Weil das Danxia-Gebirge wie eine Kinderzeichnung aussieht*

Machen wir die Probe aufs Exempel: Wenn Sie das nächste Mal Freunde mit einem Fünfjährigen besuchen, dann nehmen Sie doch eine große Schachtel mit Buntstiften mit und bitten das Kind, ein Gebirge zu zeichnen. Anschließend geben Sie in der Suchmaschine Ihrer Wahl »Danxia« ein und vergleichen das Resultat. Wenn Sie die Übereinstimmung nicht überrascht – nun ja, dann wäre jetzt ich überrascht.

Das Danxia-Gebirge, das ein paar Kilometer außerhalb der Stadt Zhangye in der westchinesischen Provinz Gansu liegt, sieht aus, als hätte jemand eine Photoshop-Farbkorrektur während eines Schüttelfrostanfalls durchgeführt. Breite Streifen, die in allen erdenklichen Farben leuchten, zeichnen hier einen durcheinandergeschüttelten Regenbogen auf die kahlen Berge. Es scheint, als hätte ein Riese ein Aquarell gemalt und die Felsen kurzerhand als seine Palette missbraucht.

Die geologische Erklärung für die Farbenpracht ist einfach: Im Laufe der Zeit hat Regenwasser unterschiedliche Mineralien in den Sandstein gespült, die in verschiedenen Farben oxidierten. Das Rot stammt beispielsweise vom eingelagerten Eisenoxid, Schwefel gibt den Felsen ihren Gelbton, und Kupfer führt zu einer blaugrünen Verfärbung. Die ursprünglich waagrechte Struktur wurde schließlich aufgrund von plattentektonischen Bewegungen zu einem Gebirge aufgetürmt, aus dem Wind und Regen die spektakulären Formen schnitzten, die wir heute kennen. Das chinesische Pendant zu *National Geographic* hat das Gebirge 2009 zu einer der schönsten Landschaften Chinas gewählt. Ich finde: vollkommen zu Recht.

Falls Sie sich entscheiden, den bunten Nationalpark zu besuchen, sollten Sie unbedingt einen Blick auf das Wetter werfen. Zwei Faktoren sind besonders wichtig: Erstens sollte es kürzlich geregnet haben, denn der Niederschlag wäscht den Staub von den Felsen und bringt die Farben stärker zur Geltung. Zweitens sollten Sie einen klaren Tag wählen. Nur im Sonnenlicht erstrahlen die Farben optimal.

*91. Grund*

## *Weil in Guangdong das erotischste Gebirge der Welt liegt*

Von der Besucherplattform blicke ich auf einen 30 Meter hohen Fels hinab, der in einiger Entfernung von uns aus dem Wald ragt und der selbst Menschen, die sonst ohne jegliche Fantasie sind, stark an ein männliches Geschlechtsorgan erinnert.

Jedes Detail ist am Felsen zu erkennen, bis hin zu den kleinsten Hautfalten. Das Überraschende: Der Penis-Felsen ist vollkommen natürlich entstanden. Und weil das wohl die wenigsten auf Anhieb glauben, stehen auf der Plattform gleich zwei Tafeln, die seine Entstehung erklären.

Die Stimmung auf der Plattform ist ausgelassen. Hinter mir scherzen ein paar ältere Männer: »Eigentlich müsste *diese* Landschaft hier Gelbe Berge heißen.« Seine Freunde lachen lauthals über das Wortspiel. In China werden erotische Filme oder Bücher als »gelb« bezeichnet. Ein anderer Mann klettert auf das Geländer und posiert so, dass es auf dem Foto aussieht, als sei der Fels sein bestes Stück. Er macht ein Wortspiel, das ich nicht verstehe. Die Menge schon. Es wird wieder laut gelacht. Meine Begleitung raunt mir zu: »Der hat's wohl nötig.«

Ich befinde mich in der südchinesischen Provinz Guangdong im Naturschutzpark Danxia. Und falls Sie nun glauben, der Name sei ein Druckfehler: Das vielleicht erotischste Naturschutzgebiet der Welt hat tatsächlich genau den gleichen Namen wie die Regenbogenberge, über die wir im vorangegangenen Grund sprachen.

Danxia heißt schlicht »Roter Sandstein«. Dabei könnten die beiden Gebirge unterschiedlicher nicht sein: Während das Danxia in Gansu mit seiner Farbenpracht überzeugt, hat die Natur im Danxia von Guangdong eine steingewordene Pornografie geschaffen, wie sie wohl sonst nirgends auf der Welt zu sehen ist.

Ich habe ganze zwei Tage frei genommen, um mir die Landschaft anzusehen. Zu sehen gibt es nämlich einiges: Ich spaziere zwischen Bambuswäldern hindurch, wie man sie sonst nur aus Kung-Fu-Filmen kennt. Über steile Treppen klettere ich auf einen der Nadelfelsen, von wo aus ich eine grandiose Aussicht über die Wälder und Felsen habe. Ich spaziere um Seen, auf denen elektrische Mini-Raddampfer die Touristen herumfahren und über die malerische Brücken führen. Irgendwann stoße ich auf das Tongtai-Felsentor, eine bizarre natürliche Felsbrücke, die zwei Felsen verbindet.

Und plötzlich wird das Gebirge wieder erotisch. In der Ferne sehen wir eine Bergkette, die wie eine schlummernde Jungfrau aussieht – und auch so heißt. Wir laufen unter einer Steilwand durch, bei der ein Felsvorsprung (diesmal mit ziemlich viel Vorstellungskraft) wie eine Brust aussieht. Schließlich stehen wir vor der zweiten landesweit bekannten Sehenswürdigkeit des Parks: einem Felsspalt, der leicht erkennbar das weibliche Gegenstück zum anfangs erwähnten Felsen ist. Auch hier haben sich Leute versammelt und reißen zotige Witze.

Eigentlich, sagt meine Begleitung, sei das alles doch gar nicht erotisch, sondern eher eine traurige Liebesgeschichte über ein getrenntes Paar. Wie Romeo und Julia. Denn vom Fels bis zur Höhle am anderen Ende des Parks waren wir zu Fuß fast einen ganzen Tag lang unterwegs.

# Kapitel 9

# Minderheiten

*92. Grund*

## *Weil China ein Vielvölkerstaat ist*

Bisher haben wir uns hauptsächlich über jene Teile des Landes unterhalten, die traditionell von den Han-Chinesen besiedelt werden. Mit etwa 90 Prozent der Bevölkerung sind sie die mit Abstand größte ethnische Gruppe. Sie sind es, die in Politik und Wirtschaft die wichtigen Positionen besetzen und das Geschick des Landes lenken. Wenn man den Begriff mag, könnte man sagen, sie definieren so etwas wie eine chinesische Leitkultur.

Dabei vergisst man leicht, dass China ein Vielvölkerstaat mit einer gewaltigen kulturellen Vielfalt ist. Selbst bei den Han sind die Unterschiede größer als auf den ersten Blick ersichtlich. Nationalisten hantieren zwar gerne mit Untersuchungen, die belegen, dass die Han eines der genetisch homogensten Völker der Welt sind. Davon sollte man sich aber nicht täuschen lassen. Sprachwissenschaftler beispielsweise unterteilen die Han in zahlreiche Untergruppen, die teilweise so stark abweichende Dialekte verwenden, dass ein gegenseitiges Verstehen kaum möglich ist. Das bekannteste Beispiel sind die kantonesisch sprechenden Bewohner der südchinesischen Provinz Guangdong. Ähnlich groß ist die Diversität bei den verschiedenen Regionalküchen oder der traditionellen Architektur.

Noch bedeutendere Unterschiede gibt es aber bei den restlichen zehn Prozent der Bevölkerung, über die wir in diesem Kapitel sprechen wollen. Bei der letzten Volkszählung 2010 waren das immerhin etwa 112 Millionen Menschen, die sich auf 55 ethnische Gruppen verteilen. Die größte Minderheit sind die Zhuang, deren Angehörige vorwiegend im südchinesischen Guangxi leben und als einzige Gruppe in China mit lateinischen Buchstaben schreiben. Am anderen Ende der Größenskala sind die chinesischen Tartaren und die Lhoba zu verorten, die nach offiziellen Angaben jeweils rund 3.500 Mitglieder haben. Im Ausland bekannt sind vor allem die Tibeter (fünf Millionen), die Uiguren (acht Millionen) sowie die Mongolen (sechs Millionen). Obwohl die Minderheiten nur einen kleinen Teil der Bevölkerung stellen, erstreckt sich ihr Siedlungsgebiet über fast 60 Prozent der Landmasse. Die meisten leben in wenig fruchtbaren Randregionen.

Als 1949 die Verfassung der Volksrepublik ausgearbeitet wurde, diente die damalige Sowjetunion in vielen Bereichen als Vorbild. Das ist auch der Grund, wieso die maßgeblich von Josef Stalin geprägte sowjetische Nationalitätenpolitik fast unverändert in die chinesische Gesetzgebung übernommen wurde. Formal bedeutet das, dass alle Minderheiten die gleichen Rechte haben und dass sie in der Ausübung ihrer Religion, Sprache und Kultur nicht eingeschränkt werden dürfen. Eine anerkannte Minderheit hat Anrecht auf ein autonomes Gebiet auf Provinz- oder Kreisebene.

Für Sie als Besucher ist es ziemlich einfach zu erkennen, wenn Sie sich in solchen Regionen befinden. Achten Sie einfach auf die Wegweiser: Während die Straßen an den meisten Orten in Chinesisch und der latinisierten Pinyin-Umschrift ausgeschildert sind, wird in den autonomen Gebieten die Sprache der jeweiligen Titularnation verwendet. Die Schriften der verschiedenen Minderheiten finden Sie allerdings auch auf allen Banknoten: Dort steht jeweils in fünf Sprachen »Bank von China«.

Vordergründig wird also großer Wert auf die Autonomierechte gelegt. Doch jenseits solcher Symbolpolitik sorgt die tatsächliche

Ausgestaltung der Minderheitenpolitik bei den Menschen in den Randgebieten häufig für Unmut. Zu den wichtigsten Streitpunkten gehört die willkürliche Einteilung, die die Verwaltung Mitte der 1950er-Jahre vorgenommen und seither kaum angepasst hat. Die in Yunnan lebenden Mosuo, auf die wir später noch ausführlicher zu sprechen kommen, werden beispielsweise offiziell den Naxi zurechnet, obwohl sich die Kultur der beiden Gruppen erheblich unterscheidet und sich die Mosuo seit Jahren darum bemühen, als eigene Gruppe anerkannt zu werden. Und sie sind nicht die Einzigen: Im ganzen Land gibt es etwa 30 ethnische Gruppen mit insgesamt 730.000 Menschen, die noch immer auf eine offizielle Anerkennung warten.

Ein weiterer Streitpunkt ist die massenhafte Zuwanderung der Han in die Minderheitsgebiete, was bei den Menschen, die dort traditionell leben, oft starke Überfremdungsängste auslöst. Nicht ganz ohne Grund: Inzwischen hat die Binnenmigration dazu geführt, dass fast alle Titularnationen im eigenen Siedlungsgebiet zu einer Minderheit geworden sind. Dass hauptsächlich die zugewanderten Han von der wirtschaftlichen Entwicklung profitieren, fördert bei den Ansässigen den Groll auf die Zuwanderer zusätzlich.

*93. Grund*

## *Weil mutige Menschen Verbrechen öffentlich machen*

Der Umgang mit den Minderheiten ist widersprüchlich. In manchen Regionen werden die verfassungsmäßig garantierten Rechte mehr oder weniger gewährt, anderswo werden sie auf eklatante Weise mit Füßen getreten. Besonders schlimm ist die Situation derzeit in der Nordwestprovinz Xinjiang. Wer sich ein Bild von den dortigen Zuständen machen will, dem sei das im Sommer 2020 erschienene

Buch *Die Kronzeugin* empfohlen. Darin schildert Sayragul Sauytbay ihren beklemmenden Leidensweg.

Die kasachischstämmige Frau kam 1977 in der Nähe des Yili-Sees in einer Nomadenfamilie zur Welt. Ihre Kindheit erlebte sie als weitgehend frei. Als junge Frau lernte sie Chinesisch, studierte Medizin und fand eine gut bezahlte Stelle in einem Krankenhaus und arbeitete später als Schulleiterin. Dort erlebte sie, wie die Einheimischen jedes Jahr stärker benachteiligt wurden. Höhere Posten gingen bald ausschließlich an Han. Als Unterrichtssprache war nur noch Chinesisch erlaubt. Sauytbay schildert, wie ihr Sohn eines Tages weinend aus dem Kindergarten zurückkam und nie mehr dorthin zurückwollte. Man hatte ihm den Mund mit Klebeband verschlossen, weil er sich mit anderen Kindern in der Muttersprache unterhalten hatte.

Als Reaktion auf eine Reihe von Terroranschlägen um das Jahr 2014 wurden die Repressalien immer heftiger. Die Lehrer an Sauytbays Schule wurden genötigt, umfangreiche Dokumentationen über ihre Kollegen anzulegen und jedes Fehlverhalten zu denunzieren. In den Städten wurden derweil alle Hundert Meter Kontrollposten errichtet und eine umfassende Videoüberwachung installiert. Muslimische Staatsbedienstete mussten ihre Reisepässe abgeben. Vermutlich sollte vermieden werden, dass das Wissen über solche Benachteiligungen ins Ausland gelangte. Obwohl sich Xinjiang zusehends in ein Freiluftgefängnis verwandelte, gelang es Sauytbays Mann, rechtzeitig mit den Kindern nach Kasachstan zu fliehen. Sauytbay, die bereits keine Papiere mehr hatte, musste zurückbleiben. Wegen der Flucht ihrer Familie geriet sie in die Mühlen der Unterdrückungsmaschinerie. Innerhalb eines Jahres wurde sie sieben Mal von der Geheimpolizei abgeholt und verhört. Jeweils nachts, mit einem Sack über dem Kopf.

Um das friedliche Zusammenleben von Chinesen und den muslimischen Gruppen zu fördern, war unterdessen ein Programm geschaffen worden, das das Ziel hatte, die kulturellen Eigenheiten der anderen kennenzulernen. Die Idee war, dass jeweils ein Mitglied der einen Gruppe jeden Monat ein paar Tage mit einem Mitglied der anderen verbrachte, um so zu »einer Familie« zu werden. Was auf dem Papier noch einigermaßen vernünftig klang, entpuppte sich aber bei genauer Hinsicht als eine Form von Zwangsarbeit. Sauytbay musste bei chinesischen Familien kochen und putzen. Da auch junge Frauen ledigen Männern zugewiesen wurden und dort übernachten mussten, kam es regelmäßig zu staatlich gebilligten Vergewaltigungen.

2017 wird Sauytbay schließlich in eines der Umerziehungslager verschleppt, die seit 2014 in der ganzen Provinz Xinjiang errichtet worden sind. Internationale Experten schätzen, dass etwa eine Million Menschen in solchen Camps gefangen gehalten werden. Sauytbay kommt in ihrer eigenen Hochrechnung hingegen auf etwa drei Millionen. Darunter auch Kinder und Hochbetagte. Die Bedingungen sind schrecklich: Etwa 20 Häftlinge hausen gemeinsam in einer Zelle. Jeder hat weniger als einen Quadratmeter Platz. Als Toilette dient ein Eimer, der einmal pro Tag geleert wird und meistens schon vorher überquillt. Die muslimischen Gefangenen werden gezwungen, Schweinefleisch zu essen. Wer sich weigert, wird gefoltert. Als gebildete Frau hatte Sauytbay Glück im Unglück: Weil sie die Inhaftierten in chinesischer Sprache unterrichtete und beim Übersetzen helfen konnte, erhielt sie eine Vorzugsbehandlung. Gefoltert wurde sie trotzdem. Als sie nach einigen Monaten überraschend frei gelassen wurde, flüchtete sie zu ihrer Familie nach Kasachstan.

Der Fall schlug hohe Wellen. Es war das erste Mal, dass eine Ausbildnerin aus dem Lagersystem freikam und Einblick in die Gräueltaten geben konnte, die hinter den Stacheldrahtzäunen begangen werden. Auch wenn die Berichte von Sauytbay die bisher detailliertesten sind, sind sie nicht die einzigen. Auch andere ehemalige Lagerinsassen haben Ähnliches berichtet. Im November 2019 waren der *New York Times* Tausende interne Dokumente der Kommunistischen Partei Chinas zugespielt worden, die das Vorgehen bestätigen und belegen, dass es von ganz oben angeordnet worden war.

Dass Sauytbay ihre Geschichte überhaupt öffentlich machte, ist ein Glücksfall: Denn kurz nach der Flucht hatten die Behörden ihre Mutter und ihre Schwester verschleppt und versuchten, Sauytbay auf diese Weise zum Schweigen zu bringen. Dafür, dass sie sich trotzdem nicht einschüchtern ließ, hat sie das US-Außenministerium mit dem internationalen Preis für Frauen mit Mut ausgezeichnet.

*94. Grund*

## *Weil die Minderheiten ein Revival erleben*

Der Umgang mit den Minderheiten ist noch in einer anderen Hinsicht widersprüchlich: Große Teile der Bevölkerung wissen aufgrund der strikten Zensur nicht, was im Westen des Landes vor sich geht. Die deutliche räumliche Trennung verstärkt das. Denn obwohl viele Han in die Randgebiete abwandern, finden Migrationsbewegungen in die umgekehrte Richtung kaum statt. Angehörige der Minderheiten ziehen nur selten in das dicht besiedelte Kernland oder in die wohlhabenden Städte an der Ostküste.

Die uigurischen Verkäufer, die ich früher regelmäßig ihren Reiskuchen oder ihre Fleischspießchen verkaufen sah, sind fast vollständig von den Straßen Pekings und anderer Städte verschwunden. Die meisten Han-Chinesen beziehen ihr Wissen über die Menschen am Rande des Landes aus Schulbüchern, Zeitungen und Filmen. Und dort wird gerne ein Bild von rückständigen Menschen gezeichnet, die nur dank der Hilfe der Partei den Weg in die Zivilisation gefunden haben. Das Tibet vor der »friedlichen Befreiung« ist in dieser Erzählung eine Region, die vom feudalen Mittelalter in die Moderne gehievt wurde. Dass vor diesem Hintergrund nur wenige Han Verständnis dafür haben, dass Tibeter und Uiguren echte Autonomie wünschen und sich nicht mit dem Bau von Straßen und Schulen abspeisen lassen wollen, ist verständlich.

Trotzdem wäre die Annahme falsch, dass die Kultur der Minderheiten nicht auch positiv wahrgenommen wird. In verschiedenen Landesteilen sind sogenannte »Minderheitenparks« entstanden, wo Touristen Tanzvorführungen und Zeremonien beiwohnen und anschließend lokale Produkte kaufen können. Freilich geht damit ein Ausverkauf der Kultur einher, aber die Parks sorgen auch für Verdienstmöglichkeiten, ohne dass der Massentourismus die echten Dörfer überschwemmt. So können sich wenigstens die Bräuche erhalten, die den Machthabern nicht aus irgendeinem Grund missfallen.

Vor allem in den Südwestprovinzen Yunnan, Guangxi und Guizhou hat sich ein regelrechter Ethnotourismus entwickelt. Historische Städtchen wie Dali, Lijiang oder das in Shangri-La umbenannte Zhongdian, die von Minderheiten bewohnt werden, gehörten zu den ersten, die für Besucher aus dem ganzen Land aufwendig restauriert worden waren. Wer möchte, kann dort in Kursen das lokale Kunsthandwerk erlernen oder Kochkurse besuchen. In Buchläden werden Bildbänder zu den dortigen Kulturen verkauft.

Viele Chinesen sind auf die Vielfalt in ihrem Land stolz. Das zeigt sich auch daran, dass etwa chinesische Modelabels Elemente aus den traditionellen Webtechniken der Minderheiten aufnehmen und mit modernen Produktionstechniken verbinden. Aber auch daran, dass bei der Eröffnungszeremonie der Olympischen Spiele 2008 Tanzgruppen gezeigt wurden, die die Minderheiten vertraten. Am meisten ist jedoch das Interesse am spirituellen Tibet erwacht. Immer wieder bin ich auf chinesische Reisende gestoßen, die von der Magie der Hochlandregion gefesselt waren. Selbst im indischen Dharamsala, der Stadt, in der der Dalai Lama im Exil ist, traf ich auf Chinesen, die sich im Buddhismus üben und – wie sie selbst sagten – einen Kompass für sich durch die orientierungslose Gegenwart finden wollten. Es wäre wünschenswert, wenn dieses zunehmende Interesse langfristig auch zu einem respektvolleren Umgang und zu einer stärkeren Sensibilisierung für die Belange der Minderheiten führen würde. Noch stehen die Zeichen dafür allerdings nicht besonders gut.

*95. Grund*

## *Weil die Mosuo keine Väter brauchen*

Es kommt wohl nicht allzu häufig vor, dass etwas die sexuelle Fantasie von Männern genauso anregt wie die Begeisterung von Feministinnen. Die bereits erwähnten Mosuo sind eine dieser wenigen Ausnahmen. Die kleine Gruppe mit rund 30.000 Menschen lebt im Nordosten der Provinz Yunnan am Fuße des Himalajas, direkt am Ufer des malerischen Lugu-Sees. Das Spezielle: Sie gehören zu den wenigen Gesellschaften der Welt, die weitgehend matriarchalisch organisiert sind.

Das erste Mal bin ich auf die Mosuo gestoßen, als mir vor ein paar Jahren das lesenswerte Buch des argentinischen Journalisten Ricardo Coler in die Hände fiel. In *Das Paradies ist weiblich* beschreibt er, wie er mehrere Monate mit den Mosuo zusammenlebte und wie er nach und nach Gefallen an einer Gesellschaftsform fand, die für ihn zunächst kaum vorstellbar war, die sich dann aber in vieler Hinsicht als vertrauter erwies, als er erwartet hatte.

Das gesellschaftliche Zentrum bilden die Großfamilien, in denen alle Familienmitglieder über die Mutterlinie miteinander verwandt sind. Die Kinder wachsen gemeinsam mit der Mutter sowie Tanten, Onkeln und Großeltern mütterlicherseits auf. Der biologische Vater hingegen spielt keine Rolle und ist teilweise sogar unbekannt. Seine Bedeutung beschränkt sich auf die Aufgabe als Samenspender. Männliche Rollenvorbilder bieten hauptsächlich die Onkel, die auch für einen Teil der Erziehung mitverantwortlich sind.

Die Kinder verbleiben während des ganzen Lebens im Clan der Mutter. Statt im Erwachsenenalter auszuziehen, erhalten die Töchter nach ihrer Initiation mit etwa 13 Jahren ein eigenes Zimmer, in dem sie nachts ihre Liebhaber empfangen können. Das funktioniert ziemlich unkompliziert, wie Coler in seinem Buch schildert. Die Männer klopfen abends an die Tür ihrer Angebeteten, und mit etwas

Glück dürfen sie die Nacht dort verbringen. Spätestens bei Sonnenaufgang müssen sie das Haus der fremden Familie aber wieder verlassen haben. Eine besondere Rolle kommt dabei dem Hut zu: Der Mann hängt ihn bei seinem ersten Besuch an einen Nagel. Solange er dort baumelt, bleibt die Beziehung bestehen. Möchte sie die Frau beenden, hängt sie ihn vor die Tür. Widerrede zwecklos. Wanderehe nennen die Mosuo das.

Wie die Einzelnen ihr Beziehungsleben gestalten, ist höchst unterschiedlich. Von Einmalliebschaften bis zu lebenslangen exklusiven Partnerschaften ist alles möglich. Liebesbeziehungen sind eben Privatsache. Deswegen wird auch keine Frau wegen ihrer Wahl stigmatisiert. Noch einen Vorteil sieht Coler im System der Mosuo: Da eine Beziehung nicht die Ehe als Ziel hat und keinerlei wirtschaftliche noch soziale Bürden mit sich bringt, beruht sie ausschließlich auf gegenseitiger Liebe oder zumindest sexueller Zuneigung. Deswegen seien die Beziehungen reiner. Im Matriarchat hätten es nicht nur die Frauen besser, sondern auch die Männer.

Seit Coler kurz nach der Jahrtausendwende mehrere Monate am Lugu-See verbrachte, hat sich einiges verändert. Unter dem Einfluss der Außenwelt stehen junge Leute dem traditionellen Leben zunehmend ablehnend gegenüber. Was vor wenigen Jahren noch verpönt war, geschieht heute immer häufiger: Frauen heiraten zugezogene Männer und ziehen mit ihnen in eigene Wohnungen.

Als zweischneidiges Schwert hat sich dabei auch der Tourismus erwiesen. Er bietet den Menschen in der abgelegenen Region Entwicklungsmöglichkeiten und zusätzliche Einnahmen. Gleichzeitig zerstört er die Traditionen, da nicht wenige chinesische Besucher von der vermeintlichen Freizügigkeit der Mosuo-Frauen angelockt werden und ein schnelles Abenteuer erhoffen. Berichte von aufdringlichen Touristen liest man immer wieder.

Der Tourismus ist indes nicht die erste Bedrohung von außen. Während der Kulturrevolution verfolgte die chinesische Zentralregierung eine strenge Assimilationspolitik. Während der sogenannten

Heiratsbewegung wurde versucht, mit Zwang eine monogame Ehe nach Vorstellung der Han durchzusetzen. Wer sich der Weisung widersetzte und nicht heiratete, erhielt keine Essensrationen mehr. Die Traditionen überlebten, weil viele Mosuo in jenen Tagen lediglich Scheinehen eingingen, um der Verfolgung zu entgehen.

*96. Grund*

## *Weil bei den Yao ein Haarschnitt fürs ganze Leben reicht*

Für alle, die nicht gerne zum Friseur gehen, könnten die Frauen einer Minderheit im bergigen Südwesten von China ein Vorbild sein. Die Yao lassen sich ihr Haar nämlich nur einmal im Leben schneiden: Das geschieht jeweils an einem bestimmten Tag im lokalen Mondkalender. Dann versammeln sich in den Dörfern alle Mädchen, die gerade 18 Jahre alt geworden sind, zu einem Initiationsritual.

Der zeremonielle Verlust der Haarpracht bedeutet, dass eine Frau als vollwertiges Mitglied der Gemeinschaft ins Erwachsenenalter eingetreten ist, einschließlich aller Rechte und Pflichten. Es ist aber auch der Zeitpunkt, an dem sie sich auf die Suche nach dem passenden Mann fürs Leben machen soll. Und hier helfen wiederum die Frisuren. Wie bei uns der Ehering oder in Indien das Bindi lässt sich aus der Yao-Haartracht ablesen, ob eine Frau noch zu haben ist.

Allerdings ist das bei den Yao etwas komplizierter. Ledige Frauen verhüllen ihren Haarschopf mit einem Kopftuch. Verheiratete ohne Nachwuchs wickeln ihre Haartracht wie einen Turban stilvoll um den Kopf. Sind schon Kinder da, knoten die Mütter ihre Haare über der Stirn zusammen. Offene Haare sind ein Tabu. Sie zu sehen, das steht einzig dem Ehemann zu. Bis in die 1980er-Jahre waren für Zuwiderhandlungen sogar Strafen vorgesehen.

Lange Haare sorgen für ein langes Leben und Reichtum, so die traditionelle Vorstellung. Und weil natürlich niemand auf Lebensjahre und finanzielles Wohlergehen verzichten möchte, lässt frau das Haar so lange wachsen wie nur irgend möglich. Mähnen von weit über zwei Meter Länge sind keine Seltenheit. Manche Frauen gehen einen Schritt weiter und flechten die Haare, die beim Waschen ausfallen, wieder kunstvoll ein. Das Gleiche geschieht mit den Haaren, die bei der Initiation abgeschnitten wurden: Auch sie werden später wieder in die Frisur eingeflochten.

Lange schien es, als würden die Traditionen der Yao aussterben. Doch dann hat sich das Dorf Huangluo um einen Eintrag ins *Guinness Buch der Rekorde* bemüht. Seither ist es amtlich: Nirgendwo auf der Welt gibt es Frauen mit längeren Haaren. Die Auszeichnung hat Huangluo und anderen Dörfern einen Tourismusboom beschert, durch den die Menschen in der Region einerseits viel Geld verdienen, aber auch auf einen Teil der ländlichen Gemächlichkeit verzichten müssen.

In Huangluo, dem bekanntesten Yao-Dorf, staut sich auf der Straße der Verkehr. Für Touristen wurde am Dorfrand eine Aussichtsplattform errichtet, von wo aus sie den Bäuerinnen bei der Arbeit auf den Feldern zusehen können. Die Besucher dürfen sogar bei der Haarpflege zusehen und Bilder schießen, wenn die Frauen ihre Haare im Bergfluss waschen. All das wäre vor wenigen Jahrzehnten unvorstellbar gewesen.

Für die rund 80 Yao-Familien im Dorf lohnt sich der Trubel aber. Die Frauen haben ein eigenes Shampoo entwickelt, das auf fermentiertem Reiswasser basiert und dafür sorgen soll, dass das Haar bis ins hohe Alter schön bleibt. Da selbst hochbetagte Yao pechschwarze Haare haben, verkauft sich das säuerlich riechende Wundermittel bestens.

*97. Grund*

## *Weil sich die Dai jeden April die größte Wasserschlacht des Landes liefern*

Vor mir setzt ein grauer Pick-up zum Überholen an. Zwei Jungs stehen breitbeinig auf der Ladefläche. Mit neonfarbigen Wasserpistolen schießen sie unentwegt auf die Windschutzscheibe des langsameren Autos. Den Fahrer scheint das nicht sonderlich zu stören: Er setzt ein breites Lächeln auf und schaltet die Scheibenwischer ein. Die Flegel erhalten derweil die Strafe für ihren Übermut an der nächsten Kreuzung: Ein Passant schleudert den Inhalt seines Plastikeimers auf die beiden und durchnässt sie bis auf die Unterwäsche. Nach ein paar Sekunden ist der Spuk vorbei. Das Auto mit den grölenden Jungs biegt in eine Seitengasse ab.

Einmal im Jahr bricht im Süden der Provinz Yunnan Krieg aus. Die Menschen decken sich ein mit Wasserballons, Plastikeimern und einem bunten Arsenal von Waffen, die von einer simplen Wasserpistole bis zu überdimensionierten Wasserwerfern reichen. Auch ich hatte mich auf meinen Besuch vorbereitet. In meinem Fall hieß das vor allem: eine wasserdichte Schutzhülle für das Handy und alte Kleider. Denn als ich meinen Bekannten in Kunming von meiner Absicht erzählte, mir die größte Wasserschlacht des Landes anzusehen, gaben sie mir zwei Warnungen mit auf den Weg: Erstens würden manche Scherzbolde das Wasser mit Lebensmittelfarbe einfärben, zweitens seien gerade Ausländer ein beliebtes Ziel für die Wasserattacken. Beides hat sich bei mir nicht bewahrheitet. Am Ende war deutlich weniger los, als ich nach den abenteuerlichen Schilderungen meiner Bekannten erwartet hatte.

Poshuijie, wörtlich das Wasserwerffest, ist ein Teil der traditionellen Neujahrsfeierlichkeiten der Dai, die normalerweise auf Mitte April fallen und des Geburtstags von Prinz Siddharta Gautama gedenken, des späteren Buddha. Die Dai sind eine ethnische Minderheit mit rund 1,2 Millionen Angehörigen. Sie sind eng verwandt mit den Thai und sprechen eine ähnliche Sprache, sind ebenfalls Buddhisten, kennen weitgehend die gleichen Traditionen und Feste. Auch in Thailand findet im April ein ähnliches Fest statt: Songkrang.

Das Hauptsiedlungsgebiet der Dai ist Xishuangbanna, das unter chinesischen Touristen für seine hübschen Dörfer mit Holzhäusern auf Stelzen bekannt ist. Für die Dai selber scheint es hingegen etwas anderes zu sein, was ihre Region ausmacht: Der Name Xishuangbanna ist nämlich die sinisierte Form von Sipsongpanna, was in der Sprache der Einheimischen ganz einfach »zwölftausend Reisfelder« heißt.

Aber zurück zum Fest. Die Feierlichkeiten dauern drei Tage. Die ersten beiden Tage konzentrieren sich auf Aktivitäten am Mekong: Zunächst wird an seinem Ufer ein gewaltiger Markt errichtet, wo sich die Einheimischen mit den Dingen eindecken, die sie für die Feier benötigen. Gleichzeitig finden auf dem Strom Drachenbootrennen statt, mit denen das alte Jahr ausklingt. Sobald es dunkelt, werden schwimmende Laternen in den Fluss gesetzt. Sie sollen das Unglück des auslaufenden Jahres abtransportieren und Platz für neues Glück im Leben schaffen.

Der dritte Tag bildet den Höhepunkt des Festivals und ist für die beschriebene Wasserschlacht reserviert. Der Tag beginnt mit einem gemeinsamen Gebet in den lokalen Tempeln. Anschließend wird eine Buddha-Statue in den Hof getragen und mit Wasser bespritzt. Das ist das Zeichen dafür, dass sich nun auch Normalsterbliche mit Wasserballons bewerfen und mit Wasserpistolen bekriegen können.

Das Bewerfen mit Wasser symbolisiert eigentlich eine spirituelle Reinigung. Wer seine Mitmenschen bespritzt, der zeigt damit, dass ihm ihr Glück und ihr Wohlstand am Herzen liegen. Doch beim bunten Treiben an den Brunnen, auf den Plätzen und den Straßen scheint es so, als sei der spirituelle Aspekt längst vom Wunsch nach Vergnügen verdrängt worden. Zumindest außerhalb der Tempel scheint der Spaßfaktor das Wichtigste. Und so unter uns: Der Spaß ist definitiv gegeben.

*98. Grund*

## *Weil die Uiguren ihre eigene Zeit haben*

Unsere Freundschaft begann mit einem kleinen Missverständnis. Vor längerer Zeit war ich in Turpan unterwegs. Zur Erinnerung: Das ist die Wüstenstadt in der westchinesischen Provinz Xinjiang, über die ich bereits in Grund 5 schrieb, dass sie der Hitzepol des Landes sei.

Meine Reisebegleitung und ich machten uns an jenem Morgen schon früh auf den Weg zum Markt, wo wir das für die Region typische Fladenbrot probieren wollten. Dabei kamen wir mit der Verkäuferin ins Gespräch. Sie war 21 Jahre alt und gehörte der turksprachigen, muslimischen Minderheit der Uiguren an. Zu ihrem Schutz werde ich sie in diesem Text fortan S. nennen, da bereits Kontakte mit Ausländern reichen können, um als »Separatist« in Umerziehungslagern zu verschwinden.

Bei meinem Besuch 2007 war die Situation noch eine andere. S. interessierte sich für unsere Route, gab uns Ausflugstipps und schlug uns nach einer Weile vor, ein paar Tage bei ihrer Familie zu wohnen. Die Mutter, die danebenstand, nickte zustimmend. Also machten wir ab, dass wir uns abends gegen sechs Uhr an der gleichen Stelle wiedertreffen, damit die beiden uns den Weg nach Hause zeigen. Als wir pünktlich zur vereinbarten Zeit wieder auf dem Markt standen, war weder von S. noch von ihrer Mutter eine Spur zu sehen. Am Brotstand bediente eine andere Person die Kunden und würdigte uns keines Blickes.

Was wir nicht wussten: Faktisch gibt es in Xinjiang zwei Zeitzonen. Zum einen die offizielle, die dafür sorgt, dass im ganzen Land die Uhren gleich laufen. Doch so praktisch wie das scheint, ist es nicht. In dem westlich gelegenen Landesteil sorgt die Einheitszeit dafür, dass die Sonne im Winter erst gegen zehn Uhr aufgeht, während sich Läden und Geschäfte aber an die von Peking vorgegebene Standardzeit halten müssen.

Doch während sich die häufig aus anderen Provinzen zugewanderten Han-Chinesen an die Standardzeit halten, benutzen die einheimischen Uiguren unter sich nach wie vor die alte Zeit von vor 1949, als das Land noch in fünf Zonen unterteilt war. S. war, ohne viel nachzudenken, davon ausgegangen, dass wir wussten, dass sich die Xinjiang-Zeit um zwei Stunden unterscheidet. Und später haben wir uns darüber gewundert, dass uns nie aufgefallen ist, dass die Uhren in den uigurischen Restaurants, Geschäften und Hotels um zwei Stunden verschoben waren.

Wir hatten übrigens Glück: Nach ein paar Minuten tauchte S. doch noch auf dem Markt auf und nahm uns mit in ein hübsches Haus aus Ziegeln und gestampftem Lehm. Weil es so heiß war, hatte die Familie die Betten auf das Flachdach gestellt, wo wir alle zusammen unter dem schönsten Sternenhimmel einschliefen. Und als mich gegen 4.30 Uhr morgens die ersten Sonnenstrahlen im Gesicht weckten, war ich froh, dass es tatsächlich schon 6.30 Uhr war.

*99. Grund*

## *Weil die Guten den Vögeln zum Fraß vorgeworfen werden*

Ich erinnere mich nur noch verschwommen an die Details jenes Spaziergangs, den ich vor Jahren zusammen mit meinen beiden Reisekumpels Björn und Martein unternommen habe. Zu traumatisch war, was mir unter die Augen kam. Daher eine kleine Warnung an Sie, bevor ich Ihnen die ganze Geschichte erzähle: Sollten Sie eher zartbesaitet sein, empfehle ich Ihnen, gleich zum nächsten Grund weiterzublättern.

Wir drei hatten uns in Xiahe einquartiert. Die staubige Kleinstadt in der Provinz Gansu ist für das Labrang-Kloster bekannt – das größte tibetische Kloster außerhalb der Autonomen Region. Umgeben ist die Ortschaft von spärlich bewachsenen Hügeln. Auf einem erkennen wir in der Ferne ein paar weiße Jurten. Wir entschließen uns, das Nomadendorf zu besuchen. Weil wir den Weg nicht kennen, laufen wir einfach quer durch die Landschaft und versuchen grob die Richtung zu behalten.

Vor uns taucht ein Hügel auf, an dessen höchster Stelle ein paar Gebetsfahnen im Wind flackern. Björn, der mit langen Schritten vorausgeht, hält plötzlich an und dreht sich mit erstarrtem Blick zu uns. »Lasst uns hier verschwinden«, ruft er. Ein kurzer Blick genügt, um zu erkennen, was ihn so erschreckt hat. Auf dem Boden liegen menschliche Körperteile. An einem Knochen glaube ich, ein Stück Fleisch zu erkennen. Unverzüglich überkommt auch mich ein starkes Unwohlsein. Ich wende den Blick ab und verlasse die Kuppe so schnell wie möglich.

Was wir sahen, war nicht etwa ein brutaler Mord, sondern das, was nach einer traditionellen tibetischen Himmelsbestattung übrig bleibt. Das Ritual läuft folgendermaßen ab: Nach dem Ableben wird der Verstorbene in weiße Tücher gewickelt und zwischen drei bis fünf Tagen im Wohnhaus gelassen. Während der Periode kommen Mönche auf Besuch und lesen aus dem Buch der Toten vor. Anschließend trägt ein Rogyapa, ein tibetischer Leichenbestatter, den Körper auf einen Hügel, zerlegt ihn in kleine Stücke und überlässt ihn den Geiern zum Fraß. Nach der tibetischen Vorstellung tragen die Vögel den Verstorbenen ins Bardo, einen Zustand zwischen Tod und Wiedergeburt.

Eine befreundete Tibeterin erklärte mir später, dass die Himmelsbestattungen darauf zurückzuführen seien, dass sich Siddharta Gautama, der spätere Buddha, gewünscht hatte, dass sein Körper einem Tiger verfüttert wird. Es symbolisiere auch einen letzten Akt der Großzügigkeit, wenn man mit seinen sterblichen Überresten anderen Lebewesen das Überleben sichert. Selbstlosigkeit und Mitgefühl seien im Buddhismus wichtige Tugenden. Allerdings sprechen auch ganz praktische Gründe für diese Bestattungsform: Im felsigen Untergrund ist eine Beerdigung nur schwer möglich, und in den hohen Lagen ist Brennholz so selten, dass es zwar zum Kochen und Heizen reicht, aber zu knapp für eine Feuerbestattung wäre.

Auch heute noch ist die Himmelsbestattung die häufigste Art, wie Tibeter ihre Verstorbenen verabschieden. In den letzten Jahren wächst allerdings der Anteil der Kremationen. Das hat zwei praktische Gründe, wie eine chinesische Tageszeitung vor einiger Zeit schrieb. Einerseits habe der großflächige Einsatz von Rattengift einen starken Rückgang der Population der Aasgeier verursacht. Zum anderen scheinen die Raubvögel den Geruch von Medizin und Desinfektionsmitteln nicht zu mögen, den die Leichen aufgrund der besseren ärztlichen Versorgung immer häufiger ausstrahlen.

Wir haben die Wanderung abgebrochen und sind nicht mehr zu den Jurten hochgelaufen. Immerhin einen Trost haben wir bei der Geschichte. Dem Verstorbenen ist mit der Himmelsbestattung der größtmögliche Respekt erwiesen worden. Denn nach der traditionellen Vorstellung muss mit dem Verstorbenen alles in Ordnung gewesen sein. Verbrecher und Menschen mit ansteckenden Krankheiten werden nämlich vergraben – damit die Erdgeister ihre bösen Seelen gefangen halten.

*100. Grund*

## *Weil Chinesen nicht immer gelb waren*

Hautfarben sind ein soziales Konstrukt. Das zeigt sich nirgendwo besser als in China. Fragen Sie heute eine Chinesin oder einen Chinesen nach der Hautfarbe, wird Ihr Gegenüber mit fester Überzeugung antworten, dass diese selbstverständlich gelb sei, und womöglich den Unterarm zum Beweis hinstrecken. Die Sache ist nur die: Hätten Sie das Gleiche vor ein paar Jahrhunderten gefragt, wäre wohl niemand auf die Idee gekommen, sich als gelb zu bezeichnen. Wie ist es zu diesem Wandel in der Selbstwahrnehmung gekommen?

Machen wir einen Schritt zurück in der Geschichte und schauen uns die Berichte von europäischen Reisenden und Missionaren aus dem 16. bis zum 18. Jahrhundert an. In ihnen werden Asiaten vorwiegend als hellhäutig oder weiß bezeichnet. Bisweilen wird auch eine braune Hautfarbe erwähnt, gemeint ist dann aber meistens die sonnengebräunte Haut der Menschen, die weiter im Süden lebten.

Ihre gelbe Farbe erhielten die Chinesen erst während der europäischen Aufklärung – jener Zeit also, die es sich zur Aufgabe gemacht hatte, die Welt zu vermessen und zu kategorisieren. Der schwedische Naturforscher Carl von Linné hatte sich damit verdient gemacht, die Tier- und Pflanzenwelt systematisch zu ordnen. Auch der bis heute gebräuchliche Term »Homo sapiens« für den Menschen stammt aus seiner Feder.

Obwohl sich die Wissenschaft heute einig ist, dass sich biologisch keine abgrenzbaren Menschenrassen begründen lassen, begann Linné seine Methodik auch auf die Menschen anzuwenden. In seinem Werk *Systema naturae* teilte er die Menschen in Kategorien ein, die er als »Rassen« bezeichnete. Interessanterweise schien sich Linné allerdings selbst nicht so ganz sicher zu sein, welche Farbe er der asiatischen Haut zuordnen sollte. In der ersten Ausgabe seines Werks bezeichnete er sie noch als »fuscus«, also dunkelbraun bis schwarz. Erst in späteren Ausgaben wurden Chinesen gelb.

Diese Korrektur war allerdings nicht das Ergebnis empirischer Forschung. Der schwedische Wissenschaftler teilte die »Rassen« vielmehr auf der Grundlage der antiken Humoralpathologie nach den Charakterzügen ein, die er ihnen zuschrieb: Den vermeintlich wilden und feurigen Ureinwohnern Amerikas wies er die Farbe Rot zu. Die aus seiner Sicht faulen Afrikaner wurden schwarz. Die Bewohner des Fernen Ostens galten als geschäftstüchtig, gierig und neidisch – alles Eigenschaften, denen man damals die Farbe Gelb zuordnete. Als kurz darauf auch der einflussreiche Denker Immanuel Kant die Asiaten als »gelbe Rasse« bezeichnete, war die neue Farbverteilung besiegelt.

Die Aufteilung der Welt in unterschiedliche Rassen hatte ursprünglich das Ziel, die vermeintliche Überlegenheit der Weißen zu belegen. In Ostasien geschah jedoch genau das Gegenteil: Dort nahm man diese Zuweisung gerne an, schließlich galt Gelb in der Region seit Langem als die Farbe der Könige. Eine gelbe Haut wurde dort als ein Zeichen dafür uminterpretiert, dass in Tat und Wahrheit Asien der überlegene Kontinent sei.

## Kapitel 10

# Kurioses

*101. Grund*

### *Weil Kopieren (auch) eine subversive Kunstform ist*

Haben Sie schon immer davon geträumt, einmal in der Lobby des Hiyatt Boutique Hotels zu stehen und in einer Handtasche von Dolce & Banana nach Ihrem HiPhone zu kramen? Vielleicht möchten Sie anschließend in Ihrem Zimmer ein paar Olio-Kekse knabbern, bevor Sie eine Gesichtsmaske von Oily auftragen?

Nein, Sie müssen nun nicht dem Korrektor dieses Buchs eine wütende Mail schreiben. Alle diese Marken gibt es in China tatsächlich – oder zumindest gab es sie. So schnell wie Produktfälschungen auftauchen, so schnell verschwinden sie auch wieder. Seit China nicht mehr ausschließlich Billigramsch, sondern zunehmend auch hochwertige Produkte herstellt, hat sich die Fluktuation sogar noch erhöht. In den letzten Jahren wurden hiesige Marken nämlich selber immer häufiger Opfer der eigenen Kopierwut.

Um das an einem Beispiel zu erläutern: Zu Beginn meiner Zeit in China war ich einmal in einem Musikladen und sah mir eine akustische Gitarre für umgerechnet 50 Euro an. Da mich der günstige Preis irritierte, fragte ich den Händler, ob das nicht vielleicht eine Fälschung sei. Er lachte lauthals und meinte: »Kein Mensch würde eine chinesische Gitarre fälschen.« Zehn Jahre später erlebte ich das genaue Gegenteil: Ich kaufte mir ein Handy von Xiaomi – einer Marke, die innerhalb weniger Jahre den Weg vom Produzenten günstiger iPhone-Klons zu einem der weltbesten Handy-Hersteller beschritt. Der Elektronikkonzern bot gleich eine App mit an, über die sich die Echtheit des Handys verifizieren ließ.

Mittlerweile geht auch die chinesische Regierung verstärkt gegen Produktfälschungen vor. Der Erfolg ist allerdings bescheiden. Eine im Sommer 2019 erschienene Studie des EU-Amtes für geistiges Eigentum (EUIPO) rechnet vor, dass den elf Wirtschaftszweigen, die besonders anfällig für Fälschungen sind, EU-weit Einnahmen von insgesamt 60 Milliarden Euro entgehen. Rund 468.000 Arbeitsplätze zerstöre die Piraterie unmittelbar, hieß es im Bericht weiter. Die mit Abstand meisten Fälschungen stammen aus China. Nicht wenige vermuten deswegen, dass der Kampf gegen die Piraterie bloß ein Lippenbekenntnis ist.

Dabei darf man nicht vergessen: Kopieren hat in China eine lange Tradition. In der altchinesischen Kunstpraxis erfolgt das Lernen durch den Akt des Duplizierens, schreibt der koreanische Philosoph Byun-Chul Han in *Shanzhai, Dekonstruktion auf Chinesisch*. Für die Karriere eines Malers sei es nicht unwichtig gewesen, die Fälschung eines alten Meisters in der Sammlung eines großen Kenners unterzubringen. Erst wenn es einem Maler gelang, einen Experten zu täuschen, habe er sein wahres Können unter Beweis gestellt. Dies sei dann auch nicht als Betrug verstanden worden, sondern als ein »Akt der Gerechtigkeit«, so Han weiter. Denn im alten China habe nicht der Kauf, sondern die Kennerschaft über die Rechtmäßigkeit des Besitzes entschieden.

Die Lust an der Raubkopie kann man auch aus einer anderen Perspektive betrachten, der sprachlichen. Auf Chinesisch werden Raubkopien nämlich als *Shanzhai* bezeichnet, was wörtlich übersetzt »Bergfestung« bedeutet. Der Ursprung des Begriffs ist nicht ganz klar, mit hoher Wahrscheinlichkeit nimmt er aber Bezug auf die »Räuber vom Liangshan-Moor«. Die landesweit bekannte Legende erzählt, wie eine Gruppe von Banditen während der Song-Dynastie den Regierungssoldaten aus einer verruchten Bergfestung Widerstand leistete.

Die Parallele passt aus verschiedenen Gründen. Nach allem, was wir über die Hersteller solcher Raubkopien wissen, produzieren sie ihre Waren irgendwo im bergigen Hinterland der Provinz Guangdong in winzigen Manufakturen, oft sogar in Familienbetrieben. Die Produkte kommen nicht primär in den wirtschaftlich starken Metropolen auf den Markt, sondern werden in den nachrangigen Städten an die kleinen Leute verkauft, die bisher kaum vom Boom der letzten Jahre profitieren konnten. Es ist nicht ohne Ironie: Als ich einmal in Shenzhen mit einer jener schlecht bezahlten Fabrikarbeiterinnen redete, die an den Fließbändern die Flagship-Telefone für einen Weltkonzern zusammenschrauben, legte sie bei unserem Gespräch ausgerechnet ein Shanzhai-Handy auf den Tisch.

*102. Grund*

## *Weil in China ganze Städte kopiert werden*

Es klingt fast zu bizarr, um wahr zu sein: Pünktlich zum Beginn des neuen Jahrtausends hatte sich die Stadt Shanghai entschlossen, einige ihrer Vororte aufzuwerten. Geschehen sollte dies mithilfe eines Programms, das den Namen »One City, Nine Towns« trug. Der Gedanke dahinter: Jede dieser neun neuen Siedlungen sollte einer anderen europäischen Kleinstadt nachempfunden werden. So entstand in der Nähe der VW-Werke die deutsch wirkende Kleinstadt Anting, am anderen Ende von Shanghai wurde ein Stadtteil entworfen, dessen Gebäude schwedischer Architektur nachempfunden waren, und so weiter.

Wie bei großen Plänen so oft geschah auch hier das Unvermeidliche: Er ging nicht so ganz auf. Die Apartments wurden vorwiegend von Spekulanten gekauft. Bewohner aus Fleisch und Blut blieben den überteuerten Wohneinheiten fern. In einigen der Städte, die ursprünglich für etwa 10.000 Personen entworfen worden waren, zogen laut Medienberichten nur gerade eine Handvoll Menschen ein. Auch wenn sich die Situation zuletzt in den meisten Siedlungen etwas verbessert hat, gelten einige der Vororte bis heute als Geisterstädte.

Bei meinem letzten Besuch in Shanghai entschließe ich mich, Thames Town, die britische Variante, etwas genauer unter die Lupe zu nehmen. Dass hier irgendetwas anders ist, fällt mir auf, als ich an den ersten Wohnungen vorbeispaziere. An den Toren zu den als Xiaoqus organisierten Siedlungen stehen Wachleute, die die typisch roten Uniformen tragen, die man sonst vom Buckingham Palace kennt. Auf ihren Köpfen thront eine schwarze Pelzmütze. Jeweils zu bestimmten Zeiten findet eine etwas lieblos inszenierte Wachablösung statt, deren Ursprung sich ebenfalls leicht nach Großbritannien zurückverfolgen lässt.

Ich spaziere weiter Richtung Zentrum, schlendere an einer gotisch inspirierten Kirche vorbei und an Kanälen, auf denen kleine Gruppen von Kajakfahrern unterwegs sind. Überall begegne ich frisch verliebten Paaren, die vor den Fachwerkhäusern und den roten Telefonkabinen Hochzeitsbilder anfertigen lassen. Ja, es mag sein, dass sich die Wohnungen schlecht verkaufen, das Business mit den Hochzeitskleidern scheint hingegen bestens zu laufen: Am Hauptplatz konkurrieren gleich mehrere Läden um die Gunst der Besucher.

Doch Thames Town und die acht Schwesterstädte sind bei Weitem nicht die einzigen Beispiele für das, was man auf Englisch mit dem wunderschönen Kofferwort »Duplitecture« bezeichnet. In der Provinz Guangdong wurde am Ufer eines künstlichen Sees das österreichische Weltkulturerbe-Dorf Hallstatt komplett nachgebaut. Hier findet man eine detailgetreue Kopie des Marktplatzes einschließlich Brunnen sowie der bekannten Kirche. Selbst die Gullydeckel sind vom Original im Salzkammergut inspiriert. Der Medienrummel rund um das Bauprojekt war wohl einer der Gründe dafür, dass das echte Hallstatt seither von chinesischen Touristen förmlich überrannt wird.

Der Ferienort Jackson Hole befindet sich etwa zwei Autostunden nördlich von Peking in einem idyllischen Tal, nicht weit entfernt von einem Abschnitt der Großen Mauer. Die rund 1.500 mit allem nötigen Luxus versehenen Blockhütten sind bis ins letzte Detail vom gleichnamigen Wildwest-Städtchen im US-Bundesstaat Wyoming inspiriert. Die Sicherheitsleute tragen sogar Cowboyhüte. Der einzige Unterschied: Das Resortstädtchen ist nicht wie das Original von einem Skigebiet sondern einem Golfplatz umgeben.

Noch ein Beispiel? Die Hangzhouer Vorstadt Sky City (Tianducheng) fällt nicht nur durch einen 108 Meter hohen Nachbau des Eiffelturms auf, sondern auch durch einen 31 Quadratkilometer umfassenden Stadtteil mit Pariser Architektur einschließlich verschiedenen Brunnen und Treppen im französischen Stil. Die jüngste Ergänzung im Pantheon der Recyclingstädte ist San Weng in der Nähe von Fuzhou, die ungefähr mit der Drucklegung dieses Buchs fertig sein soll. Vorbild ist William Shakespeares Heimatstadt Stratford-upon-Avon – selbstverständlich mit einer Nachbildung des Geburtshauses des bekannten Dichters.

Ein besonders bizarres Projekt wird im Landkreis Daying in der südwestchinesischen Provinz Sichuan verwirklicht. Dort soll demnächst eine maßstabsgetreue Replika der Titanic die Besucher in die große Zeit der Schifffahrt zurückversetzen. Ironischerweise in einem Landesteil, der rund 1.200 Kilometer vom nächsten Meer entfernt liegt.

## Weil China unsere Hygiene revolutioniert hat

Bei all der (berechtigten) Belustigung über die teilweise bizarre Kopierpraxis sollte man nicht vergessen, dass viele Alltagsgegenstände und Kulturtechniken, auf die wir kaum verzichten mögen, ihren Ursprung in China haben oder dort zumindest am längsten bekannt sind. Während Deutsche den Ruf haben, ein Volk von Dichtern und Denkern zu sein, darf man China getrost als das Land der Erfinder bezeichnen.

Und darauf ist man mächtig stolz. Spätestens seit der pompösen Eröffnungszeremonie der Olympischen Sommerspiele in Peking 2008 kann jedes Kind die vier wichtigsten Erfindungen herunterleiern: das Papier, die Druckkunst, das Schießpulver und den Kompass. Sie sind so allgegenwärtig, dass sie sogar einen eigenen Namen tragen: *Si Da Fa Ming*. Übersetzt heißt das ganz simpel: die vier großen Erfindungen.

Was weniger bekannt ist: Auch viele unserer alltäglichen Hygieneartikel haben ihren Ursprung in China. Zum Beispiel die Zahnbürste. Ihre früheste Verwendung lässt sich nicht mehr genau datieren. Archäologische Funde geben Grund zur Annahme, dass sie bereits während der Tang-Dynastie (619–907) bekannt war. Was wir hingegen mit Sicherheit wissen: 1223 beschrieb der japanische Zen-Meister Dōgen Kigen, wie er chinesische Mönche beim Reinigen ihrer Zähne mit einer Bürste aus Pferdehaaren beobachtete. Zum Vergleich: Noch 1728 empfahl der französische Arzt Pierre Fauchard, der bei uns immerhin als nicht weniger als der Begründer der wissenschaftlichen Zahnheilkunde bekannt ist, den Mund morgens und abends mit einigen Löffeln frischen Urins zu spülen. Das hemme die Bildung von Karies.

Eine weitere Erfindung im Bereich der Hygiene ist das Toilettenpapier. 589 schrieb der Gelehrte Yan Zhitui in einem wohl witzig gemeinten Kommentar, dass er es nicht wagen würde, auf der Toilette »Papier mit Zitaten oder Kommentaren zu den Fünf Klassikern« zu benutzen. Zwei Jahrhunderte später ist das Entsetzen eines arabischen Reisenden darüber überliefert, dass Chinesen sich den Hintern mit Papier abwischten, statt ihn mit Wasser zu reinigen. Dass Toilettenpapier weithin benutzt wurde, belegen auch Aufzeichnungen aus dem Raum der heutigen Provinz Zhejiang aus dem frühen 14. Jahrhundert, wonach jährlich um die zehn Millionen Packungen mit je 1000 bis 10.000 Blatt herstellt wurden. Am Kaiserhof gab es demnach besonders weiche und parfümierte Sorten.

Apropos stille Örtchen: Vor einiger Zeit machte eine weitere Erfindung von sich reden. Um zu verhindern, dass die Besucher zu viel Papier mitgehen lassen, wurden einige öffentliche Toiletten mit einer Gesichtserkennung ausgestattet. Nur wer beim Papierspender in die Kamera lächelt, bekommt seine 60 Zentimeter, die er in die Kabine mitnehmen darf. Vielleicht macht diese Erfindung ja ebenfalls einmal Schule, und – wer weiß? – vielleicht wird dann die Liste der chinesischen Erfindungen um einen Punkt länger.

*104. Grund*

## *Weil man Pandascheiße in Gold verwandeln kann*

Grüner Tee genießt seit Jahrhunderten einen hervorragenden Ruf: Er belebt nicht nur Körper und Geist, sondern senkt auch den Blutdruck, wodurch er Herzinfarkten und Schlaganfällen vorbeugt. Manche Wissenschaftler vermuten sogar, dass regelmäßiger Teegenuss das Risiko mindert, an Krebs oder Alzheimer zu erkranken. Dem Aufguss wird weiter nachgesagt, das Zahnfleisch zu stärken. Maos Leibarzt Li Zhisui schrieb in seinen Memoiren, dass sein Schützling bei der Mundhygiene ausschließlich auf das Gurgeln mit Tee vertraute – offenbar mit Erfolg.

Die gesundheitlichen Vorteile scheinen sich nun in einer Untersuchung der Chinesischen Akademie der Medizinischen Wissenschaften in Peking zu bestätigen. In einer Langzeitstudie mit rund 100.000 Teilnehmenden zeigte sich, dass Menschen, die mindestens drei Mal pro Woche grünen Tee tranken, seltener unter Herz-Kreislauf-Krankheiten litten und allgemein ein geringeres Sterberisiko aufwiesen als solche, die nur kleinere Mengen zu sich nahmen. Zudem zeigte sich: Wer 50 Jahre lang regelmäßig grünen Tee trinkt, wird im Schnitt 1,26 Jahre älter als ein Teeverweigerer.

Den meisten Chinesen braucht man das nicht zu erzählen. Grüner Tee ist für viele Getränk Nummer eins. Es gibt ihn zum Frühstück. In den Restaurants wird er kostenlos zum Mittag- und Abendessen serviert. Jeder chinesische Zug verfügt über mindestens einen Samowar, mit dem sich die Fahrgäste – neben der obligaten Fertignudelsuppe – jederzeit einen Tee aufbrühen können. Und wenn Taxifahrer an einer Ampel halten, gönnen sie sich nichts lieber als einen Schluck aus der von den Gerbstoffen bereits dunkel gefärbten Teeflasche.

Tee gehört zum Nationalstolz. Früher oder später wird jeder Besucher darüber belehrt, dass es weltweit nur zwei Wörter für Tee gibt und dass beide aus dem Chinesischen stammen. Da ist zunächst unser »Tee«. Wie das französische *thé* oder das englische *tea* haben auch wir den Begriff von niederländischen Händlern übernommen, die ihn ihrerseits in südchinesischen Handelsplätzen wie Xiamen und Quanzhou aufschnappten. Im dortigen Hokkien-Dialekt wird das Getränk als *te* bezeichnet. In Kantonesisch und Mandarin heißt Tee hingegen *cha*. Dieses Wort wanderte schon früh nach Japan und Korea und später auch nach Persien, wo ihm die fürs Persische typische Endung *Yi* angefügt wurde. Von Persien gelangte *chai* nach Indien, bereicherte aber auch das Arabische, Türkische und Russische, wo Tee ebenfalls *chai* ausgesprochen wird.

China ist nicht nur Herkunftsland, sondern auch der mit Abstand wichtigste Produzent. 2018 wurden etwa 2,8 Millionen Tonnen Tee hergestellt, Tendenz steigend. Tee ist ein Wirtschaftszweig mit einer

Wertschöpfung von landesweit 600 Milliarden Yuan. Das sind umgerechnet etwa 78 Milliarden Euro. Ein Teil wird exportiert, aber das meiste bleibt im Land. China ist nämlich zugleich auch der größte Konsument: Fast jedes zweite Grünteeblatt wird irgendwo im Reich der Mitte aufgebrüht.

Kein Wunder, dass sich Chinesen ihren Tee etwas kosten lassen. Qualitativ hochwertige Sorten können ähnliche Preise erreichen wie ein erlesener Wein. Immer wieder gibt es Nachrichten über besonders teure neue Arten. Der vorläufige Höhepunkt dieser Entwicklung war der sogenannte Panda-Tee, der vor einigen Jahren auf den Markt kam. Ein Kilo dieser rekordteuren Sorte kostet fast 60.000 Euro, was herabgerechnet auf eine Tasse immer noch stolze 150 Euro ergibt. Und was rechtfertigt den hohen Preis? Nun, der Tee soll deswegen besonders fein sein, weil die Sträucher mit den Ausscheidungen der seltenen Pandabären gedüngt werden. Eine Art Kopi Luwak für Teeliebhaber. Leider habe ich nie jemanden getroffen, der die geschmacklichen Vorteile durch die Methode hätte bestätigen können.

Wie lange China das Teetrinkerland bleibt, das es heute noch ist, steht allerdings in den Sternen. Das Problem: Während der Kulturrevolution war die Teekultur ein Sinnbild für bourgeoise Dekadenz. Im ganzen Land wurde deswegen ein Großteil der Teehäuser zerstört. Mittlerweile fördert die Regierung die Traditionen wieder, und vor allem im Süden und Westen des Landes soll es wieder eine halbe Million Teehäuser geben. Besucht werden sie jedoch hauptsächlich von Rentnern. Junge Leute bevorzugen den urbanen Lebensstil mit Cafés.

## Weil Pandas doch nicht die prüdesten Tiere der Welt sind

Wenn wir schon von Pandas reden, können wir gleich mit einigen Gerüchten und Halbwahrheiten aufräumen, die sich um Chinas Nationaltier ranken. Erstens: Auch wenn sie im Zoo so wirken, sind Pandas alles andere als faul. Klar, sie sind nicht gerade Energiebündel wie Braunbären, die in Flüssen nach Lachsen schnappen, oder Eisbären, die auf der Suche nach Futter endlose Schneelandschaften durchstreifen. Aber Pandas haben Ausdauer: Etwa 19 Stunden pro Tag sind sie wach, und im Gegensatz zu anderen Bärenarten kennen sie keinen Winterschlaf.

Zweitens: Pandas lieben ihren Bambus und können davon bis zu 20 Kilo pro Tag verschlingen. Das ist übrigens auch der Grund für ihren Lebensstil: Da sich mit dem energiearmen Bambus kein Fettpolster bilden lässt, müssen die Tiere unentwegt futtern. Echte Vegetarier sind sie aber entgegen der landläufigen Meinung trotzdem nicht. Pandas haben die Fähigkeit behalten, Fleisch zu kauen und zu verdauen. Und die nutzen sie auch gelegentlich: Chinesische Bauern berichten immer wieder von Pandas, die in Ställe eingebrochen sind und Ziegen oder Schafe gerissen haben.

Drittens: Auch wenn Pandas unheimlich süß und knuddelig ausschauen, sind sie keineswegs die friedlichen Genossen, für die wir sie halten. Ihre Klauen sind scharf, und die Kaumuskulatur gehört zu den stärksten im Tierreich überhaupt. Bei Revierstreitigkeiten oder beim Ringen um die Gunst eines Weibchens können sie sich durchaus gegenseitig schwer verletzen. Als 2007 der erste in Gefangenschaft aufgezogene Panda freigelassen wurde, kam er kurz nach der Auswilderung bei einem Kampf mit einem Artgenossen ums Leben.

Kein Mythos ist leider, dass die Tierart gefährdet ist. Bei der jüngsten DNS-Auswertung der Dungfunde im Jahre 2014 kamen die Wissenschaftler zum Schluss, dass in den Hügeln von Sichuan ungefähr 1.800 Pandas in freier Wildbahn leben. Weitere 400 Exemplare sind in den chinesischen Zoos und Aufzuchtstationen. Trotzdem steht der Panda für eine beispiellose Erfolgsgeschichte im Artenschutz: Als vor 40 Jahren mit der Aufzucht begonnen wurde, war die Population auf 1.100 Exemplare dezimiert. Mittlerweile konnten die Pandas auf der Liste der »stark gefährdeten« Tierarten auf »gefährdet« herabgestuft werden.

Hauptgrund für die missliche Lage der Tiere ist, dass die Menschen immer tiefer in ihren Lebensraum eindringen, etwa durch den Bau von Straßen. Ein weiteres Problem ist die Reproduktionsfähigkeit. Weibchen sind nur wenige Stunden bis maximal zwei Tage im Jahr fruchtbar und dazu bei der Wahl des Partners noch furchtbar wählerisch. Letzteres ist vor allem in den Zoos ein Problem, wo naturgemäß kein Überfluss an Verehrern herrscht. In der Aufzuchtstation in Sichuan ist man deswegen dazu übergegangen, die Lust der Schützlinge mit einer List anzuregen: Die Pfleger spielen ihnen vor dem Paarungstag Panda-Pornos vor. Zum Erfolg der Methode gibt es unterschiedliche Angaben.

Die mangelnde Libido der niedlichen Bären ist trotzdem vor allem ein Missverständnis. Während Pandas in Gefangenschaft tatsächlich keine große Lust verspüren, sind ihre Artgenossen in der freien Wildbahn alles andere als Sexmuffel. Sobald im Frühling die Paarungszeit ansteht, streunen die Tiere durch den Wald und hinterlassen an den Bäumen ihre Duftmarken, an denen Artgenossen das Alter und Geschlecht des potenziellen Partners erkennen können. Eine Art Tinder der Tierwelt. Gefallen sich die Bären, geht es schließlich deftig zur Sache. Oft gleich mit mehreren Partnern hintereinander oder auch gleichzeitig.

Zum Schluss noch die Geschichte von Chi-Chi. Sie kam 1958 in den Zoo von London und eroberte das Herz der Briten im Sturm. Als die Pandadame schließlich das gebärfähige Alter erreichte, begann der Tiergarten nach einem passenden Partner zu suchen. Fündig wurde man in Moskau, wo An-An lebte. Doch als man die beiden zusammenbrachte, funkte es einfach nicht. Chi-Chi wies An-An aggressiv zurück. Doch dann geschah etwas Überraschendes: Das Pandaweibchen hatte offenbar Gefallen gefunden am russischen Tierpfleger. Sobald dieser ins Gehege trat, hob Chi-Chi den Schwanz an und zeigte ihm ihr Hinterteil. Als nach einer Weile klar wurde, dass aus der Beziehung der beiden Pandas kein Nachwuchs entstehen würde, begründete der Londoner Zoo das in seiner Stellungnahme damit, dass die lange Isolation Chi-Chi offenbar sexuell auf Menschen geprägt habe.

### *106. Grund*

## *Weil eine Postkarte zehn Jahre brauchen kann*

Die Xi Jie ist Touristengebiet. Die Fußgängerzone von Yangshuo führt von einem künstlichen See mitten durchs historische Zentrum zum Li-Fluss, wo Ausflugsboote auf Besucher warten. In den alten Häusern links und rechts der Straße sind Läden, die sich auf jenen Gimmick spezialisiert haben, den chinesische Touristen gerne kaufen: T-Shirts mit witzigen Aufschriften, klebrige Süßigkeiten aus Ingwer und Stinktofu im Hunan-Stil.

Ich bin mit Yoyo unterwegs. Die junge Zhuang unterrichtet in Shenzhen Ausländer, die im Reich der Mitte Fuß fassen wollen. Während wir gemütlich durch die Xi Jie schlendern, zerrt sie mich plötzlich in einen Laden. Er ist eine Mischung aus einem Café im neourbanen Chic und einem Schreibwarenladen. An der Wand und auf einem Wühltisch in der Mitte werden Postkarten angeboten. Die Auswahl ist riesig: Einige haben witzige Sprüche, andere erinnern im Stil des realen Sozialismus an vergangene Zeiten, und noch einmal andere zeigen die Umgebung von Yangshuo, die für ihre Karstberge bekannt ist.

Die gegenüberliegende Wand ist jedoch das, was den Laden besonders macht. Hier hängen 365 Briefkästen, eher kleine Briefschlitze, die jeweils mit einem anderen Datum versehen sind. Etwas abgesetzt stehen zehn etwas größere Boxen mit den Jahreszahlen für die anstehende Dekade. In Zeiten der digitalen Kommunikation sind wir gewohnt, dass Nachrichten im Bruchteil einer Sekunde beim Empfänger ankommen. Hier geht es um das Gegenteil.

Das System ist schnell erklärt: Meine Postkarte muss ich in den Briefkasten mit dem Datum einwerfen, an dem er bei der Post aufgegeben werden soll, führt Yoyo aus. Wenn ich ungefähr weiß, wie lange die Zustellung dauert, kann ich so Freunden pünktlich zum Geburtstag gratulieren. Beliebt ist diese Dienstleistung vor allem bei den Jungen. Schüler sprechen sich vor anstehenden Prüfungen gerne selber Mut zu. Oder sie erinnern ihr späteres Ich daran, dass es im harten Berufsalltag den ethischen Kompass nicht verlieren soll.

Allzu weit in die Zukunft sollte man die Karte dennoch nicht schreiben. Erstens ist die Gebührenregelung genau umgekehrt wie bei der gewöhnlichen Post: Je länger ein Brief bis zur Zustellung unterwegs sein soll, desto teurer ist es. Zweitens weiß natürlich keiner, wie lange so ein Laden bestehen bleibt. Geht das Geschäft vor der Auslieferung Konkurs, wird die Sendung wohl nie ankommen. Vorerst hält der Trend zur langsamen Kommunikation allerdings an. Die ersten Läden waren um die Jahrtausendwende in Peking und Shanghai entstanden. Inzwischen gibt es das Angebot in vielen Landesteilen. Die Kette Mo Mi Café hat alleine in Shanghai vier Filialen, in denen man seine Schneckenpost aufgeben kann.

## *Weil die Weiße Pyramide ein Traum für Parawissenschaftler ist*

Als der US-Pilot Maurice Sheahan an einem klaren Tag im Jahr 1945 in sein Flugzeug stieg, ahnte er nicht, dass er etwas sehen würde, was bis heute ein ungelöstes Rätsel bleiben sollte. Nachdem er das Qinling-Gebirge überflogen hatte, stieß er unverhofft auf eine gewaltige Pyramide, die »weiß schimmerte« und über eine »edelsteinartige Spitze« verfügte. Sie sei etwa 300 Meter hoch und habe eine Kantenlänge von vielleicht 400 Metern, wurde der Pilot zwei Jahre später in einem viel beachteten Artikel in der *New York Times* zitiert. Ein paar Tage später veröffentlichte ein Konkurrenzblatt eine Luftaufnahme der sagenhaften Erscheinung.

Sheahan war nicht der Erste, der in der Provinz Shaanxi eine gewaltige Pyramide gesehen haben will. Schon 1912 hatte der Handelsreisende Fred Meyer Schroder in seinem Tagebuch eine rund 300 Meter hohe Pyramide vermerkt. Als er dort einen Mönch nach ihrem Alter fragte, antwortete dieser gemäß den Aufzeichnungen, dass die Pyramide schon in den ältesten Schriften seines Tempels als »sehr alt« bezeichnet worden sei.

Das Seltsame ist: Obwohl das beschriebene Bauwerk doppelt so hoch wie die Cheops-Pyramide im ägyptischen Gizeh sein soll, konnte es bis heute nicht gefunden werden. Es überrascht kaum, dass die Pyramide seither die Fantasie von Parawissenschaftlern anregt. Der Autor Hartwig Hausdorf äußerte in einem Sachbuch über seine Suche die Vermutung, dass sich die Pyramide in einem Militärsperrgebiet befindet. Andere Autoren glauben, dass die Pyramide deswegen geheim gehalten werde, weil sie von Außerirdischen gebaut worden sei. Auch dafür gibt es angeblich Indizien: In antiken Sagen aus der Gegend wird davon berichtet, dass die damaligen Herrscher mit einem Gefährt flogen, das auf heutige Leser wie ein Raumschiff wirkt.

Klar, möglich ist alles. Wahrscheinlicher ist jedoch, dass sich die Zeugen bei der Größe verschätzt haben. Sheahan etwa räumte Jahre später einen Fehler bei der Umrechnung von chinesischen Li in amerikanische Fuß ein. Die Pyramide war wohl doch nur halb so groß gewesen, was seinen Bericht auf einmal in den Bereich des Möglichen rückte. Denn rund um Xian sind tatsächlich mehrere Grabhügel bekannt, auf die die Beschreibung zutrifft. In der Nähe der Stadt Xianyang liegt das archäologische Feld Mao Ling, dessen höchste Pyramide 100 Meter misst. Über 100 weitere Pyramiden soll es in der Region geben, von denen allerdings viele so klein oder so überwuchert sind, dass man sie kaum erkennt. In einer Sperrzone befinden sie sich allerdings alle nicht. Im Gegenteil: Manche sind sogar Teil von beliebten Sehenswürdigkeiten. Auch die weltbekannte Terrakotta-Armee, die zu den Grabbeigaben des bereits mehrfach erwähnten ersten Kaisers Qin Shihuangdi gehörte, wurde unter einem solchen Grabhügel entdeckt.

Dass die chinesischen Pyramiden außerhalb der Esoterikerkreise weitgehend unbekannt geblieben sind, dürfte zwei Gründe haben. Als die Archäologen in den späten 1970er-Jahren die ersten Krieger der Terrakotta-Armee freilegten, gingen sie unvorsichtig vor: Die Figuren verloren an der Luft in kürzester Zeit ihren Farbüberzug. Um weitere Schäden zu vermeiden, sind daraufhin alle weiteren Grabungen eingestellt worden. Bis heute. Da die Wissenschaftler davon ausgehen, dass viele Grabhügel ohnehin nur angelegt wurden, um potenzielle Grabräuber in die Irre zu führen, fiel die Entscheidung wohl auch nicht so schwer. Hinzu kommt, dass die stark überwucherten Hügel optisch wenig hergeben. Kein Vergleich zu den Bauwerken in Ägypten und Mittelamerika.

Das könnte sich bald ändern. 2018 stießen Archäologen im Lössgebiet von Nordshaanxi auf eine 70 Meter hohe Stufenpyramide. Auf der obersten Stufe befand sich nach ersten Erkenntnissen einst ein weitläufiger Palast sowie Wassertanks. Geschmückt war die Pyramide mit Augen und Gesichtern. Das imposante Bauwerk wurde wohl von 2300 bis 1800 vor unserer Zeit bewohnt. Die Stadt Shimao, die sich am Fuß der Pyramide befand, hatte eine Ausdehnung von vier Quadratkilometern, was sie zu einer der größten Metropolen jener Zeit macht. Gut möglich, dass die chinesischen Pyramiden bald sehr viel bekannter sind.

*108. Grund*

## *Weil kaum jemand Hundefleisch isst*

Würde man in einer Umfrage nach dem negativsten Aspekt der chinesischen Kultur fragen, dann wäre vermutlich der Verzehr von Hundefleisch einer der am häufigsten genannten Gründe. Kaum etwas schadet dem internationalen Ansehen Chinas so sehr wie die Tatsache, dass die süßen Kläffer noch immer in den Kochtöpfen landen. Das war schon vor dem Ausbruch der Corona-Pandemie so und dürfte sich seither noch verstärkt haben.

Stein des Anstoßes ist vor allem das zehntägige Hundefleisch-Fest in der südchinesischen Kleinstadt Yulin, das jeweils zur Sommersonnenwende stattfindet. In der Zeit reisen Tausende Chinesinnen und Chinesen in die Stadt in der Nähe der vietnamesischen Grenze, um sich dem Genuss der umstrittenen Spezialität hinzugeben. Ob als Spießchen vom Grill, als Geschnetzeltes an einer süßen Sauce oder auch als Eintopf – an diesen Tagen tischen die Köche das Hundefleisch in allen möglichen Variationen auf.

Um die 10.000 Hunde müssen jedes Jahr dran glauben. Manche Tiere wurden extra für den Anlass gezüchtet, meistens aber werden Streuner serviert, die irgendwo eingefangen wurden und die keiner vermisst. Es gibt aber auch immer wieder Berichte, dass Haustiere gestohlen werden. Einstimmigkeit herrscht allerdings, dass es um die Gesundheit der Tiere oft schlecht steht. Glaubt man den Veterinären, haben die Hunde alle möglichen Krankheiten. Einschließlich Tollwut.

Wieso erwähne ich das? Nun, trotz der Medienprominenz des umstrittenen Festivals und der vermeintlichen Gewissheit, dass alle Chinesen Hunde futtern, ist der Konsum von Hundefleisch in China eher eine Randerscheinung. In all den Jahren, die ich in China gelebt und gearbeitet habe, sah ich nur eine Handvoll Restaurants, in denen Hund überhaupt angeboten wurde – und es werden jedes Jahr weniger. Im Freundeskreis hat eine einzige Person bejaht, Hund versucht zu haben. Die meisten schauten mich mit dem gleichen angewiderten Blick an, den Sie vermutlich im Gesicht haben, während Sie diese Zeilen lesen. Hund gilt nur noch in wenigen Randregionen als Spezialität: Vor allem die koreanische Minderheit im Nordosten und die Kantonesen in Südchina essen ihn noch.

Hundefleisch hat in China eine lange Tradition. Der große Mengzi, Schüler von Konfuzius und selber einer der wichtigsten Denker im alten China, empfahl das Fleisch aus gesundheitlichen Gründen. Die traditionelle chinesische Medizin meint, dass Hundefleisch »warme Energie« weitergibt und deswegen im Winter vor Erkältungen schützt. Außerdem wird Hund eine Potenz steigernde Wirkung nachgesagt. Wissenschaftlich erwiesen ist allerdings nur, dass das Fleisch viele Proteine enthält.

Der zunehmende Wohlstand hat die Sensibilisierung für den Tierschutz erhöht. Hunde haben immer seltener praktische Funktionen wie die Bewachung eines Hofs oder einer Herde, sondern werden vor allem als Haustiere gehalten. In Peking beispielsweise kommen heute auf rund 22 Millionen Einwohner 1,5 Millionen registrierte Hunde. Experten gehen jedoch davon aus, dass die tatsächliche Zahl deutlich höher ist, denn in der Hauptstadt gilt genauso wie in anderen Metropolen eine Ein-Hund-Politik.

Und so gerät auch das Hundefleisch-Fest zunehmend unter Druck. Tierschutzaktivisten werben seit Jahren mit spektakulären Aktionen für ein Schlacht- und Essverbot. Schon mehrmals wurden Tiertransporte angehalten und die Tiere medienwirksam befreit. Unter dem Eindruck der Corona-Pandemie hat Shenzhen im

April 2020 als erste chinesische Stadt den Verzehr von Hundefleisch verboten, weitere werden folgen. 2020 fand das Festival von Yulin noch statt, aber viele gehen davon aus, dass es das letzte Mal gewesen sein wird.

*109. Grund*

## *Weil es das Central Perk tatsächlich gibt*

Als am 6. Mai 2004 die letzte der 236 Folgen von *Friends* ausgestrahlt wurde, verfolgten nicht weniger als 52,5 Millionen Zuschauer das Spektakel. Die Erzählung über die sechs liebenswerten Mittdreißiger aus Manhattan ist damit als eine der erfolgreichsten Fernsehserien aller Zeiten in die Annalen eingegangen. Besonders viele Fans hatte *Friends* in China. Auch heute noch.

Falls Sie wie ich ein Fan der Serie sind und schon immer den heimlichen Traum hatten, auf dem gemütlichen orangen Sofa des Central Perks zu sitzen, dann könnte dies auch für Sie ein guter Grund sein, China zu lieben. In Peking gibt es nämlich einen sorgfältigen Nachbau des berühmten TV-Cafés sowie des Wohnzimmers von Chandler und Joey, einschließlich Tischfußballkasten. Überall stehen Requisiten, die das Herz wahrer Fans höher schlagen lassen. Da ist zum Beispiel Hugsy, das Kuscheltier von Joey. Auf der Bühne im Restaurant steht eine Gitarre für alle bereit, die Phoebes *Smelly Cat* intonieren wollen.

Das Schöne ist aber: Auch wenn das Friends Café – so der offizielle Name – in erster Linie ein Pilgerort für Serienfans ist, funktioniert es auch einfach als Café, in dem man sich in gemütlicher Atmosphäre verköstigen kann. Dennoch dürfte es keinem Gast entgehen, dass er in den Schauplatz einer Fernsehserie geraten ist. Denn an der vierten Wand – also dem Teil des Raums, den wir als Zuschauer nie zu sehen bekommen – befindet sich eine Leinwand, auf der die alten Folgen in einer Endlosschleife wiederholt werden.

Als ich das Central Perk zum ersten Mal besuchte, unterhielt ich mich etwas länger mit dem Besitzer des Ladens. Im echten Leben heißt er Du Xin, im Café nennen ihn jedoch alle Gunther – in Anspielung an den wasserstoffblonden Kellner in der Serie. Du ist Initiator und wohl einer der größten Fans der Fernsehserie überhaupt. Ein halbes Jahr habe er investiert, um alles möglichst getreu nachzubilden, erzählt er mir. Viele Stunden gingen dabei auch für die Recherche drauf. Immer wieder hat er sich die verschiedenen Blickwinkel aufs Set angeschaut, damit am Ende alles passte.

Die Lage des Friends Café ist alles andere als günstig: Es befindet sich im sechsten Stock eines Bürogebäudes in einem Geschäftsviertel von Peking. Wer nicht weiß, dass sich hier eine Ode an die »beste Fernsehserie aller Zeiten« befindet, wird das Kleinod kaum zufällig finden. Trotzdem läuft das Geschäft gut, und bei all meinen Besuchen war der Laden stets voll. »Es erstaunt mich selber, dass eine Serie, die bereits vor über 15 Jahren ausgelaufen ist, noch immer auf ein so starkes Interesse stößt«, erzählte Du und lächelte dabei. »Die meisten anderen Cafés im Haus überleben nicht so lange wie wir.« Und worauf ist er am meisten stolz? Dass die Macher der Serie sogar einmal zu Gast gewesen seien.

Falls Sie das Central Perk selber besuchen möchten: Es befindet sich in einem Büroturm im Osten von Peking und ist mangels Hinweisschildern etwas schwer zu finden.

Hier die Adresse: Friends Cafe, Chaowai SOHO, 6 Chaoyangmenwai Dajie, Building A, Suite 0616. 朝阳门外大街, 朝外SOHO, A区0616室. Öffnungszeiten: täglich von 11.00 bis 21.30 Uhr.

*110. Grund*

## *Weil sich ganz China an einem Tag besuchen lässt*

China auf einer einzigen Reise kennenzulernen, das ist eigentlich unmöglich. Selbst wenn Sie sich auf das beschränken, was in diesem Buch beschrieben wurde, dürfte es Ihnen schwerfallen, alles in einen Jahresurlaub zu packen. Deswegen verrate ich Ihnen nun zum Schluss noch eine Abkürzung. Sie erlaubt Ihnen, ganz China innerhalb eines einzigen Tages zu erkunden.

Wie soll das gehen? Selbstverständlich funktioniert das nicht ohne ein paar Abstriche. In diesem Fall bedeutet das, dass Sie mit Palästen, Tempeln und Naturschauplätzen vorliebnehmen müssen, die größtenteils im Maßstab 1:15 nachgebaut wurden. »Splendid China« heißt der 30 Hektar große Themenpark in der südchinesischen Metropole Shenzhen, wo Sie China im Schnelldurchgang entdecken können.

Der Park besteht aus zwei Teilen. Auf der einen Hälfte des Geländes befinden sich Miniaturen der 100 wichtigsten Sehenswürdigkeiten des Landes. Besonders eindrücklich sind die Verbotene Stadt und der Sommerpalast in Peking, die selbst in der kleinen Version noch riesig sind, sowie die Große Mauer, die sich über mehrere Hundert Meter durch den Park schlängelt. Auch Nachbildungen von Natursehenswürdigkeiten sind vertreten wie der Steinwald bei Kunming, die inzwischen nicht mehr existierende Drei-Schluchten-Passage des Jangtses oder eine begehbare Tropfsteinhöhle in Guiyang.

Im anderen Teil offenbaren liebevoll nachgebaute Wohnhäuser der Minderheitsvölker die kulturelle Vielfalt Chinas. Im Gegensatz zu den Miniaturen sind sie maßstabsgetreu und meistens so eingerichtet, als würden sie noch bewohnt – also mit Schlafzimmer, Küche, Wohnbereich und so weiter. Teilweise bilden mehrere Häuser ein kleines Dorf, auf dessen Vorplatz traditionelle Tänze in den Trachten der jeweiligen Minderheit aufgeführt werden.

Als ich Splendid China besuchte, hatte ich schon sechs Jahre in China gelebt und mit Ausnahme von Tibet jede chinesische Provinz mindestens einmal besucht. Den größten Teil der Sehenswürdigkeiten kannte ich also schon in echt. Als ich durch den Park schlenderte, kamen all die wundervollen Erinnerungen wieder hoch, die ich in diesem Land erlebt habe. Heute würde ich den Besuch des Parks aber eher an den Anfang meiner Reisen setzen. Ich würde ein Notizbuch mitnehmen und mir alle Orte notieren, die ich mir in echt anschauen möchte. Denn nirgendwo sonst findet man so schnell eine Inspiration für neue Reiseziele. Und wer weiß, mit etwas Glück hätte ich dann meine 111 Gründe, China zu lieben, noch viel schneller gefunden.

### *111. Grund*

## *Weil es mindestens 111 weitere Gründe gibt*

Zai Jian, auf Wiedersehen, bis bald. Die Zeit ist um, die Seiten sind voll, wir sind am Ende angelangt. Sie wissen nun, dass ein Einkaufszentrum gleichzeitig ein Museum sein kann, dass Sie nirgendwo leichter Kontakte knüpfen als in einem Bummelzug und dass Sie eine Postkarte an ihr künftiges Ich schicken können. Ich hoffe, es ist mir gelungen, mit meinen Erzählungen, Erklärungen und Erinnerungen Lust auf dieses faszinierende Land zu machen – oder Sie wenigstens auf Kleinigkeiten aufmerksam zu machen, die Ihnen entgangen wären.

Nun ist mein China natürlich nicht Ihr China. Es ist gut möglich, dass ich etwas ausgelassen habe, was Sie hier gerne gelesen hätten. Von einem Land, das rund sechs Prozent der weltweiten Landmasse bedeckt, gäbe es selbstverständlich mehr zu erzählen, als auf diesen Seiten Platz gefunden hat. Vieles musste ich auslassen. Manches fiel weg, weil es mir zu banal erschien, anderes, weil es für mich kein

Grund gewesen wäre, China zu lieben. Und dann gibt es natürlich vieles, was ich noch nicht kenne, was ich für mich selbst noch entdecken darf.

Ein kurzer Blick in mein Notizbuch verrät, was ebenfalls in dieses Buch gehört hätte: die uralten buddhistischen Höhlenmalerien von Dunhuang, das Porzellanhandwerk in Jingdezhen, die weltbekannten Gärten in Suzhou, die Thangka, die im tibetischen Kloster von Tongren angefertigt werden. Es fehlen die leuchtend blauen Seen von Jiuzhaigou, die rauschende Tigersprungschlucht mit dem Halfway Guesthouse, dessen Toilette die beste Aussicht ganz Chinas hat, die Thermalquellen bei Baoshan.

Ich habe nicht über die Klimaaktivistin Ou Hongyi geschrieben, die wegen ihres Einsatzes gegen den Klimawandel von der Schule verwiesen wurde. Unerwähnt blieb, dass Wuhan, der wahrscheinliche Entstehungsort des Covid19-Virus, auch die Stadt ist, in der 1911 die Xinhai-Revolution begann. Sie führte zum Ende des Kaiserreichs und mündete in einer kurzen demokratischen Phase. Und wenn wir schon von Wuhan sprechen: Es fehlt auch der Hinweis, dass die Stadt als Hochburg des chinesischen Punks gilt, einschließlich unangepasster Musiker und wilder Bühnenshows. Wer Musik liebt, wird die Stadt alleine deswegen lieben.

Die chinesische LGTB-Community blieb unerwähnt, obwohl sie sich trotz staatlich verordneter Prüderie immer größere gesellschaftliche Freiräume erkämpfen konnte. Im Januar 2020 gelang es einer Trans-Frau, vor einem Pekinger Gericht erfolgreich gegen eine diskriminierende Kündigung zu klagen. Nach zweimonatiger Abwesenheit wegen einer Geschlechtsumwandlung war sie vom Unternehmen mit der Begründung gefeuert worden, dass sich andere Angestellte unwohl fühlten, wenn sie auf die Frauentoilette geht. Das Urteil verdient meiner Meinung einen Daumen nach oben.

Ich habe auch nicht über das Shaolin-Kloster bei Louyang geschrieben, das nicht nur für seine Kampfkünste bekannt ist, sondern auch für das betriebswirtschaftliche Geschick seines Abts. Angeblich hat er eine Weile mit dem Gedanken gespielt, das Kloster in eine Aktiengesellschaft zu verwandeln.

Wenn Sie mir Zeit geben, finde ich bestimmt noch einmal 111 Gründe, China zu lieben. Aber nun überlasse ich den Platz lieber Ihnen, damit Sie ihre eigenen Gründe finden können. In diesem Sinne: Eine gute Reise!

## *Dank*

Dieses Buch wäre nicht möglich gewesen ohne die Hilfe meiner chinesischen Freunde und Bekannten, die mir während der sechs Jahre in Peking und anschließend nach der Rückkehr in die Schweiz immer wieder ihre persönlichen Geschichten und Erfahrungen anvertrauten. Dies erlaubte mir einen Blick auf Land und Kultur, der mir sonst verwehrt geblieben wäre. Ihre Namen stehen zu einem großen Teil direkt im Text. Bei Susanne Helmer und Felix Christen möchte ich mich dafür bedanken, dass sie immer wieder Zeit gefunden haben, das Manuskript auf Fehler und Inkonsistenzen durchzuschauen, und mich mit ihren Fragen ermunterten, stets noch ein bisschen mehr zu recherchieren. Und nicht zuletzt möchte ich mich auch bei meinem Agenten Martin Brinkmann und dem Verleger dieser Buchreihe, Oliver Schwarzkopf, dafür bedanken, dass sie trotz Verspätung und der schwierigen Großwetterlage durch Corona nicht den Glauben an das Projekt verloren haben.

## *Bildnachweis*

**Cover-Titelfoto:** © rabbit75_fot - stock.adobe.com, **Bildleiste links von oben:** © jethita - adobe.stock.com • © rm - stock.adobe.com • © Sean Pavone Photo 2014 - adobe.stock.com • © sahachat - stock.adobe.com • © efired - stock.adobe.com • © dinozzaver - stock.adobe.com • © Kadmy - stock.adobe.com

**Bildteil 1 (von oben nach unten):** Seite I: © dinozzaver - stock.adobe.com • S. II: © nathanxrx - stock.adobe.com, © Paul J Martin - stock.adobe.com • S. III: © OBBCHAO@2016 - stock.adobe.com, © Mau Horng - stock.adobe.com • S. IV–V: © Kirill - stock.adobe.com • S. VI: © Nikolai Repnickii - stock.adobe.com, © Giovanni - stock.adobe.com • S. VII: © sahachat - stock.adobe.com, © Pierre Béna - stock.adobe.com • S. VIII–IX: © Matthew Grant - stock.adobe.com • S. X: © WR.LILI - stock.adobe.com, © trialartinf - stock.adobe.com • S. XI: © Chris Redan - stock.adobe.com, © Stripped Pixel - stock.adobe.com • S. XII–XIII: © klange76 - stock.adobe.com • S. XIV: © xixinxing - stock.adobe.com, © Cezary Wojtkowski - stock.adobe.com • S. XV: © Angelika Bentin - stock.adobe.com, © phuong.sg@gmail.com - stock.adobe.com • S. XVI: © xixinxing - stock.adobe.com, © boophuket - stock.adobe.com

**Bildteil 2 (von oben nach unten):** Seite I: © giusparta - stock.adobe.com • S. II–III (oben): © Jan Becke - stock.adobe.com • S. II (unten): © Daniel Prudek - stock.adobe.com • S. III (unten): © rabbit75_fot - stock.adobe.com • S. IV: © aphotostory - stock.adobe.com, © ping han - stock.adobe.com • S. V: © Impala - stock.adobe.com, © gui yong nian - stock.adobe.com • S. VI: © Anatoly Kolodey - stock.adobe.com • S. VII: © claudiozacc - stock.adobe.com • S. VIII–IX: © moofushi - stock.adobe.com • S. X–XI: © shootdiem - stock.adobe.com • S. XII: © silver-john - stock.adobe.com, © bankoo - stock.adobe.com • S. XIII: © tokkyneo - stock.adobe.com, © giusparta - stock.adobe.com • S. XIV: © sihasakprachum - stock.adobe.com, © bbbar - stock.adobe.com • S. XV: © Basmati - stock.adobe.com, © David Davis - stock.adobe.com • S. XVI: © Angelika Bentin - stock.adobe.com, © BRIAN_KINNEY - stock.adobe.com

OLIVER ZWAHLEN, geboren 1975 bei Basel, ist Journalist, Blogger und Weltenbummler. Nach seinem Geschichtsstudium zog es ihn 2007 nach Peking, wo er sechs Jahre als Übersetzer und Lektor für einen chinesischen Nachrichtenverlag arbeitete und mit Ausnahme von Tibet jede chinesische Provinz besuchte. Mit www.sinograph.ch betreibt er einen der größten deutschsprachigen China-Reiseblogs.

Oliver Zwahlen
111 GRÜNDE, CHINA ZU LIEBEN
*Eine Liebeserklärung an das schönste Land der Welt*

ISBN 978-3-86265-776-6


VERLAG
Schwarzkopf & Schwarzkopf Verlag GmbH
Kastanienallee 32, 10435 Berlin

INTERNET | E-MAIL
www.schwarzkopf-schwarzkopf.de
www.facebook.com/schwarzkopfverlag
info@schwarzkopf-schwarzkopf.de